中央综治委预防青少年违法犯罪专项组办公室　中国青少年研究中心
预防青少年违法犯罪研究报告(2011—2012)

预防青少年重新犯罪研究报告

主　编　郭开元
副主编　陈　晨　陈卫东

中国人民公安大学出版社
·北　京·

图书在版编目（CIP）数据

预防青少年重新犯罪研究报告/郭开元主编．—北京：中国人民公安大学出版社，2013.11

ISBN 978-7-5653-1287-8

Ⅰ.①预… Ⅱ.①郭… Ⅲ.①青少年犯罪—预防犯罪—研究报告—中国 Ⅳ.①D669.5

中国版本图书馆 CIP 数据核字（2013）第 052138 号

预防青少年重新犯罪研究报告

主编 郭开元

出版发行：中国人民公安大学出版社
地　　址：北京市西城区木樨地南里
邮政编码：100038
经　　销：新华书店
印　　刷：北京兴华昌盛印刷有限公司

版　　次：2013 年 11 月第 1 版
印　　次：2013 年 11 月第 1 次
印　　张：14.25
开　　本：787 毫米×1092 毫米　1/16
字　　数：285 千字

书　　号：ISBN 978-7-5653-1287-8
定　　价：45.00 元

网　　址：www.cppsup.com.cn　www.porclub.com.cn
电子邮箱：zbs@cppsup.com　zbs@cppsu.edu.cn

营销中心电话：010-83903254
读者服务部电话（门市）：010-83903257
警官读者俱乐部电话（网购、邮购）：010-83903253
法律图书分社电话：010-83905745

本书编写委员会

主　任： 汪鸿雁

副主任： 陈小军　刘　涛　郗杰英　陈　琳

委　员：（以姓氏笔画为序）

王富百慧　孔　一　许永勤　杨江澜

张涵智　张冬霞　汪　勇　陈　晨

陈卫东　周荣瑾　郭开元　梅　峰

主　编： 郭开元

副主编： 陈　晨　陈卫东

撰　稿：（以姓氏笔画为序）

王富百慧　孔　一　许永勤　杨江澜

张冬霞　汪　勇　陈　晨　陈卫东

周荣瑾　郭开元

目　录

总　论

近年来，我国青少年重新犯罪问题严重，呈现犯罪低龄化、侵财型犯罪多、前后犯同种罪的比率高、罪恶感降低等特点，社会危害较大。为研究我国青少年重新犯罪的现状，进一步加强青少年重新犯罪预防工作，共青团中央权益部与中国青少年研究中心于2011年合作开展了“预防青少年重新犯罪的路径和模式”课题研究，了解我国青少年重新犯罪的状况，分析青少年重新犯罪原因，提出有可操作性的、有针对性的对策建议。

一、课题研究的背景和意义

我国改革开放30多年，社会经济发展取得了举世瞩目的成就，但其间也引发了众多社会矛盾。目前，改革开放全面深化，社会矛盾凸显，社会治安形势严峻，犯罪现象严重，其中青少年犯罪约占30%，并呈现高位徘徊、稳中有降的态势。其中，青少年重新犯罪问题也很严重。因此，对青少年重新犯罪状况进行调查具有重要的理论和实践意义。

首先，对青少年重新犯罪进行调查，可以准确地了解青少年重新犯罪的状况和特点。通过调查，可以准确地分析青少年重新犯罪的比例、前后犯罪的类型、犯罪动机、犯罪原因等状况，在数据分析的基础上科学地总结青少年重新犯罪的规律和特点，尤其是要着重分析青少年重新犯罪与初犯的区别。

其次，对青少年重新犯罪进行调查，可以科学地分析我国青少年重新犯罪的原因和影响因素，分析犯罪标签化、不良行为等问题对青少年重新犯罪的影响，深入分析我国青少年重新犯罪预防工作中存在的问题，深入分析青少年重新犯罪原因，主要是个体原因、社会原因和矫治方面的原因。

最后，对青少年重新犯罪进行调查，可以分析青少年重新犯罪预防工作的利弊，归纳和总结青少年重新犯罪预防的模式和规律，分析青少年重新回归社会存在的问题，提出有针对性的对策措施。

二、课题研究的对象、主要内容和方法

（一）课题研究对象

本课题主要围绕青少年的重新犯罪问题进行研究，对其中青少年这个概念在犯罪学中一般是指已满14周岁而不满25周岁的人，具体包括“青年”（18—25岁）和“少年”（14—18岁）两个年龄段的人群。法律规定我国刑事责任年龄

的起点是14周岁。一般把14—25岁年龄段的人所实施的依法应当受刑事处罚的行为称为青少年犯罪，其中，已满14周岁至未满18周岁的人实施犯罪是未成年人犯罪。

在我国，青少年重新犯罪是指有过犯罪经历的青少年又实施的危害社会、触犯刑律、依法应受刑事处罚的行为。青少年曾因犯罪被免予刑事处罚，被判处管制、拘役、有期徒刑、无期徒刑或者单独适用附加刑的，刑罚执行期间或者刑罚执行结束后又实施故意或过失犯罪行为。其外延具体包括：（1）前罪刑罚执行完毕后，青少年再次犯罪；（2）前罪刑罚执行期间，青少年再次犯罪；（3）缓刑考验期内或考验期结束后，青少年再次犯罪；（4）被法院判决免予刑事处罚的青少年再次犯罪；（5）被检察院作相对不起诉处理的青少年再次犯罪。本研究主要针对青少年重新犯罪的广义概念进行研究。

（二）课题研究主要内容

本研究主要围绕以下主题开展研究：

1. 青少年重新犯罪的状况和特点

以重新犯罪青少年为研究对象，深入分析青少年重新犯罪的问题，重点研究其犯罪的现状特点，以利于问题的解决。

2. 流动青少年重新犯罪状况及预防

分析流动青少年犯罪的状况与特征，阐述家庭环境、文化程度、同伴交往、早期不良行为、心理认知和出狱后的社会关系等因素与流动青少年犯罪的关系。

3. 青少年重新犯罪的家庭原因及预防措施

重点对青少年重新犯罪的家庭原因进行分析，考察家庭在青少年重新犯罪过程中所起的负面作用，并分析这种可能性产生的原因，为预防重新犯罪的家庭对策提供依据。

4. 青少年罪犯的社区矫正模式

社区矫正作为与监禁矫正相对的行刑方式，有其优势，但在开展过程中，如何提高其矫治效果，如何发挥相关组织、专家、志愿者的作用，亟待规范其操作模式，本部分将对社区矫正中存在的问题，以及如何开展社区矫正进行深入分析，有助于全面提高青少年罪犯的矫治效果。

5. 青少年罪犯的监禁矫治模式

监禁矫治是在监狱环境中对依法判处有期徒刑、无期徒刑、死刑缓期执行的罪犯进行的矫正，它以剥夺罪犯的人身自由为前提。监禁矫正主要是通过狱内管理、三课教育、辅助教育、心理咨询与矫治、生产劳动等方式实施矫正。本部分对监禁矫治过程中存在的问题及不足进行分析，有利于提高教育矫治效果。

6. 青少年罪犯的心理矫治问题

青少年处于特定的身心发育阶段，生理和心理具有脆弱性、不成熟性和可塑性，对其进行心理矫治会收到良好的社会效果。但在重新犯罪的预防过程中，如何开展心理矫治，对心理评估、心理健康教育、心理咨询与治疗、心理预测等一系列活动的实际操作有待于重新审视，本部分将解决此类问题。

7. 国（境）外矫治青少年重新犯罪的模式和经验研究

近年来，国外大量使用社区矫正，如“公众保护模式”、以英国为代表的“刑罚模式”和以日本为代表的“更生保护模式”。这些模式都有其本国特色，对其进行深入分析，并结合我国国情，归纳总结其利弊优劣等，可为我国预防青少年重新犯罪提供借鉴和参考。另外，国（境）外在青少年犯罪的监禁矫治、心理矫治方面都有探索，我国可以学习借鉴其狱内管理、心理咨询等方面的经验，帮助其纠正心理偏差、转变观念，从而促进刑满释放的青少年更好地回归社会。

（三）课题研究方法

课题研究采用定性研究和定量研究相结合的方法，搜集相关文献、咨询专家学者，并先后深入五省进行问卷调查和个案访谈，搜集了大量第一手素材。

1. 文献研究

文献研究法是根据一定的研究目的，通过调查文献来获得资料，从而全面、准确地了解掌握所要研究的问题。通过阅读现实资料，可以更好地了解事物的全貌，形成对于研究对象的一般印象，有助于进一步观察和访问。文献研究是本次调研前采用的重要方法。首先通过查找期刊资料、文摘图书、网络资源等，了解此次研究课题的界定范围和已有研究成果，课题组主要收集了下列文献资料：相关部门或学者对未成年人法制教育的信息、存在问题及对策等方面的文献；国家政府有关部门对未成年人的法律保护政策的资料。此外，课题组还通过互联网查阅了一些法制教育的相关资料，作为研究参考。

2. 问卷调查

问卷调查法简称问卷法，它是调查者运用标准化设计的问卷向被选取的调查对象了解情况或征询意见的调查方法，以获取有关调查对象的基础性量化数据。问卷调查是本次调研采用的重要方法，本次问卷调查属于学术性问卷调查，以书面提出问题的方式搜集资料，课题组将所要研究的问题编制成问题表格，以当面作答或者访谈方式填答，从而更好地了解和分析青少年的重新犯罪问题。

课题组针对不同地区人口的分布构成、经济发展水平和青少年的特点，选择广东、江苏、河南、湖北、四川五省的部分地区作为调研地点，有针对性地选择部分监狱、社区进行实地调查，对青少年重新犯罪问题进行深入调研。在对重新犯罪的青少年进行问卷调查设计中，问卷内容涵盖重新犯罪青少年犯罪前、初次犯罪、重新犯罪的基本情况。通过对重新犯罪青少年整个人生经历的状况调查分析，可以深入剖析青少年重新犯罪的根源，从而为有关部门改进法制工作、保护青少年健康成长提供资料。

3. 个案访谈

访谈法是相关人员按照预先设计好的题目，有目的、有计划地与被调查对象进行访谈，直接收集信息的方法。个案访谈属于访谈的一种形式，由调查员单独与调查对象进行访谈，具有保密性强、访谈形式灵活、调查结果准确、分析深入和访问表回收率高等优点。

在此次问卷调研中，除了在五省进行问卷调研外，还对监狱警官进行问题调查以及对社区矫正工作人员进行团体调查，对其访谈进行了详细的文字记录。通过个案访谈可以详细了解调查对象的全面具体信息，采用从特殊到一般的研究方法，从而更好地把握重新犯罪青少年的基本信息概况，发现突出矛盾的根源，寻找减少青少年重新犯罪的对策。

4. 专家座谈咨询会

座谈会是由训练有素的主持人以非结构化的自然方式对相关专家进行访谈，而专家座谈咨询会的参加对象为对所咨询的问题有比较深入研究的专家。在课题论证和报告撰写阶段，多次组织召开座谈咨询会，与青少年法律问题研究专家及司法系统、社区组织的相关人员进行了深入沟通，了解青少年法制建设情况，以及青少年法制教育过程中存在的问题，深入探讨了青少年重新犯罪的原因以及对策等，以挽救部分犯罪青少年，减少青少年重新犯罪，促进青少年法制教育建设健康发展，并对调查问卷进行了论证修改，使之更具针对性、全面性。

三、课题调研的实施情况

2011年8月至11月，课题组先后赴广东、江苏、河南、湖北、四川五省，对青少年重新犯罪问题进行深入调研，共计发放调查问卷3100份，回收3043份，回收率为98.2%，访谈重新犯罪的青少年罪犯、监狱警官和社区矫正工作人员等共200余人，召开专家座谈会20余次。

（一）问卷调查实施情况

本次调查地点为广东、江苏、河南、湖北、四川五省的未成年犯管教所和监狱，采用问卷调查、座谈会、个案访谈的形式，主要调查青少年的重新犯罪问题。本次问卷调查对象为未成年犯和成年犯两类，通过对其初次犯罪和重新犯罪的基本情况、家庭情况、思想行为状况、交友情况、犯罪状况以及出狱后的状况进行问卷调查，深入了解了青少年重新犯罪的状况和原因。

（二）深度访谈实施情况

课题组在进行问卷调查的同时，在当地也进行了深度访谈。访谈重新犯罪的青少年罪犯、监狱警官和社区矫正工作人员等共200余人。在重新犯罪的青少年罪犯的访谈中，就罪犯的初次犯罪和重新犯罪情况进行对比访谈，详细了解罪犯的基本情况，并做了详细记录；通过与监狱警官的交谈，了解罪犯的狱中教育改造工作和其对青少年犯罪惩罚的意见；就青少年犯的社区矫治状况与社区矫正工作人员进行了访谈，探讨了我国社区矫治工作中的不足和改进意见。通过深度访谈，课题组对青少年重新犯罪预防工作的研究取得重要进展，其访谈结果对课题研究意义重大。

（三）座谈会实施情况

在课题论证和报告撰写阶段，课题组多次组织召开座谈咨询会，与青少年法律问题研究专家及司法系统、社区组织的相关人员进行了深入沟通，了解青少年法制建设情况，以及青少年法制教育过程中存在的问题，深入探讨了青少年重新犯罪的原因以及对策，并对青少年罪犯出狱后如何重新回归社会进行了探讨。对调查问卷进行了论证修改，使之更具针对性、全面性。通过专家座谈咨询，课题组对青少年重新犯罪预防工作有了更深的认识。

四、课题研究的主要成果

（一）青少年重新犯罪的状况和特征

1. 青少年重新犯罪比例为 13.1%，高发年龄较集中

从犯罪规模看，在本次调查的青少年罪犯中，重新犯罪的比例是 13.1%；未成年犯中重新犯罪的比例为 12.5%，18—25 周岁罪犯中重新犯罪的比例为 13.3%；男性罪犯中重新犯罪比例为 17.2%，女性罪犯中重新犯罪比例为 5.5%。从年龄阶段看，青少年重新犯罪的高发年龄存在两个阶段：16—19 岁和 22—25 岁，这两个年龄阶段重新犯罪率超过 10%（如图 1 所示）。

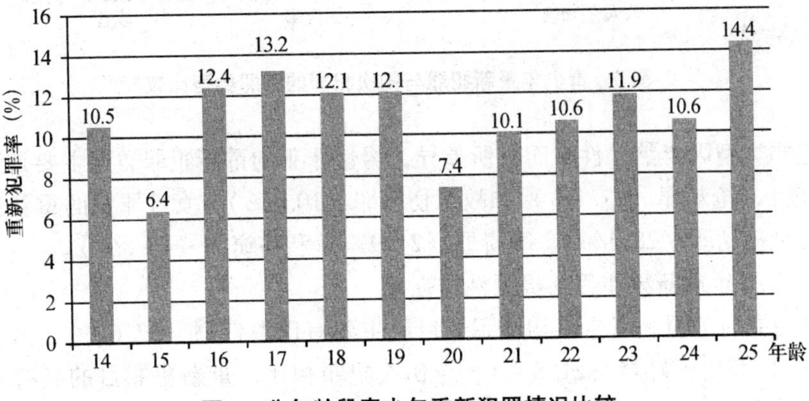

图 1　分年龄段青少年重新犯罪情况比较

从重新犯罪与初次犯罪相隔的时间看，出狱后一年是重新犯罪的危险时期，其中，出狱后 6 个月内重新犯罪的占 18.1%，6 个月到一年的占 22.6%，一年到两年的占 23.8%，18.0% 的重新犯罪是在缓刑期内进行的。

2. 重新犯罪的青少年受教育程度偏低

调查发现，90% 的重新犯罪的青少年是初中及以下学历，其中，初中所占的

比例为57.4%。受教育程度越低，青少年重新犯罪的比例越高。可见，教育在青少年的健康成长中具有很重要的作用，在青少年罪犯服刑或出狱后都要对其进行法制教育，使其树立正确的世界观、人生观、价值观，转变错误的思想观念。

3. 青少年重新犯罪以盗窃罪和抢劫罪为主

从犯罪类型看，青少年重新犯罪主要是盗窃罪（31.4%）和抢劫罪（24.2%）。重新犯罪与初次犯罪的犯罪类型具有一定的区别（如图2所示），其中，重新犯盗窃罪的比例要比初犯比例高15个百分点，重新犯抢劫罪的比例比初犯低10个百分点。可见，在初次犯罪出狱后，应对有盗窃习惯的青少年进行重点帮扶，帮助其自力更生，顺利回归社会。

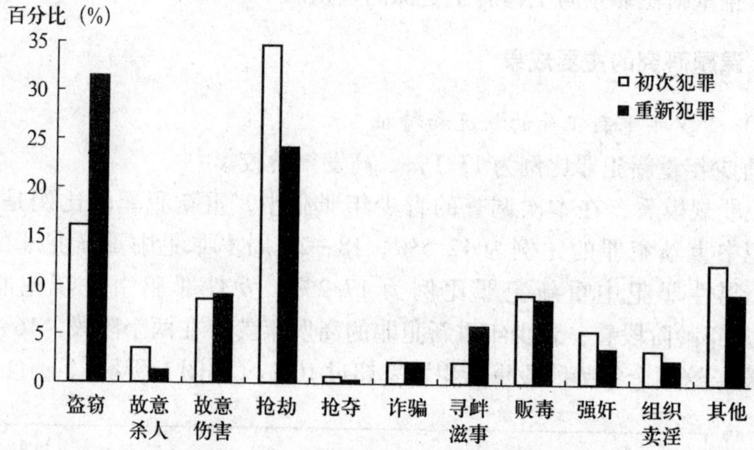

图2　青少年重新犯罪与初次犯罪的犯罪类型比较

犯罪类型因年龄、性别而有所差异，男性罪犯的重新犯罪类型主要是盗窃罪（37.1%）、抢劫罪（27.1%）和故意伤害罪（10.8%），女性罪犯的重新犯罪类型主要是抢劫罪（28.1%）、贩毒罪（21.9%）和盗窃罪（18.8%）。

4. 青少年重新犯罪目的报复性增强

从犯罪目的看，青少年初次犯罪目的主要有谋取钱财（32.6%）、为了朋友（28.2%）和出于好奇（21.8%）。与初次犯罪相比，重新犯罪目的具有一定的变化，其中，重新犯罪目的主要是谋取钱财（42.4%）、为了朋友（24.6%）和为了报复、泄愤（12.9%）。由此可见，重新犯罪目的报复性增强（如图3所示）。

5. 青少年重新犯罪的犯罪方法主要是通过朋友传授、电视和互联网习得

从犯罪方法的习得看，青少年初次犯罪时犯罪方法或手段中有约59.3%是通过朋友传授的，11.4%是通过电视学习的，5.0%是通过互联网学习的，1.9%是通过看报纸学习的。说明青少年由于思想不成熟、认知水平差、结交不良朋友

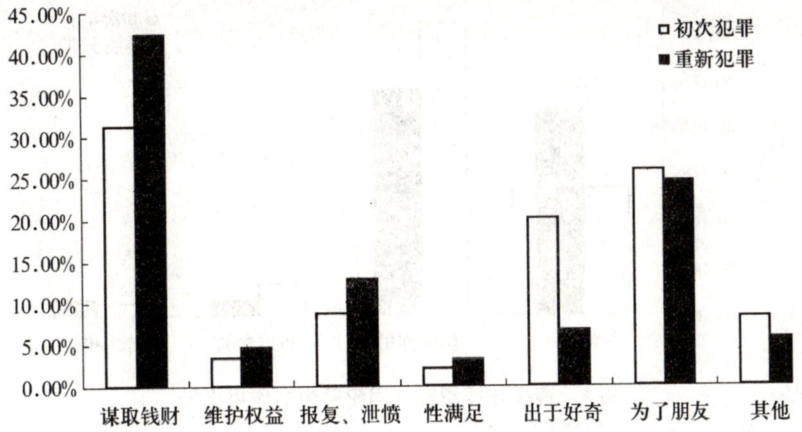

图3 青少年重新犯罪与初次犯罪的犯罪目的比较

而误入歧途的可能性比较大，需要发挥家庭、学校及社会在青少年成长过程中的引导，减少犯错误的可能。青少年重新犯罪的犯罪方法或手段中，37.9%的与第一次犯罪的方法相同，10.2%的是跟狱友学习的，27.6%的是出狱后新结识的朋友传授的。

6. 青少年重新犯罪的可能性与所处状态有关

从重新犯罪前的状态看，服刑结束后处于无业、失学状态的青少年重新犯罪的所占比例较大，其中重新犯罪前处于无业状态的占51.7%，处于失学状态的占9.8%。从重新犯罪原因看，“交友不慎”所占比例较大，达到15.4%。其他原因依次为抵制不住诱惑、就业困难、不愿吃苦、性格不好、生活空虚、侥幸心理强、受到歧视、感情受挫、权益受损等。另外，因“第一次犯罪后处罚得不够严厉，没有感受到犯罪的严重后果”而导致第二次犯罪的比例达到5.9%，受狱友影响而导致第二次犯罪的比例达到3.0%。

7. 青少年重新犯罪中共同犯罪比例较高

从犯罪形式看，74.9%的青少年重新犯罪是共同犯罪，这个比例低于青少年初次犯罪时共同犯罪所占的比例（80.9%）。但在共同犯罪过程中，起主要作用的比例增加，有44.1%的重新犯罪青少年在犯罪过程中起主要作用，明显高于初次犯罪时的20.9%的比例；48.5%在犯罪过程中起次要或辅助作用（初次犯罪时为63.0%），3.4%是被胁迫参加犯罪（初次犯罪时为5.3%），3.9%是教唆他人实行犯罪（初次犯罪时为2.1%）。如图4所示。

从共同犯罪成员看，与初次犯罪相比，重新犯罪青少年的共同犯罪的成员有所变化。青少年重新犯罪时，同事、同学、朋友所占的比例为60.3%（初次犯罪时为62.1%）；同乡、邻居占14.4%（初次犯罪时为19.8%）；网友占6.9%（初次犯罪时为4.2%）；监狱服刑中认识的朋友占4.5%（如图5所示），这须引起

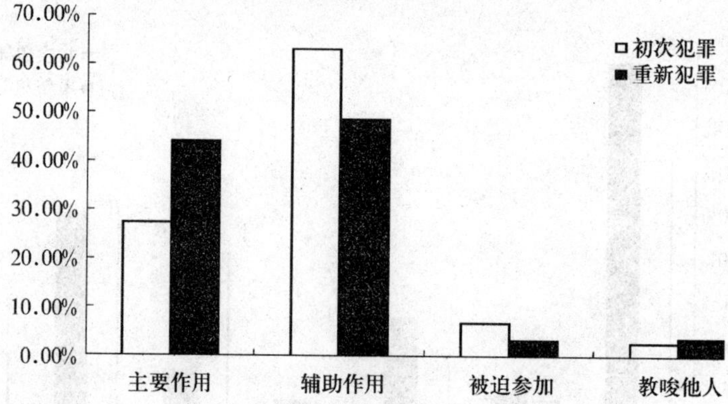

图4　青少年罪犯在共同犯罪中的作用比较

重视，应通过社区帮扶、介绍工作或重新入学等，使这部分人群远离犯罪易感人群。

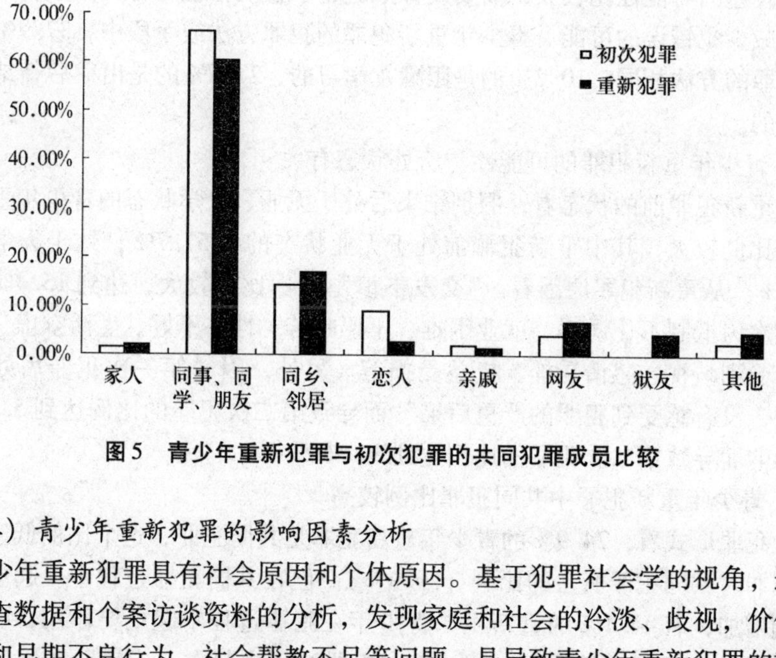

图5　青少年重新犯罪与初次犯罪的共同犯罪成员比较

（二）青少年重新犯罪的影响因素分析

青少年重新犯罪具有社会原因和个体原因。基于犯罪社会学的视角，通过对问卷调查数据和个案访谈资料的分析，发现家庭和社会的冷淡、歧视，价值取向的偏差和早期不良行为，社会帮教不足等问题，是导致青少年重新犯罪的重要原因和影响因素。

1. 青少年罪犯的社会帮教不足和犯罪标签作用是影响青少年重新犯罪的社会因素

社会原因是影响青少年重新犯罪的决定性因素，导致青少年重新犯罪的社会因素主要表现在以下方面：

（1）青少年罪犯的教育改造存在不足，影响青少年罪犯的教育改造效果。

调研发现，未成年犯管教所和监狱在青少年罪犯的刑罚执行过程中存在一些不足：

第一，监禁刑执行的封闭化模式和社会化行刑程度低，致使在服刑期间青少年罪犯的犯罪心理没有完全消除；

第二，罪犯在监狱服刑过程中存在文娱活动单一化、学习时间少等问题，影响对青少年罪犯良好人格的培养；

第三，由于经费紧张，监狱在解决生产与改造的矛盾时冲击了正常的罪犯改造工作和青少年罪犯的职业技术培训，调查发现，部分重新犯罪的青少年在第一次服刑期间没有获得专业技术证书，影响了其出狱后回归社会；

第四，对青少年罪犯进行社会矫正的措施和效果需要进一步加强，禁止令的执行机制亟待完善。

（2）社会帮教不足和“犯罪标签”作用，影响重新犯罪青少年顺利回归社会。

第一，社会帮教不足影响重新犯罪青少年顺利回归社会。调查发现，第一次刑满释放回到社会后，69.6%的重新犯罪青少年缺少技能，58.8%的无法继续上学，61.1%的找不到工作，64.5的%缺乏心理辅导，73.4%的不知道该干些什么。社会帮教的不足，影响重新犯罪青少年顺利回归社会。

第二，犯罪青少年回到社会后受到“犯罪标签”的影响，在客观上给该青少年的求职、交往、恋爱、社区融入等“再社会化”过程造成障碍，从而使得青少年在无法回归主流社会的情况下接受“亚文化”，在消极因素的影响下重新走向犯罪道路。调查发现，第一次刑满释放回到社会后，56.1%的重新犯罪青少年受到冷淡、歧视，62.6%的难以脱离以前的朋友圈子。

2. 青少年罪犯的家庭关系复杂，以及家人的冷淡、歧视是影响青少年重新犯罪的家庭因素

调查显示，重新犯罪青少年初次犯罪时家庭关系“很差”和“比较差”的占25.4%；重新犯罪青少年第一次服刑期间“很少有探视”和“没有探视”的占56.4%；重新犯罪青少年第一次出狱后家人的态度不好，受到“冷淡、歧视”的占10.7%，“放任不管”的占17.2%；回归社会后，近半数的重新犯罪青少年在回归社会后家庭的关爱不足，其中，“极度缺少”的为10.0%，“重度缺少”的为9.0%，“中度缺少”的为12.4%。

由于家庭关系不好和家人的冷淡、歧视，影响了家庭的教育、情感依赖、经济支持等功能，致使重新犯罪青少年缺少来自家庭的关爱与约束，容易产生不良情绪，又开始与以前的朋友圈进行接触，这在很大程度上弱化了教育改造的效果。

3. 价值取向偏差和早期不良行为是影响青少年重新犯罪的个体因素

个体原因是影响青少年重新犯罪的主体性因素。调查发现，导致青少年重新

犯罪的个体原因主要表现在以下两个方面：

（1）重新犯罪青少年的价值取向存在偏差。与初犯相比，重新犯罪青少年更看重金钱和财物的价值，更赞同享乐，更容易出现偏激和消极的想法。包括：重新犯罪青少年更看重物质利益。47.5%的重新犯罪青少年赞同“有钱能使鬼推磨”，47.1%赞同“有钱就是有本事”，45.1%赞同“人为财死，鸟为食亡”。重新犯罪青少年有享乐倾向。37.4%的重新犯罪青少年赞同“活在世上就要及时行乐”的说法。重新犯罪青少年的自我评价标准偏激和消极。30.3%的重新犯罪青少年认为“别人都不理解我”，29.5%认为“现在这个社会只有狠点才行”，16.5%认为“我觉得自己已经没有希望了”。

（2）重新犯罪青少年出现早期不良行为的比例较高。与初犯相比，重新犯罪青少年在16岁之前出现不良行为的种类较多、比例更高。不良行为主要包括：抽烟（55.6%）、玩网络游戏（46.0%）、逃学（42.6%）、早恋（32.8%）、离家出走（31.7%）、喝酒（27.0%）、说谎（21.2%）、打伤他人（19.8%）、赌博（18.6%）和故意毁坏他人或公共财物（12.9%）等。

（三）预防青少年重新犯罪的路径和模式

青少年重新犯罪是一个综合性的社会问题，涉及社会、家庭以及青少年个体等多层面的因素。因此，预防青少年重新犯罪要坚持综合治理原则，采取综合性措施。针对导致青少年重新犯罪的主要因素和本次调研中发现的主要问题，归纳和总结预防青少年重新犯罪的路径和模式如下：

1. 丰富教育改造模式，增强教育改造效果

（1）通过社会主义核心价值观的宣传教育，加强对青少年罪犯的思想引导。青少年罪犯正处于生理和心理的成长发育阶段，思想和行为具有较大的可塑性，要全面掌握青少年罪犯的思想行为动态和改造表现，积极利用书刊、报纸等有效载体对民族精神、时代精神和社会主义荣辱观等社会主义核心价值观内容进行宣传教育，加强对青少年罪犯的思想引导，通过反省和内化，纠正享乐主义、偏激、消极等价值取向的偏差，提高其思想道德水平。

（2）加强监狱文化建设，塑造青少年罪犯的健康人格。在监所范围内营造有利于罪犯改造的文化氛围，通过艺术、时尚的元素劝导服刑人员弃恶扬善，潜移默化地影响服刑人员悔过自新；开展读书写作、文艺表演、书法美术等多样化的文化娱乐活动，有助于安抚青少年服刑人员的情绪，帮助其建立自尊、自爱心理，培养良好的情感、正确的信念等健康人格。

（3）开展心理矫治，消除犯罪心理。监所要积极建设专业化队伍，开展罪犯心理矫治工作，心理评估要贯穿于入监甄别、减刑假释推荐、改造效果检验等罪犯改造全过程，指导教育改造工作；对青少年罪犯进行心理测试，开展心理咨询，满足服刑人员的需求，有效化解、疏导服刑人员的不良情绪，引导罪犯正确地认识犯罪、认识自我，增强罪犯自我调节和自我控制的能力；对有不良心理倾

向的青少年罪犯进行心理矫治，适时进行危机干预，培养正确的信念和良好的行为习惯，消除犯罪意图、犯罪动机等犯罪心理。

2. 加强社区矫正模式的管理，促进行刑社会化

（1）提高青少年罪犯社区矫正的适应性，促进行刑社会化。社区矫正是与监禁矫正相对应的行刑方式，是行刑社会化的方式，是将符合条件的罪犯置于社区内，利用社区资源进行有针对性的教育改造，矫正犯罪心理和行为恶习，从而预防其重新犯罪。与监禁刑相比，社区矫正有利于避免短期自由刑的弊端，更有利于犯罪人回归社会。我国自 2003 年以来开始社区矫正的试点工作，2011 年《刑法修正案（八）》第 2 条第 2 款中明确规定：对判处管制的罪犯分子，依法实行社区矫正。至此，社区矫正制度是由刑事基本法律确定的刑罚执行制度，在司法实践中，要提高青少年罪犯社区矫正的适用率，促进行刑社会化。

（2）健全社区矫正工作措施。完善监管措施和方法，要求社区服刑人员严格遵守报到、思想汇报、会客、请销假、迁居等有关规定，防止脱管、漏管；完善教育改造措施和方法，通过举办讲座、组织社会活动、心理咨询等形式，对社会服刑人员进行文化教育、道德教育、法制教育、心理健康教育和技能教育；组织公益劳动或志愿活动，增强社会服刑人员的认罪悔罪意识；注重个案矫正，积极开展帮困扶助，促进社区服刑人员回归社会；注重发挥青少年社区服刑人员的家庭作用，及时进行家访。

（3）完善禁止令的执行。禁止令是我国 2011 年《刑法修正案（八）》第 11 条第 2 款规定的对执行非监禁刑的监管措施，是人民法院对宣告缓刑的犯罪分子，禁止其在缓刑考验期限内从事特定活动，进入特定区域、场所，接触特定人。目前，禁止令的执行和监督机制需要加强：利用发送定位手机、电子定位装置等科技手段，监控当事人的行踪；通过社会防控体系如电子眼等，对当事人出现在被禁止区域进行严格监控；采取措施促进亲属履行监管责任，签订监督保证书、亲情协议等，强化家庭在禁止令的监督执行中的重要作用。

3. 强化复归社会模式，提高回归社会的支持力度

（1）开展劳动改造和职业技术培训，矫治好逸恶劳的恶习。监所要正确处理生产与罪犯改造的矛盾，把劳动改造作为矫治手段，在矫治青少年罪犯好逸恶劳恶习的基础上，将罪犯的劳动逐渐由生产经营型向学习技能型转变，以适应青少年罪犯回归社会后就业的需要；监狱与企业联合开展职业技术培训，使青少年罪犯获取相关职业等级证书，助其顺利回归社会。

（2）加强社会帮教和社会帮扶工作，为青少年罪犯的教育改造和顺利回归社会提供社会支持。第一，加强社会帮教工作，关爱正在服刑的青少年罪犯。对正在服刑的青少年罪犯要进行及时探视，亲属无法探视的，青少年服刑人员住所地的社区干部要前往监狱探视。第二，家庭、社区和政府部门要做好接茬帮教工作。家庭要接纳归正青少年，给予更多的沟通和理解，防止冷淡、歧视和放任不

管，要通过家庭的亲情和约束来巩固监狱改造的效果；社区要采取有效措施帮助归正青少年解决住房、复学、就业等困难；政府相关部门在企业、村居为归正青少年建立阳光驿站、中途之家，及时地让归正青少年特别是“三无青少年”（刑满释放后无家可归、无业可就、无亲可投的青少年）感受到社会和政府的关爱，满怀信心地回归社会。第三，建立未成年人犯罪（轻罪）前科消灭制度，明确前科消灭的条件和具体程序，消除“犯罪标签”的影响，促进其顺利回归社会，有效预防其重新犯罪。第四，加强对青少年罪犯或归正青少年的就业、创业帮扶。将青少年罪犯的职业技术教育纳入当地的再就业培训的总体规划，实行免费技能培训，提高青少年罪犯的职业技术教育水平；国家在就业政策方面，加大对归正青少年就业观念和技能等方面的引导和培训，从税收政策方面鼓励更多的企业和经济组织参与归正青少年的就业援助，促进归正青少年的就业。

（撰稿：郭开元　杨江澜）

第一章　青少年重新犯罪的状况和特点

为深入了解我国青少年重新犯罪的状况及特点，课题组先后赴广东、江苏、河南、湖北、四川五省，对青少年重新犯罪问题进行深入调研。通过调研，基本了解我国青少年重新犯罪的状况和特点，为进一步研究和分析青少年重新犯罪预防的路径和模式提供了有效的数据支撑。

一、青少年重新犯罪的状况

（一）青少年重新犯罪年龄呈现阶段性特点

本次调查的青少年罪犯中，重新犯罪的比例是13.1%；18—25周岁成年罪犯中重新犯罪的比例为13.3%，未成年罪犯中重新犯罪的比例为12.5%。从年龄结构看，青少年重新犯罪的年龄主要集中在16—20周岁，其中，16岁、17岁两个年龄组所占比例较大，分别为13.4%、16.7%。16岁及以下年龄组中，青少年初次犯罪的比例高于重新犯罪，16岁以上的年龄组中，重新犯罪的比例高于初次犯罪的比例（如图1－1所示）。

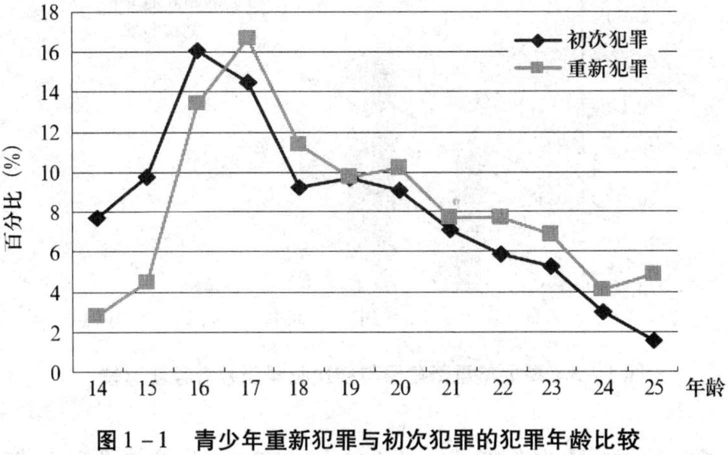

图1－1　青少年重新犯罪与初次犯罪的犯罪年龄比较

（二）从性别结构上看，重新犯罪者具有显著的性别差异

男性罪犯重新犯罪的比例远高于女性，其中，男性重新罪犯比例为17.2%，女性重新罪犯比例为5.5%。重新犯罪者中，男性低龄化特征明显，主要集中在16—18岁，所占比例分别为11.2%、19.2%、16.6%。21—25岁的成年男性罪犯重新犯罪的比例基本维持在7%左右。随着年龄的增长，女性重新犯罪的比例

呈逐渐上升的趋势，21—25 岁的成年女性重新犯罪的比例较大（如图 1－2 所示）。

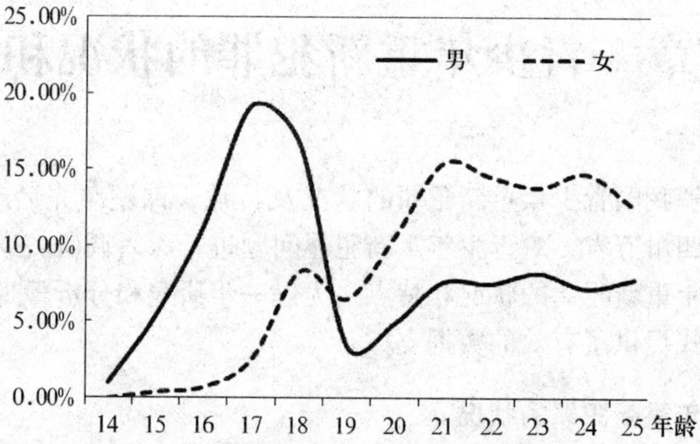

图 1－2　青少年重新犯罪性别比较

（三）重新犯罪的青少年罪犯受教育程度普遍偏低

在受教育程度方面，初中及以下学历约占 90%，其中，初中所占比例最高，为 57.4%，其次是小学，比例为 30.3%。与初次犯罪相比，小学所占的比例较大，超过初犯（20.1%）近 10 个百分点（如图 1－3 所示）。

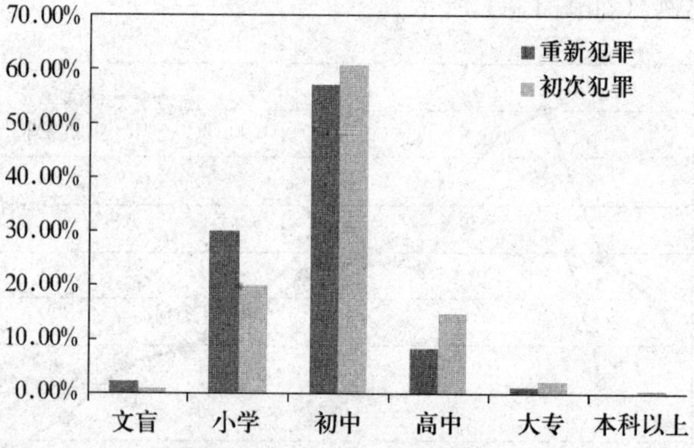

图 1－3　青少年重新犯罪与初次犯罪受教育程度比较

（四）家庭因素对青少年犯罪的影响较大，家庭经济状况是引发青少年重新犯罪的一个重要原因

家庭是影响青少年成长的重要因素，调查数据显示，家庭因素对青少年犯罪的影响较大。被调查的青少年罪犯中，近 30% 来自离异家庭，其中，与父亲或母亲生活的青少年罪犯比例为 20%，自己生活的比例为 10%。家庭经济状况是引发青少年重新犯罪的一个重要原因，近 90% 的青少年罪犯认为自己的家庭经

济状况处于一般及偏下状态（如图 1－4 所示）。

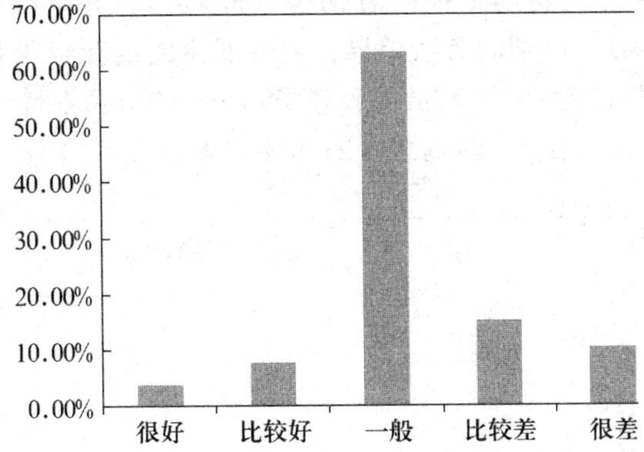

图 1－4　青少年罪犯自评家庭经济状况

通过对调查数据的分析，我们发现被调查的青少年罪犯父母的职业层次较低。超过 50% 的被调查者父母职业为普通农民，超过 10% 的被调查者父母职业为个体工商户，15% 的青少年罪犯的母亲处于无业状态（如图 1－5 所示）。职业层次直接决定收入的高低，由于青少年罪犯父母职业层次较低，收入也较少，导致家庭经济状况处于较低的水平。

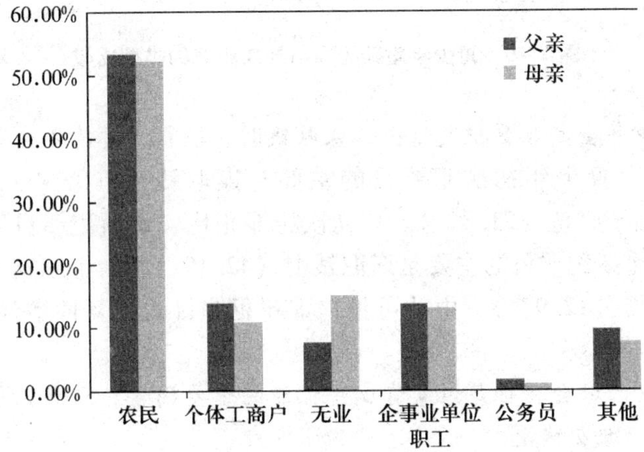

图 1－5　青少年罪犯父母的职业状况

（五）青少年重新犯罪类型主要是盗窃罪和抢劫罪，但因年龄、性别而有所差异

从犯罪类型看，抢劫与盗窃是青少年重新犯罪的主要类型，比例分别为 33.2% 和 30.9%，占调查总体的 64.1%（如图 1－6 所示）。通过对比发现，重新犯罪与初次犯罪类型不同，除所占比例较大的抢劫、盗窃以外，初次犯罪的青少年中，贩毒（10.0%）、强奸（5.9%）、故意杀人（3.7%）等犯罪所占比例较高，而重新犯罪则主要集中在故意伤害（8.9%）、寻衅滋事（6.0%）等犯罪。犯罪类型因年龄、性别而有所差异，男性罪犯的重新犯罪类型主要是盗窃罪（37.1%）、抢劫罪（27.1%）和故意伤害罪（10.8%），女性罪犯的重新犯罪类型主要是抢劫罪（28.1%）、贩毒罪（21.9%）和盗窃罪（18.8%）。

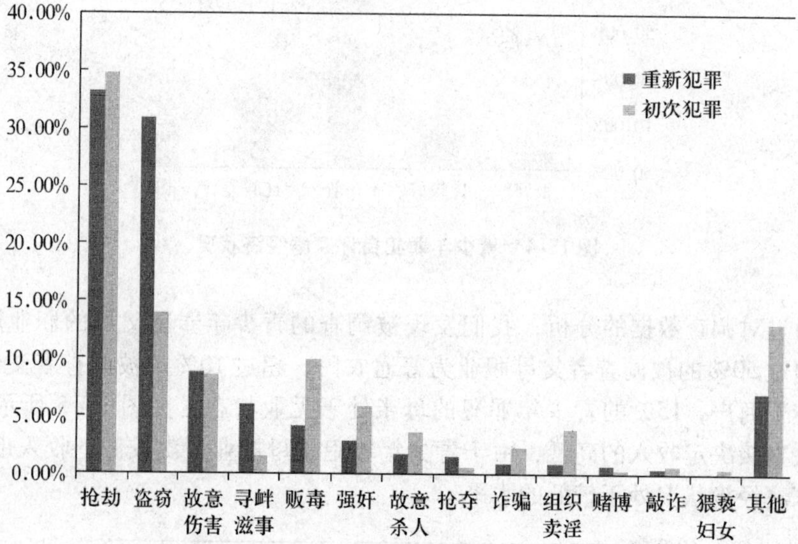

图1-6　青少年重新犯罪与初次犯罪的类型比较

（六）青少年重新犯罪报复性强，谋取钱财和报复泄愤是主要目的

数据显示，青少年初次犯罪目的主要有谋取钱财（37.4%）、为了朋友（28.2%）和出于好奇（21.8%）。与初次犯罪相比，重新犯罪目的具有一定的变化，其中，重新犯罪目的主要是谋取钱财（42.4%）、为了朋友（24.6%）和为了报复、泄愤（12.9%）。由此可见，重新犯罪目的报复性增强（如图1-7所示）。

（七）不良的社会交往是诱发青少年犯罪的重要因素，重新犯罪的犯罪方法主要是由朋友、狱友传授

青少年初次犯罪时的犯罪方法中，约59.3%是由朋友传授的，11.4%是通过电视学习的，5.0%是通过互联网学习的，1.9%是通过看报纸学习的。重新犯罪时的犯罪方法中，37.9%的与第一次犯罪的方法相同，27.6%的是出狱后新结识的朋友传授的，10.2%的是跟狱友学习的，在一定程度上存在交叉感染（如表1-1所示）。

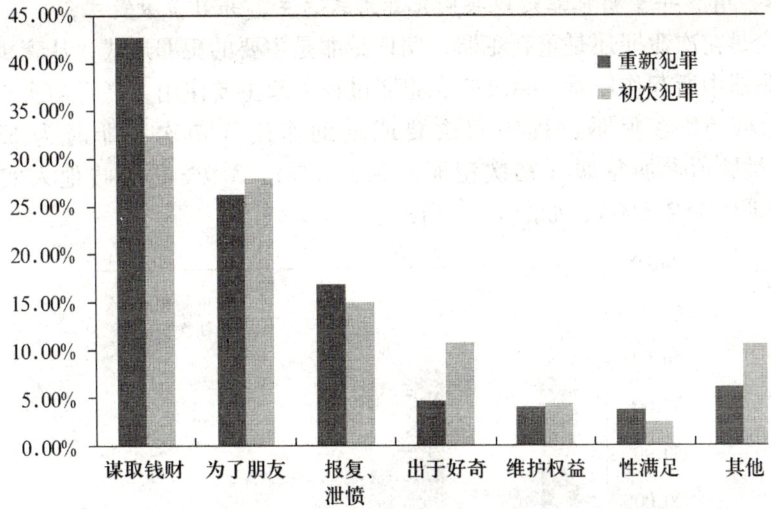

图 1－7　青少年重新犯罪与初次犯罪的犯罪目的比较

表 1－1　青少年重新犯罪与初次犯罪的犯罪方法比较

初次犯罪	百分比（%）	重新犯罪	百分比（%）
朋友传授的	59.3	与第一次犯罪的方法相同	37.9
通过电视学习的	11.4	跟狱友学习的	10.2
通过看报纸学习的	1.9	出狱后新结识的朋友传授的	27.6
通过互联网学习的	5.0	出狱后通过电视学的	4.3
其他	22.4	出狱后通过看报纸学的	3.1
合计	100	出狱后通过互联网学的	3.7
		其他	13.0
		合计	99.8

从重新犯罪原因看，“交友不慎”所占比例较大，达到15.4%。其他原因依次为抵制不住诱惑、就业困难、不愿吃苦、性格不好、生活空虚、侥幸心理强、受到歧视、感情受挫、权益受损、性压抑。另外，因“第一次犯罪后处罚得不够严厉，没有感受到犯罪的严重后果”而导致第二次犯罪的比例达到5.9%，受狱友影响而导致第二次犯罪的比例达到3.0%。无论是初次犯罪还是重新犯罪，不良的社交网络是诱发青少年犯罪的重要原因，也是犯罪方法习得的主要来源。因此，引导青少年建立良好的社交关系、融入健康的社交网络对于预防青少年重新犯罪具有重要意义。

（八）青少年重新犯罪是以共同犯罪形式为主，并且多数是主犯

无论是初次犯罪还是重新犯罪，团伙犯罪是主要的犯罪形式，从青少年罪犯在共同犯罪中所起作用看，44.1%在犯罪过程中起主要作用，高于初次犯罪时的20.9%；48.5%在犯罪过程中起次要或辅助作用（初次犯罪时为63.0%），3.4%是被胁迫参加犯罪（初次犯罪时为5.3%），3.9%是教唆他人实行犯罪（初次犯罪时为2.1%），如图1－8所示。

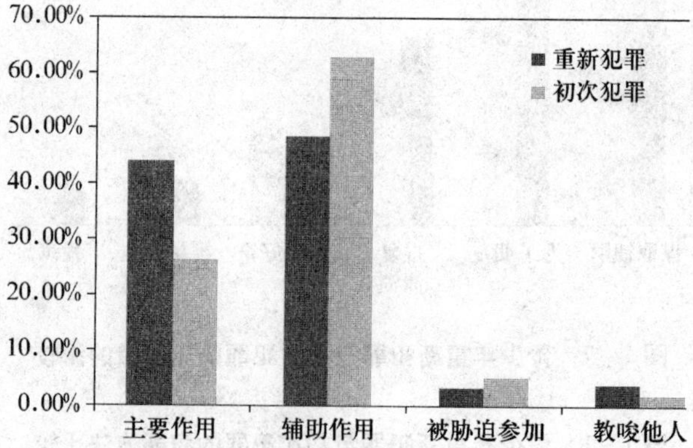

图1－8　青少年罪犯在共同犯罪中的作用比较

与初次犯罪相比，青少年重新犯罪时共同犯罪的成员有所变化，共犯成员主要是朋友、同事、同学，共占的比例为60.3%，网友占6.9%（初次犯罪时为4.2%），监狱服刑中认识的朋友占4.5%，同乡、邻居占14.4%（如图1－9所示）。由此可见，随着社交范围的扩大，重新犯罪时的团伙成员来源范围更为广泛。

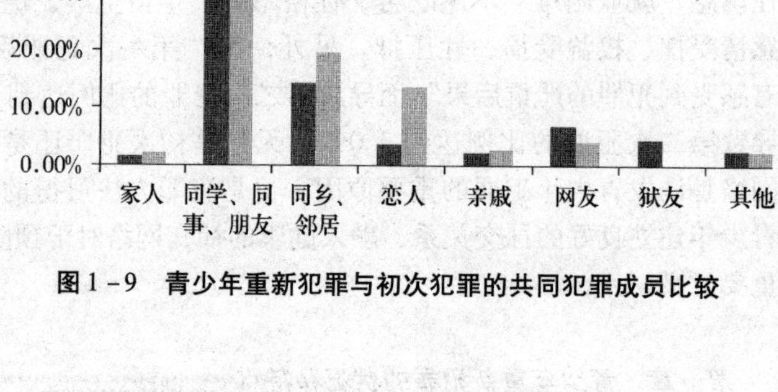

图1－9　青少年重新犯罪与初次犯罪的共同犯罪成员比较

青少年重新犯罪的地点以街道（34.7%）、宾馆（14.0%）、娱乐场所（10.5%）、网吧（9.9%）等公共场所为主。有过犯罪经历的青少年很难在社会谋求稳定的工作，具有较强的流动性，网吧、酒吧等场所就成为这些青少年聚集的主要地点。因此，加强对这些场所的管理有助于预防青少年重新犯罪的发生。

（九）青少年重新犯罪时所受处罚相对较重，较为明显地感知到法律的惩戒作用

从刑罚处罚的严厉程度看，重新犯罪的青少年罪犯在初次犯罪时所受的刑罚处罚较为轻缓，较大比例的被判处免予刑罚处罚、管制、拘役和3年以下有期徒刑，74.9%认为受到的处罚较为公正。重新犯罪的青少年罪犯受到了相对较重的刑罚处罚，60.4%的被判处3年以上有期徒刑，其中75.0%认为自己受到的处罚是严厉的，70.0%认为自己受到的处罚是公正的（如图1－10所示）。

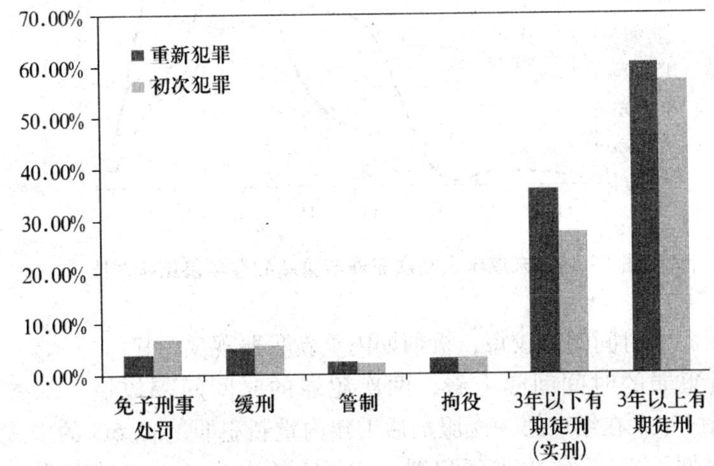

图1－10 青少年重新犯罪与初次犯罪的刑罚处罚比较

二、青少年重新犯罪的特点

（一）未成年人重新犯罪的特点

在我国，未成年人犯罪是影响到国家和社会稳定发展的重要问题。近年来，未成年人犯罪案件呈上升趋势，未成年人重新犯罪现象更为明显。这里所指的“未成年人重新犯罪”是指初次和重新犯罪时均处于不满18周岁的情况。此类案件日益增加，已成为未成年人犯罪的一个特殊现象。对犯罪的未成年人进行教育、改造后，如何预防其不再重新犯罪，这是法律工作者及社会各界亟待思考的课题。通过对调查数据的分析，发现我国未成年人重新犯罪具有以下特点：

1. 未成年人重新犯罪呈现以男性为主的特点，犯罪年龄集中

被调查的未成年重新犯罪者中，男性的比例为90.7%，女性的比例仅为9.3%。从年龄结构看，未成年人初次犯罪与重新犯罪呈现不同的年龄结构特征。

被调查的未成年人初次犯罪高发年龄段集中在14—16岁，所占比例分别为20.7%、24.5%、32.5%。重新犯罪时的年龄主要集中在16—17岁，所占比例分别为35.1%、40.3%。未成年人初次犯罪年龄越来越低。以往调查显示，未成年人初次犯罪的平均年龄在17岁，而本次调查发现未成年犯罪的平均年龄下降至15岁。我国未成年人犯罪正在向低龄化方向发展，且重新犯罪现象逐渐增加（如图1－11所示）。

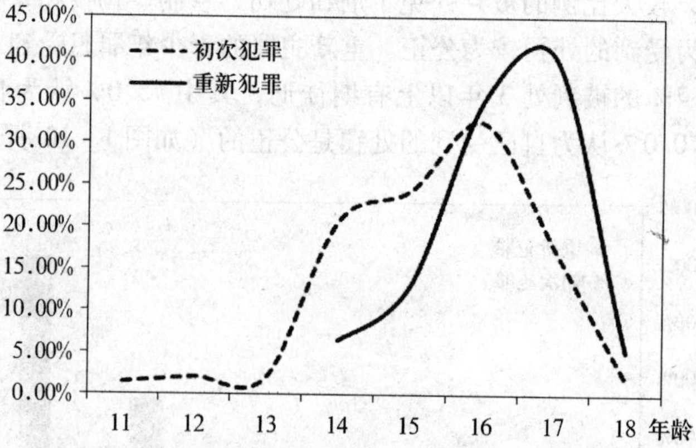

图1－11　未成年人初次犯罪与重新犯罪年龄结构对比

2. 重新犯罪时间间隔较短，缓刑期内重新犯罪现象明显

从重新犯罪的时间间隔上看，两次犯罪的时间间隔较短。调查显示，有56.0%的未成年人在结束第一次服刑后1年内重新犯罪，30.6%的未成年人在结束第一次服刑后1—2年内重新犯罪，39.4%的未成年人在结束第一次服刑后2—3年内重新犯罪，3年及以上时间内重新犯罪的比例仅为3.9%（如图1－12所示）。由此可见，重新犯罪的时间间隔主要集中在第一次服刑结束后的1年以内，间隔较短，且在缓刑期内重新犯罪现象明显，约占30%。

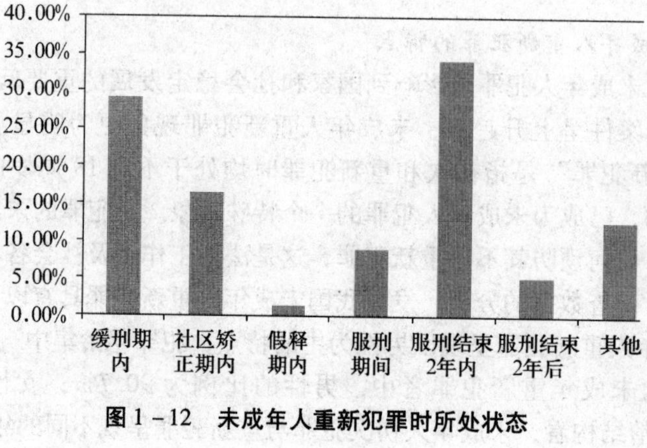

图1－12　未成年人重新犯罪时所处状态

3. 多数重新犯罪的未成年人来自农村，家庭经济状况较差，且单亲家庭或隔代抚养居多

调查显示，被调查的重新犯罪未成年人中，有63.7%的未成年人来自农村，34.5%的未成年人来自城镇。被调查者家庭经济状况较差，父母亲职业层次较低，有超过40.0%的被调查者父母亲均是农民，父母亲为企事业单位职工者比例超过15.0%，父母亲是个体工商户的比例超过12.0%，较低的职业层次直接影响家庭的经济状况（如图1－13所示）。

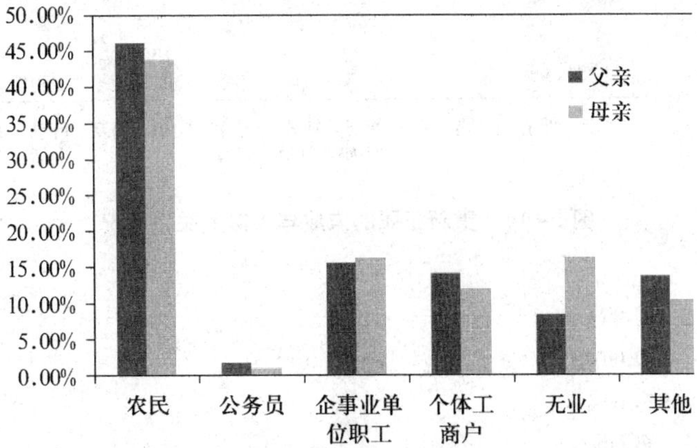

图1－13　重新犯罪未成年人父母职业状况

被调查的重新犯罪青少年大多来自单亲家庭，其中，单独由父亲抚养的比例为50.8%，单独由母亲抚养的比例为49.2%，与兄弟姐妹生活的比例为24.2%。值得注意的是，重新犯罪的未成年人中，隔代抚养现象较明显，有超过35.0%的被调查者由爷爷奶奶或外公外婆抚养。此外，近20.0%的被调查者与朋友生活，超过12.0%的被调查者独自生活（如图1－14所示）。由此可见，重新犯罪的未成年人家庭缺失现象严重，家庭教育不足、关怀不够是导致其重复犯错的重要原因。

4. 重新犯罪的未成年人受教育程度较低，且大多沾染不良行为

重新犯罪的未成年人受教育程度以初中为主，所占比例为62.0%，其次是小学学历，比例为28.1%，高中/中专/技校学历的仅为8.9%（如图1－15所示）。由此可见，重新犯罪的未成年人大多存在受教育程度较低的问题，本应在学校接受教育的阶段，由于各种原因结束学校教育，过早地接触社会为其沾染不良恶习提供了条件。调查显示，重新犯罪的未成年人16岁之前普遍存在不良行为，例如，有65.1%的人经常吸烟、33.1%的人经常喝酒、60.7%的未成年人经常玩网络游戏，42.4%的未成年人早恋等（如表1－2所示）。过早地退学以及沾染不良行为不利于未成年人的良好发展，反而会成为诱发其犯罪的因素之一。

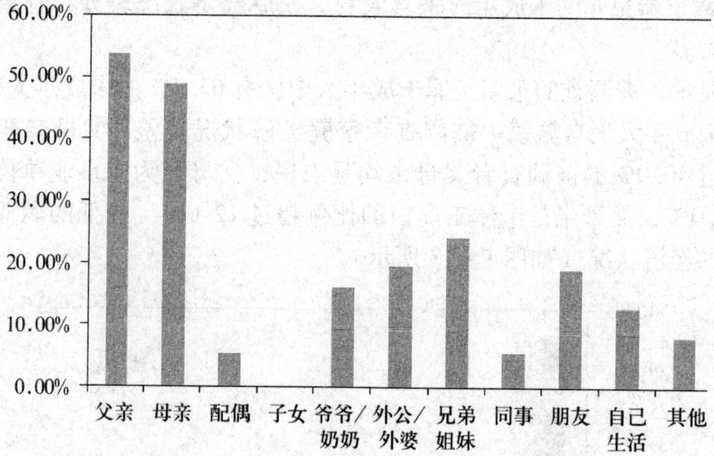

图 1－14　重新犯罪的未成年人家庭关系状况

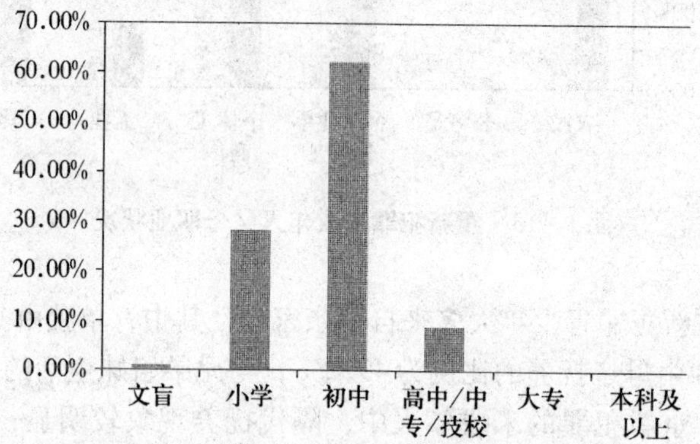

图 1－15　重新犯罪的未成年人受教育程度

表 1－2　重新犯罪未成年人 16 岁以前的不良行为

（%）

	经常	偶尔	没有
吸烟	65.1	25.9	9.0
喝酒	33.1	51.5	15.5
吸毒	5.3	18.7	75.9
赌博	15.3	37.4	47.3
网游	60.7	28.2	11.1
恋爱	42.4	39.6	17.9
说谎	20.3	65.7	14.0

续表

	经常	偶尔	没有
武器伤人	16.7	42.7	40.6
偷窃	7.9	24.0	68.1
离家出走	26.3	41.2	32.4
逃学	41.6	39.3	19.2

5. 抢劫和盗窃是未成年人犯罪的主要类型，但与初次犯罪相比，重新犯罪的犯罪类型较多

调查数据显示，未成年人犯罪的主要类型是抢劫和盗窃。在被调查者中，初次犯罪时犯有抢劫罪的比例为53.3%，盗窃罪的比例为13.8%。重新犯罪时，抢劫和盗窃所占比例分别为41.0%和33.3%。初次犯罪的犯罪类型较集中，除盗窃和抢劫外，主要是故意伤害罪（10.2%）和强奸罪（10.1%）。与初次犯罪相比，重新犯罪的犯罪类型相对较多，除盗窃、抢劫外，猥亵妇女、诈骗、敲诈、寻衅滋事、贩毒、强奸、组织卖淫等罪行均有所涉猎（如图1-16所示）。

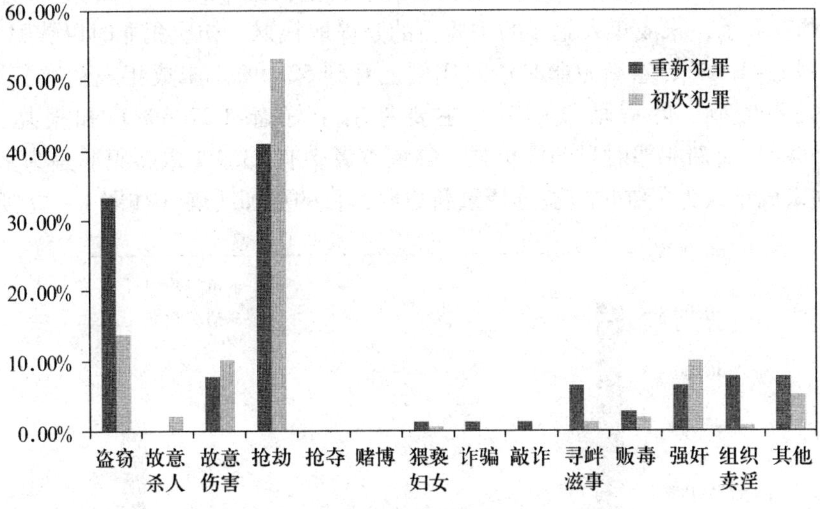

图1-16　未成年人初次犯罪与重新犯罪的犯罪类型比较

6. 重新犯罪未成年人的犯罪手段具有重复性，且重新犯罪更有计划性

通过对初次犯罪与重新犯罪的手段比较，我们发现未成年人犯罪手段主要是通过朋友传授，比例占总体的65.7%，其次是通过电视学习的，比例为14.9%。重新犯罪时，有47.4%的未成年人采用与第一次犯罪相同的方法，出狱后新结识的朋友传授方法的占27.6%。重新犯罪时的犯罪手段重复性很强，并且大多

通过朋友传授（如表 1－3 所示）。此外，未成年人重新犯罪时更具有计划性，调查显示，初次犯罪时有 27.8% 的未成年人犯罪前有预谋，重新犯罪时这一比例上升到 36.8%。由此可见，部分重新犯罪的未成年人在受到初次犯罪的刑罚后并未深刻认识到错误，依然保留之前的不良恶习，重新犯罪时更加谨慎小心。

表 1－3　未成年人初次犯罪与重新犯罪的手段比较

初次犯罪		重新犯罪	
朋友传授的	65.70%	与第一次犯罪的方法相同	47.40%
通过电视学习的	14.90%	跟狱友学的	9.20%
通过看报纸学习的	1.50%	出狱后新结识的朋友传授的	27.60%
通过互联网学习的	7.80%	出狱后通过电视学的	1.30%
其他	20.50%	出狱后通过看报纸学的	1.30%
		出狱后通过互联网学的	5.30%
		其他	23.70%

7. 谋取钱财是未成年人犯罪的主要目的，重新犯罪的犯罪目的更加明确

调查显示，未成年人犯罪的主要目的是谋取钱财，初次犯罪时以钱财为目的的比例为 41.9%，重新犯罪时这一比例上升到 52.0%。未成年人初次犯罪时目的性并不明确，除谋取钱财外，主要是出于好奇（27.6%）和报复、泄愤（11.1%）。重新犯罪时目的性更强，被调查者中有 33.3% 重新犯罪是为了朋友，8% 的未成年人为了维护权益选择重新犯罪，目的更加明确（如图 1－17 所示）。

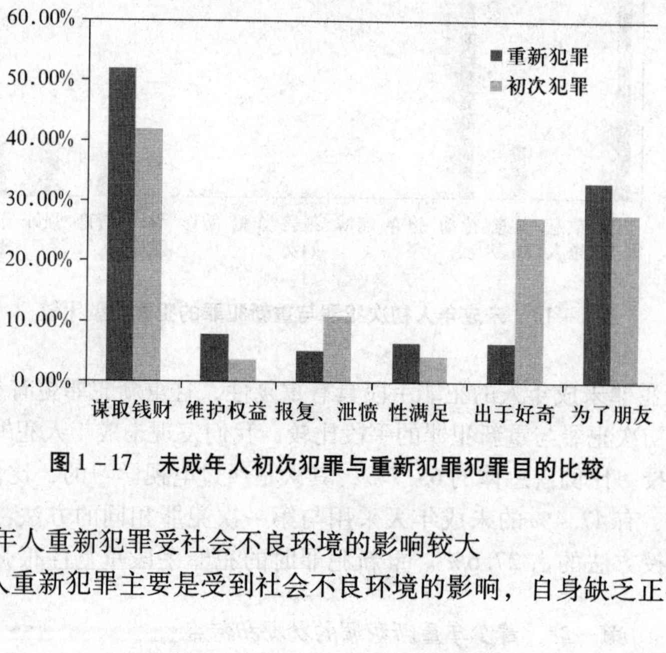

图 1－17　未成年人初次犯罪与重新犯罪犯罪目的比较

8. 未成年人重新犯罪受社会不良环境的影响较大

未成年人重新犯罪主要是受到社会不良环境的影响，自身缺乏正确的价值判

断。在被调查的重新犯罪未成年人中，重新犯罪的原因依次为交友不慎(35.1%)、抵制不住诱惑（31.1%)、不愿吃苦（29.7%)、性格不好(21.6%)、初次犯罪惩罚力度不够（20.3%)、生活空虚（20.3%)、侥幸心理强（16.2%）等原因。其中，缺少正确的价值观、是非观、社交圈等因素是导致其走向重新犯罪道路的主要原因。

9. 未成年人重新犯罪时多采用团伙作案形式，并由初次犯罪的辅助作用转为主要作用，犯罪地点以公共场所为主

调查显示，未成年人犯罪主要以团伙作案为主，初次犯罪与重新犯罪时，团伙作案均超过总体的80%，团伙成员主要是朋友、同乡和同学。初次犯罪时，未成年人主要起辅助作用，所占比例为51.7%；重新犯罪时，作用发生明显变化，有54.4%的未成年人在犯罪中起主要作用（如图1－18所示)。未成年人囿于自身的条件，作案时常纠集多人，相互利用，随机组合，规模不断扩大。这种犯罪与一般意义的犯罪集团不同，纠合在一起的多人中多具有邻居、同学等关系。组合过程简单，具有临时性。渴望友情、乐于合群，是未成年人的心理特点。与年龄相仿、趣味相投的伙伴在一起形成群体，容易相互影响，如果其中一人有犯罪意识，就可能共同作案，形成共同犯罪。

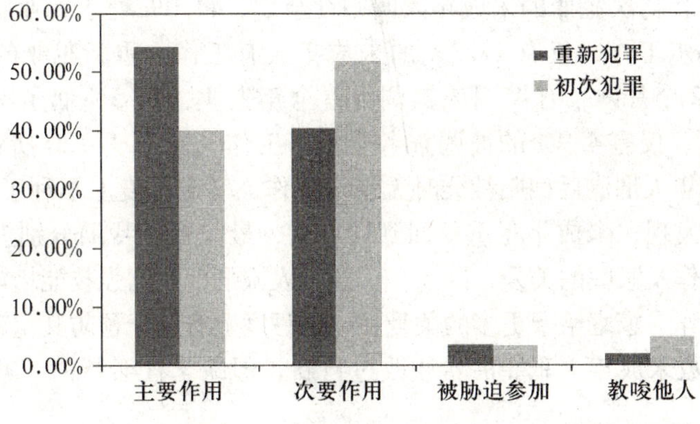

图1－18　未成年人在初次犯罪与重新犯罪中的作用比较

由于犯罪形式以团伙作案为主，公共场所成为主要的犯罪地点。数据显示，经常作为犯罪地点的场所依次为：街道巷里、宾馆饭店、网吧、KTV等娱乐场所、出租屋，所占比例分别为44.6%、17.6%、16.2%、10.8%、10.8%。由于未成年人失学后较难在社会谋求稳定的工作，流动性和不安定性比较强，因此公共场所成为无业、游手好闲的初犯者聚众的主要地点。

10. 未成年人重新犯罪所获刑罚较重，且近半数被调查者初次犯罪前受过治安拘留或者在工读学校学习

与初次犯罪相比，未成年人重新犯罪所获刑罚较重，62.7%的被调查者获3

年以上有期徒刑，30.7%的被调查者获3年及以下（实刑）有期徒刑，二者所占比例超过90.0%。被调查者中，近半数在初次犯罪前曾受过治安拘留（21.7%）或在工读学校学习（17.2%）（如图1－19所示）。

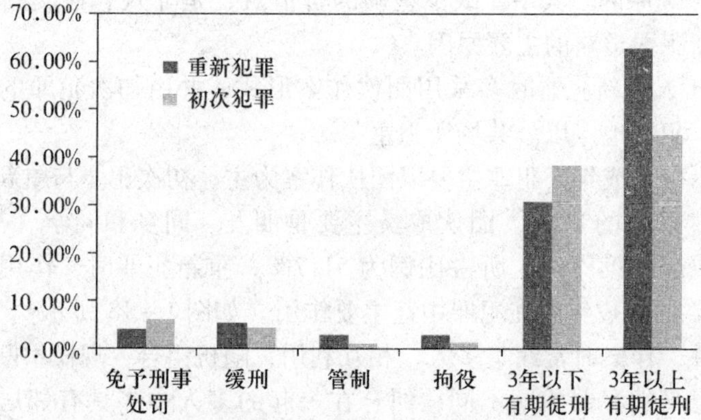

图1－19　未成年人初次犯罪与重新犯罪所受刑罚比较

11. 多数未成年犯刑满回归社会后无稳定工作，迫切需要增强职业技能

调查显示，初次犯罪的未成年人回归社会后，44.0%处于无业状态，20.2%的未成年人偶尔工作，仅有14.3%的未成年人有工作。重新犯罪的未成年人在第一次出狱12个月内，有45.1%被调查者全年失业，41.5%偶尔工作，但工作均不满6个月，仅有4.9%的被调查者全年有工作（如图1－20所示）。由此可见，多数未成年人刑满后回归社会时无稳定工作，一定程度上不利于其改过自新。通过调查我们发现，未成年犯重新回到社会后，最需要的帮助分别为参加技能培训、帮助找工作及家庭的关爱。因此，未成年人服刑期间增强技能培训，刑满释放后提供稳定工作，家庭给予更多的关爱在一定程度上有助于预防其重新犯罪。

12. 过半数未成年人犯罪后希望改过自新，但缺乏社会帮助、家庭关爱和心理辅导

调查显示，未成年人重新犯罪获刑后，有60.0%的未成年人希望有改过自新的机会，29.3%的未成年人感觉到悔恨，12.0%的未成年人感到绝望。获刑的未成年人希望改过自新，但缺少来自社会和家庭的关爱。例如，服刑期间仅有37.1%的未成年人与家人、亲戚、朋友保持通信，仅有31.5%的未成年人经常有人来探视，91.8%的未成年人服刑期间未获得任何专业技术证书；出狱后回到社会，近60.0%的未成年人受到社会的冷淡和歧视，正常交友成为难题，很难结识新朋友，因此，超过70.0%的未成年人难以脱离以前的朋友圈。面临就业困境、家庭关爱的缺失、自身曾经获刑的经历等一系列问题，未成年人迫切需要心理辅导，帮助其树立正确的人生观和价值观，然而被调查者中，超过60.0%的未成年人缺乏心理辅导。

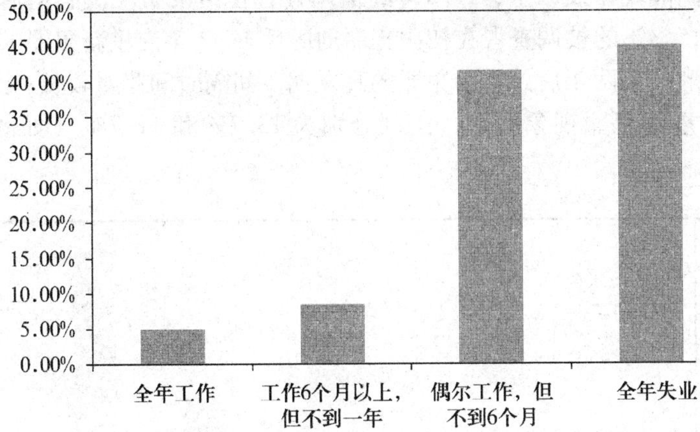

图 1－20　重新犯罪未成年人第一次出狱 12 个月内就业状况

（二）18 岁至 25 岁的青年重新犯罪的特点

随着我国经济的发展、网络的迅速普及，18 岁至 25 岁的青年人面对较多诱惑，刑满释放人员的安置帮教工作不足，致使青年重新犯罪问题突出，引起了社会的高度重视和广泛关注。

1. 青年重新犯罪的性别差异较小，犯罪年龄集中在 18—20 岁

青年重新犯罪者中，性别差异较小，其中男性所占比例为 51.5%，女性所占比例为 48.5%。从年龄结构上看，重新犯罪年龄主要集中在 18—20 岁，占 53%，犯罪年龄在 21—23 岁之间的各年龄比例均超过 10.0%，共占 32.5%（如图 1－21 所示）。

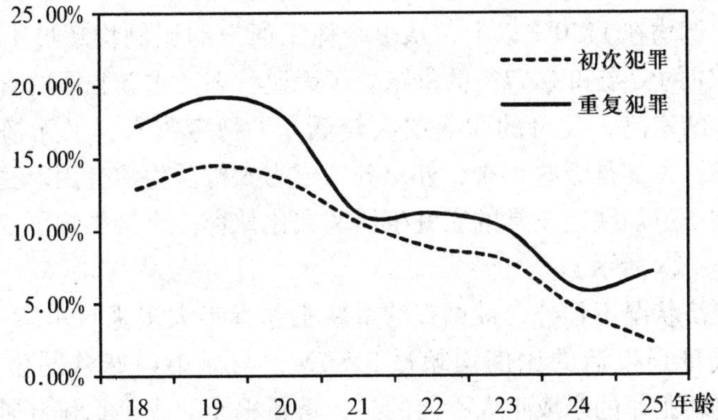

图 1－21　青年初次犯罪与重新犯罪年龄结构对比

2. 重新犯罪时间间隔相对较长，服刑结束两年后是重新犯罪的高发期

青年重新犯罪与初次犯罪的时间间隔相对较长。调查显示，31.1% 的被调查

者两次犯罪间隔3年及以上，19.5%的被调查者在结束第一次服刑后2—3年内重新犯罪。15.3%的被调查者在初次犯罪刑满后1—2年内重新犯罪。由此可见，初次犯罪服刑结束两年后是重新犯罪的高发期，间隔时间相对较长，且缓刑期内与服刑期间重新犯罪现象明显，比例分别为13.7%和11.7%（如图1-22所示）。

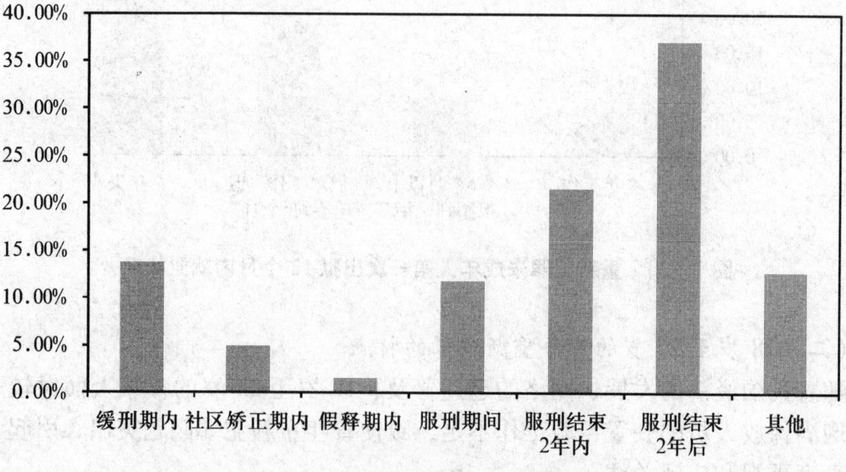

图1-22　青年重新犯罪时所处状态

3. 重新犯罪的青年大多来自经济状况较差的农村家庭，且单亲家庭或独自生活居多

重新犯罪的青年中，有60.0%的来自农村，38.0%的来自城镇。因此，被调查者父母的职业以农民为主，所占比例均超过总体的55.0%。父母是企事业单位职工的比例均在11.0%以上，从事个体工商户的比例均超过10.0%，除此之外，有7.4%的父亲和14.7%的母亲处于无业状态。重新犯罪的青年大多来自经济状况较差的家庭，父母的职业层次较低，无稳定收入，又无挣钱致富的技能，谋生艰难，尤其是近些年来，外出务工成为农村及生活贫困家庭的主要赚钱方式，导致孩子更加缺乏正常的家庭生活和文化教育，直接影响了家庭对孩子的培养（如图1-23所示）。

除家庭经济状况不佳外，被调查的重新犯罪青年大多来自单亲家庭。其中，单独与父亲或母亲生活的比例均超过35.0%，与兄弟姐妹共同生活的比例为17.2%。与重新犯罪的未成年人不同的是，重新犯罪的成年犯独自居住的比例较高，所占比例为22.6%，近1/5的被调查者犯罪前一个人生活（如图1-24所示）。家庭是子女健康成长的重要环境，父母是第一任老师，家庭教育培养的好坏深刻影响着子女的人生观、道德观的形成。家庭教育的缺陷是子女形成不良行为的基础，潜伏着走上违法道路的危机。重新犯罪青年的家庭背景中，普遍表现

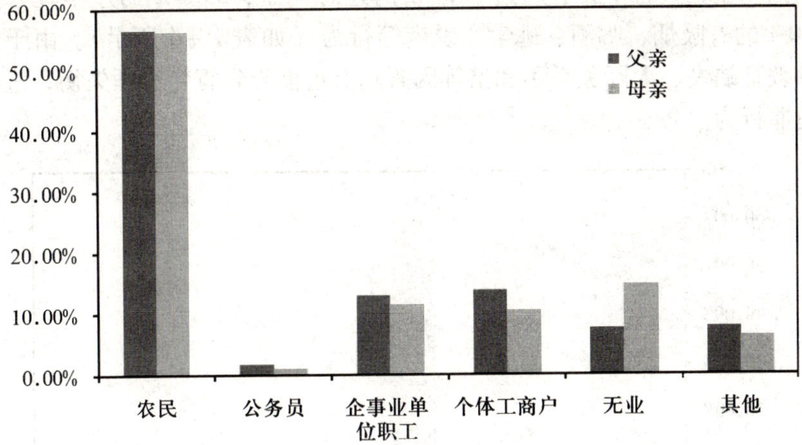

图 1－23　重新犯罪的青年父母职业状况

出了家庭温暖环境的缺失，家长未能给予他们正确的心理健康教育及法律和道德教育，以及足够的身心关爱。这种家庭中的孩子由于家庭不和谐，缺乏应有的关爱，容易形成感情冷漠、烦躁、孤独怪僻的性格，产生自卑感和不幸感，对外界有不信任感，容易在心理上产生偏差形成以自我为中心的自私心理，导致行为偏差。

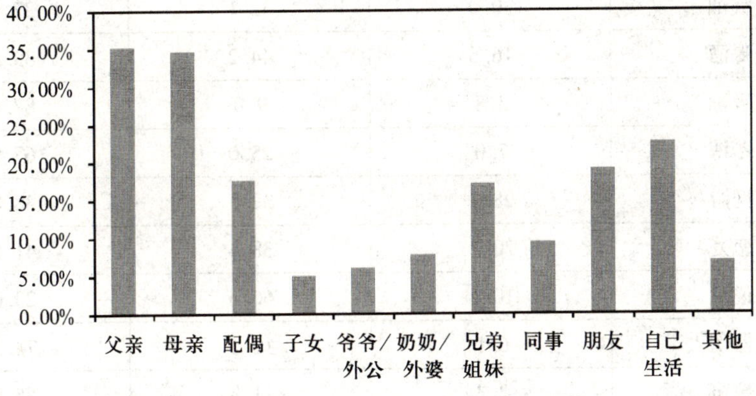

图 1－24　重新犯罪的青年家庭关系状况

4. 重新犯罪的青年受教育程度较低，且大多沾染不良恶习

重新犯罪的青年受教育程度以初中为主，所占比例近 60.0%，其次是小学文化程度，比例近 19.0%，高中/中专/技校文化程度比例为 16.0%，总的看来，重新犯罪的青年受教育程度偏低，易产生自卑感以致自暴自弃（如图 1－25 所示）。与此同时，被调查的重新犯罪的青年中，大多在 16 岁之前即具有不良行

为。例如，被调查者中，有超过 60.0% 的迷恋网游，59.0% 的过早地恋爱，超过 60.0% 的有吸烟、喝酒、逃学、说谎等行为（如表 1 – 4 所示）。由于家庭心理情感教育缺失、人际关系不和谐等因素均有可能导致青年心理失衡，进而出现违法犯罪行为。

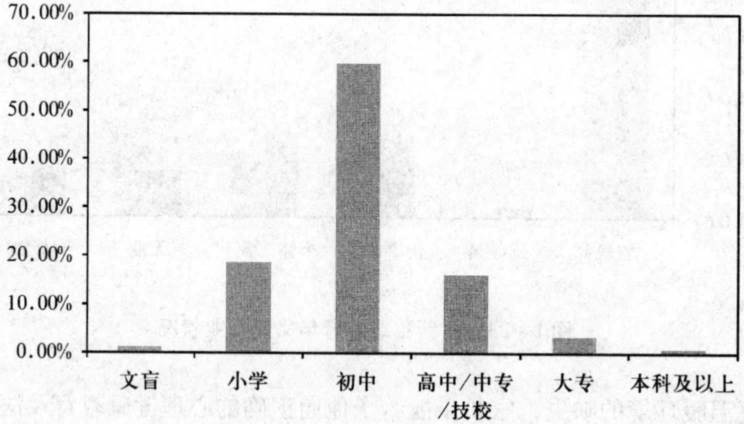

图 1 – 25 重新犯罪的青年受教育程度

表 1 – 4 重新犯罪的青年 16 岁以前的不良行为 （%）

	经常	偶尔	没有
吸烟	30.0	32.1	37.9
喝酒	16.6	44.2	39.2
吸毒	3.8	9.0	87.1
赌博	7.0	25.0	67.9
网游	28.7	32.5	38.8
恋爱	20.7	38.4	41.0
说谎	10.4	66.6	23.0
武器伤人	6.1	19.6	74.3
偷窃	2.3	11.8	85.9
离家出走	12.0	34.4	53.6
逃学	20.9	44.4	34.7

5. 青年重新犯罪具有团伙化、成人化倾向，犯罪手段向暴力型犯罪转化

团伙犯罪逐渐成为青年重新犯罪的主要形式，超过 70.0% 的被调查者重新犯罪时有同伙。以往资料表明，青年重新犯罪时往往采用“一哄而起，临时组合，互相壮胆，结伙作案”的形式，随着违法犯罪活动的终结而自行解体，且

团伙之间互相勾结，随意组合。在实施犯罪过程中，还刻意模仿成年人的犯罪行为方式，如雇佣出租车抢劫、利用电话踩点等，采用成人化的手法来掩盖罪迹，隐蔽自己，无形中加重了违法犯罪的后果。此外，青少年犯罪的动机简单，多以侵财犯罪为主，但暴力化倾向越来越明显。调查显示青年重新犯罪的主要表现形式有两个，一个是以财产为目的的犯罪集团，如团伙盗窃（35.7%）、抢劫（22.4%），另一个是侵犯他人人身安全的犯罪集团，如故意伤害（11%）、强奸（11.4%），其中部分犯罪手段残忍，造成严重的后果。

6. 青年重新犯罪的手段具有反复性、顽固性特点

通过对初次犯罪与重新犯罪的手段比较，初次犯罪时朋友传授（62.5%）是犯罪手段的主要获取渠道，而重新犯罪时，有42.6%的被调查者采用与第一次犯罪相同的犯罪方法，有33.7%的被调查者受到出狱后新结识的朋友影响，采用新的犯罪手段（如表1－5所示）。由此可见，青年重新犯罪的手段具有重复性的特点。我国对青少年违法犯罪都依法按照“教育为主，惩罚为辅”的原则处罚。部分青年在法律的威严面前能认识错与罪，但在出狱后，又回归原有朋友圈或结识新的朋友，在“铁哥们”诱惑下，经不起考验而重新犯罪，开始进入“犯罪、悔改、再犯罪、再悔改”的循环，随着时间的推移，这种反复性就向顽固性转化。此外，利用高科技手段进行犯罪的现象愈加明显。我国青年犯罪时利用新兴的科技成果，如利用计算机进行犯罪活动等。专家认为，随着大众传播工具的普及，各种智能化犯罪手段通过诸多途径，会纵横交错地影响青少年犯罪手段进入一个新的发展阶段。

表1－5　青年初次犯罪与重新犯罪的手段比较

初次犯罪		重新犯罪	
朋友传授的	62.50%	与第一次犯罪的方法相同	42.60%
通过电视学习的	11.00%	跟狱友学的	12.90%
通过看报纸学习的	2.30%	出狱后新结识的朋友传授的	33.70%
通过互联网学习的	4.20%	出狱后通过电视学的	6.40%
其他	25.70%	出狱后通过看报纸学的	4.50%
		出狱后通过互联网学的	4.00%
		其他	11.90%

7. 青年重新犯罪的犯罪动机简单，多以侵财为主，容易意气用事

数据显示，青年重新犯罪的动机很简单，主要目的是谋取钱财（50.5%），为满足简单的吃喝玩乐、交女朋友、上网等而去抢劫、敲诈。青年犯罪有较大的随意性，为了所谓的“江湖义气”而不顾法律的约束走上犯罪的道路。例如，

调查中青年重新犯罪的目的是“为了朋友”的比例为28.0%，超过总体的1/4。与初次犯罪相比，重新犯罪的犯罪目的更加明确（如图1－26所示）。

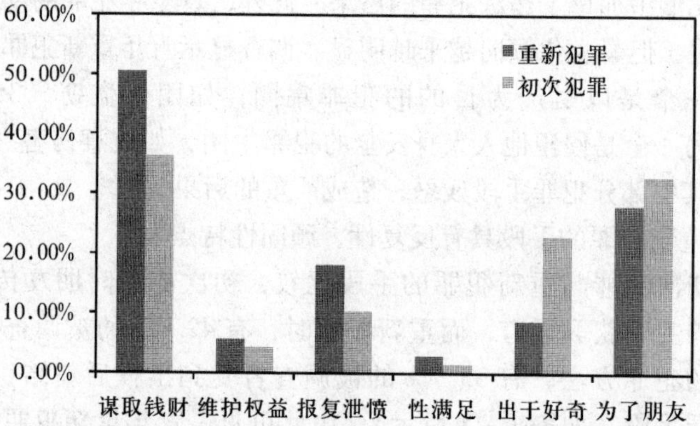

图1－26　青年初次犯罪与重新犯罪的犯罪目的比较

8. 不良社交圈及就业难的困境是诱发青年重新犯罪的主要原因

通过调查我们发现，青年重新犯罪的根本的原因在于本身的素质偏低，受到不良社交圈的影响，缺乏明辨是非的能力。被调查者中，重新犯罪的原因前三位依次为：交友不慎（28.6%）、就业困难（24.3%）、未抵诱惑（21.9%）。社会主义市场经济的全面发展，促进了社会的全面进步，同时也出现了一些拜金主义、享乐主义、腐朽生活方式的偏激倾向等不良风气严重影响着青少年的人生观、价值观。由于青年缺乏社会经验，结交的人良莠不齐，抵制外界影响的能力差、自控力弱，经受不住物质享乐的诱惑。此外，由于自身文化程度低，就业困难，经济收入无法满足自身对物质的需求，盲目攀比导致心理失衡，萌发不良企图。在这些条件和因素的作用下可能走上犯罪的道路。

9. 青年重新犯罪的犯罪地点以公共场所和临时居住地为主，流动的青年犯罪问题成为新焦点

由于青年重新犯罪的形式以团伙作案为主，公共场所和临时居住地成为主要的犯罪地点。调查显示，街道里巷（37.2%）、出租屋（16.3%）、宾馆饭店（17%）、KTV等娱乐场所（13.6%）是重新犯罪的主要场所。值得注意的是，与初次犯罪相比，在工厂企业犯罪的比例大幅增加。据公安部门调查，流动在大中城市的外地青少年人口的数量近年来增长较快，除了随其在该市打工的成年亲友流入外，有些是厌学、失学或受不法分子欺骗被迫滞留的。由于这些青少年只能做一些报酬很低的工作，甚至可能找不到工作，而城市的生活水平又较高，贫富差距也较大，这些青少年很容易产生不满情绪，从而做出危害社会的违法犯罪行为。

10. 青年重新犯罪所获刑罚较重，刑满后回归社会时无稳定工作

无论是初次犯罪还是重新犯罪，青年所获刑罚均较重，3 年以下（实刑）有期徒刑的均超过 20.0%，重新犯罪的青年被判 3 年以上有期徒刑比例为 73.4%，初次犯罪的比例则为 61.0%。由此可见，重新犯罪时，青年获刑更重。此外，多数青年刑满回归社会后无稳定工作。被调查者中，重新犯罪前全年有工作的比例仅为 13.6%，工作 6 个月以上但不满 1 年的比例为 21.0%，偶尔有工作但不到 6 个月的比例为 29.4%，全年失业的比例达到 36.0%（如图 1－27 所示）。刑满释放后，由于缺乏个人技能、文化水平较低以及就业过程中受到歧视等因素的影响，就业处于非常困难的境地，一定程度上增强了其重新犯罪的风险。

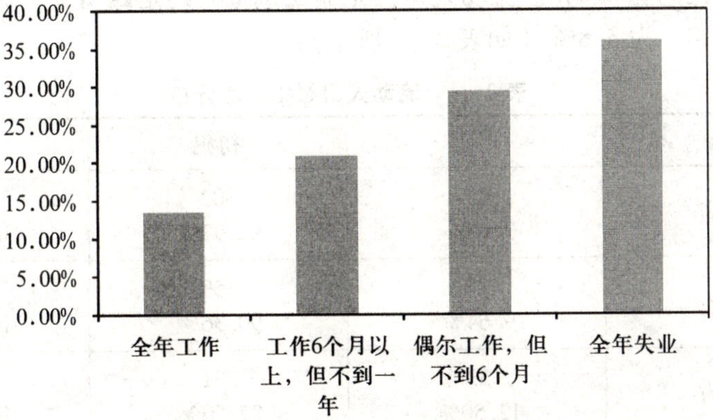

图 1－27　青年重新犯罪前就业状况

目前，在青少年重新犯罪问题中，最值得关注的问题不是青少年重新犯罪数量、比例的增加，而是犯罪性质的问题。从犯罪性质来看，现在青少年重新犯罪比初次犯罪更为严重，暴力犯罪的比重和程度都有所增加，呈现严重性、危害性的特点。

（撰稿：郭开元　王富百慧）

第二章　流动青少年重新犯罪问题

本次调查显示，流动人口犯罪占45.6%。其中广东、江苏的流动人口犯罪比例较高，分别为67.3%和54.1%；河南、四川的户籍人口犯罪比例较高，分别为69.8%和68.2%。本次调查的青少年重新犯罪比例为13.1%，流动青少年重新犯罪的比例为8.6%。流动人口再犯罪比例最高的是四川省，为14.8%，最低的为广东省，为3.8%（如表2－1所示）。

表2－1　流动人口罪犯样本分布

省份	再犯	初犯	合计
江苏省	23 7.08%	302 92.92%	325 100.00%
河南省	16 9.64%	150 90.36%	166 100.00%
湖北省	33 12.50%	231 87.50%	264 100.00%
四川省	27 14.75%	156 85.25%	183 100.00%
广东省	15 3.83%	377 96.17%	392 100.00%
合计	114 8.57%	1216 91.43%	1330 100.00%

本次调查的罪犯为14—25周岁的青少年，其中未成年犯占32.0%。流动人口中未成年犯占23.7%，18—25周岁的成年犯占76.3%。而在有重新犯罪行为的流动青少年中，未成年犯的比例为28.1%（如表2－2所示）。

表2－2　流动人口罪犯年龄分布

分类	再犯	初犯	合计
未成年犯	28.1%	23.1%	23.5%
成年犯	71.9%	76.9%	76.5%
样本量	n = 114	n = 1216	n = 1330

一、流动青少年重新犯罪的主体特征

（一）人口特征

初次犯罪时为流动人口的男性比例多于女性，男性为56.1%，女性为43.9%。在年龄分布上，初犯年龄的高发期在17岁和18岁，两者合计为26.1%。其中本地户籍青年初犯的高发年龄段集中在17—18岁，流动青年初犯年龄在21—25岁持续维持较高比例。犯罪的流动青年62.7%是农村户口，33.5%是城镇户口，3.7%的人没有户口。犯罪的流动青少年文化程度普遍偏低，22.9%的人为小学及以下，58.9%为初中文化水平，高中及以上的仅占18.2%。

（二）家庭情况及居住方式

流动青少年罪犯的家庭大多是农民家庭，父母职业均为农民的比例超过50.0%，父母职业为体制内编制的不足15.0%，还有相当一部分家庭是个体工商户或者父母处于无固定工作甚至无业状态。流动青少年罪犯的家庭经济状况“一般”的超过六成，“较差”的接近三成，经济状况“较好”的不足一成。半数以上流动青少年罪犯与家人的关系融洽，但仍有13.0%的人与家人关系紧张。

在居住方式上，户籍人口与父母、兄弟姐妹等家人住在一起的比例较高，而流动人口与同事、工友、同学、朋友、邻居以及自己生活的比例明显提高（如表2-3所示）。

表2-3　犯罪的户籍青年与流动青年的居住方式对比（n=2961）

与谁同住	户籍青年	流动青年
父亲/继父/养父	51.60%	28.30%
母亲/继母/养母	49.00%	27.80%
兄弟姐妹	23.40%	15.00%
奶奶/外婆	15.50%	7.30%
爷爷/外公	12.70%	5.30%
配偶	11.80%	15.80%
子女	3.70%	2.70%
同事、工友	5.20%	11.60%
同学、朋友、邻居	15.80%	23.00%
自己生活	13.70%	26.50%
其他	7.20%	7.30%

居住方式反映了流动青少年的生活环境。可以看出流动青少年居住是以业缘或地缘为中心，血缘关系的居住比例大大下降。这与流动青少年的流动性有较强

相关性，他们或外出务工或在外求学，逐渐形成新的交往圈，建立了新的社会网络。原有的人际关系重新排序，居住方式乃至生活方式开始改变。

二、流动青少年重新犯罪状况

本次调查显示，青少年人口的流动性特征与初犯、再犯行为显著相关。初犯群体中的流动人口比例（48.1%）高于再犯群体（30.4%）（如表2－4所示）。

表2－4　青少年犯罪与流动性的关系

	户籍人口	流动人口
再犯	69.60%	30.40%
初犯	51.90%	48.10%
卡方检验	$X^2 = 40.508$，$df = 1$，$p < 0.001$	

初犯的青少年中，户籍人口和流动人口比例相当，再犯的青少年中，户籍人口比例上升较快，流动人口比例呈下降趋势。

（一）14岁和17岁是流动人口重新犯罪的高发年龄，未成年犯两年之内再犯罪比例最高

调查显示，在未成年阶段，流动人口重新犯罪的比例高于初犯比例，尤其是在14岁和17岁两个年龄点上更为突出，重新犯罪率分别为19%和21.9%（如图2－1所示）。

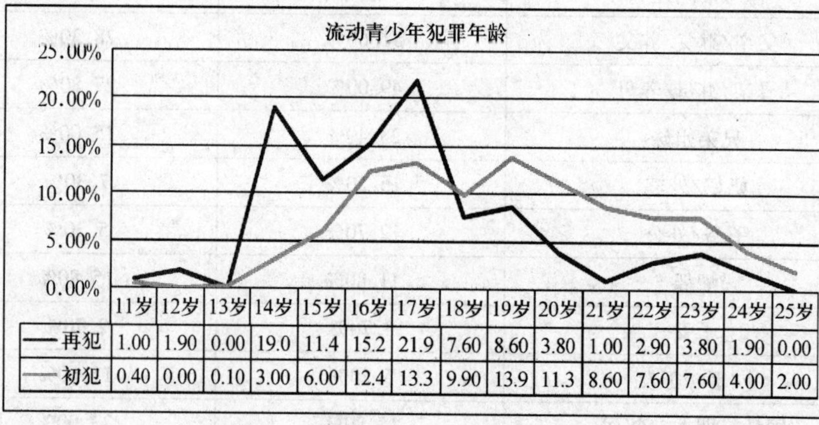

	11岁	12岁	13岁	14岁	15岁	16岁	17岁	18岁	19岁	20岁	21岁	22岁	23岁	24岁	25岁
—再犯	1.00	1.90	0.00	19.0	11.4	15.2	21.9	7.60	8.60	3.80	1.00	2.90	3.80	1.90	0.00
—初犯	0.40	0.00	0.10	3.00	6.00	12.4	13.3	9.90	13.9	11.3	8.60	7.60	7.60	4.00	2.00

图2－1　流动青少年犯罪年龄图示（%）

与初次犯罪相比，流动青少年的再犯罪行为呈现低龄化特征，以14—17岁这一未成年阶段比例最高。第二次犯罪比例最高的是17岁和16岁，分别为14.9%和13.5%，加上14岁和15岁的年龄组，有过重新犯罪经历的流动未成年人占36.5%，高于问卷基本信息统计的28.1%。这一题目的设置形成对问卷基

本信息的验证，由于问卷调查是一次性的，缺乏对调查对象全面了解，通常状况下调查对象会做出保守回答，尤其涉及违法犯罪等敏感主题，调查对象更加谨慎。通过从调查机构收集的信息和调查对象填答问卷的对比，可以推断，问卷得出的重新犯罪比例低于实际情况。

第二次犯罪与第一次犯罪间隔时间在两年以内的比例达到 64.6%，其中再犯间隔在 6 个月内的占 15.9%，6 个月到 1 年的占 19.5%，1 年到 1 年 6 个月的占 18.3%，1 年 6 个月到 2 年的占 11%。未成年犯两年内再犯罪的比例占其再犯罪比例的 95.6%，也就是说 90.0% 以上的未成年人再犯罪都是在两年之内发生的。6 个月以内再犯比例为 26.1%，6 个月到 1 年再犯比例为 39.1%，1 年到 1 年 6 个月的占 21.7%，1 年 6 个月到 2 年的占 8.7%。成年犯两年内再犯罪比例尽管高达 52.6%，仍远低于未成年犯（如表 2－5 所示）。

表 2－5　流动青少年重新犯罪时间间隔

两次犯罪时间间隔	未成年犯	成年犯	总计
6 个月以内	26.10%	11.90%	15.90%
6 个月到 1 年	39.10%	11.90%	19.50%
1 年到 1 年 6 个月	21.70%	16.90%	18.30%
1 年 6 个月到 2 年	8.70%	11.90%	11.00%
2 年到 2 年 6 个月	0.00%	5.10%	3.70%
2 年 6 个月到 3 年	4.30%	5.10%	4.90%
3 年到 3 年 6 个月	0.00%	8.50%	6.10%
3 年 6 个月到 4 年	0.00%	5.10%	3.70%
4 年到 4 年 6 个月	0.00%	1.70%	1.20%
4 年 6 个月到 5 年	0.00%	5.10%	3.70%
5 年到 6 年	0.00%	5.10%	3.70%
6 年到 7 年	0.00%	1.70%	1.20%
7 年到 8 年	0.00%	1.70%	1.20%
8 年到 9 年	0.00%	1.70%	1.20%
9 年到 10 年	0.00%	3.40%	2.40%
10 年及以上	0.00%	3.40%	2.40%
合计	99.90%	100.20%	100.00%

以服刑方式作为划分界限，第二次犯罪时，未成年犯处于服刑期内和服刑结束后一年之内的比例都显著高于成年犯（如表 2－6 所示）。

表 2－6 未成年犯和成年犯重新犯罪比较

	未成年犯	成年犯
缓刑期内	19.20%	6.50%
社区矫正期内	11.50%	3.20%
在监狱服刑期间	15.40%	9.70%
服刑结束 1 年之内	38.50%	17.70%
服刑结束 1 年之后	7.70%	50.00%
其他	19.20%	14.50%
样本量	26	62

出于对未成年人的保护，法院在审理未成年人案件时，会首先落实宽严相济的刑事司法政策，在刑罚裁量上，充分使用非监禁刑或非监禁刑执行措施，避免机械执法和量刑失衡。这在一定程度上可以解释表 2－6 中未成年人在“缓刑期内”和“社区矫正期间”重新犯罪比例大大高于成年犯的原因。通过这一数据，我们也发现在非监禁刑执行中的一些问题。如何在非监禁刑执行期间，收到未成年人改过自新的良好效果，又能预防他们重新犯罪，值得社会各界深入思考。

（二）大多数流动青少年犯罪时处于闲散状态

无论是初次犯罪还是再次犯罪，犯罪时无业所占比例最大。初次犯罪时，无业比例为55.0%，失学为5.5%，流浪为0.8%，合计为61.3%，也就是说在初次犯罪的流动青少年中，六成左右处于闲散状态。再次犯罪时，无业比例为47.8%，失学为17.7%，流浪为3.5%，合计为69.0%，处于闲散状态的比例高于初犯人群。尤其是失学和流浪的比例大大增加，这在一定程度上解释了上文14—17 岁流动青少年再犯罪比例较高的现象。14—17 岁是就学或者就学向就业过渡的阶段，一旦陷入就学、就学失败境地，再加之个人或家庭调节不力，就会大大增加违法犯罪行为的概率（如表 2－7 所示）。

表 2－7 流动青少年犯罪时所处的状态

排序	所处状态	再次犯罪（%）	排序	所处状态	初次犯罪（%）
1	无业	47.8	1	无业	55.0
2	失学	17.7	2	工作	29.0
3	工作	15.0	3	上学	5.9
4	上学	8.8	4	失学	5.5
5	其他	7.1	5	其他	3.8
6	流浪乞讨	3.5	6	流浪乞讨	0.8

从表2-7中亦可看出有过犯罪行为的流动青少年在犯罪时较少处于就学状态，除了闲散之外，相当一部分人在就业岗位。有研究表明，重新犯罪人员所从事的职业排位依次是务农农民、城市无业人员、城市散工或临时工、务工农民、自己做生意以及城市无照做小生意的人员①。结合调查发现的犯罪的流动青少年文化程度普遍偏低的统计结果推断，就业的流动青少年由于文化水平较低，掌握的技能较少，大多从事临时性的、稳定性差、缺乏保障的工作，这在一定程度上增加了他们的生存压力和生活风险。就业状态的不连续使得他们的收入时有时无，上一份工作与下一份工作之间的无业空当期为违法犯罪埋下了隐患。因此，处于闲散状态的流动青少年需要社会着重关注，这也是预防犯罪和再犯罪的着力点。

（三）侵财型犯罪比例较高，犯罪手段多为朋友传授

流动人口犯罪以侵财型比例最高，初次犯罪的人中比例最高的犯罪类型依次为抢劫（34.2%）、盗窃（14.1%）和贩毒（11.8%）。重新犯罪的罪犯中侵财型犯罪的比例提高，恶性犯罪事件有所增加。抢劫（34.5%）、盗窃（31.9%）、故意伤害（8.0%）是所占比例最高的三种犯罪类型，另外故意杀人罪的比例比初次犯罪提高0.2%，抢夺罪提高2.0%。在犯罪手段上，第二次犯罪与第一次犯罪使用相同方法的比例最高，占40.2%，其次是出狱后新结识的朋友传授的，占32.9%，排在第三位的是跟狱友学的，为14.6%。通过互联网、电视、报纸获得犯罪手段的比例都较低。这符合我们的常识判断，重新犯罪的罪犯在初次犯罪刑满释放后，有40.5%的人和以前的伙伴交往，11.9%的人和服刑时的狱友保持联系，这些交往朋辈或多或少都有不良行为，他们之间互相影响，彼此传授犯罪方法。

从调查数据分析，重新犯罪流动青少年的家庭经济条件比初犯的青少年更差，这是导致侵财型犯罪比例提高的原因之一，另外重新犯罪流动青少年的家庭关系也比初犯的青少年紧张，同时他们对于金钱以及生活态度有一定认知偏差，在少年早期存在更多不良行为。这些因素综合起来成为导致流动青少年重新犯罪的诱因。

（四）重新犯罪有预谋比例提高，犯罪原因发生变化

第一次犯罪有预谋的占23.2%，第二次犯罪有预谋的比例则高于第一次12个百分点，达到35.5%。通过对比初次犯罪和再次犯罪的原因，可以发现仅有初犯经历的罪犯的犯罪原因偶发性因素更高，"为了朋友"、"出于好奇"的比例明显高于有再犯经历的罪犯。有再犯经历的罪犯在初次犯罪时有一半的人是"为了谋取钱财"（如表2-8所示）。

---

① 王志强：《犯罪易感与社会弱势视角的重新犯罪实证研究》，载《中国刑事法杂志》2010年第7期，第92页。

表2－8　初次犯罪和再次犯罪原因

	再犯	初犯
为了谋取钱财	50.00%	38.80%
为了维护权益	3.60%	3.80%
为了报复/泄愤	12.50%	10.30%
为了性满足	6.30%	1.80%
出于好奇	12.50%	23.20%
为了朋友	25.00%	34.60%
其他	7.10%	10.30%
样本量	112	1200

与初次犯罪相比，再次犯罪不仅有预谋的比例提高（35.5%），犯罪原因分布也发生改变，“为了报复、泄愤”的比例提高（如表2－9所示）。

表2－9　再次犯罪的原因

为了谋取钱财	为了维护权益	为了报复/泄愤	为了性满足	出于好奇	为了朋友	其他
52.90%	7.10%	18.80%	3.50%	7.10%	34.10%	5.9%
n＝85						

（五）流动青少年犯罪大多是同伙作案，重新犯罪的未成年人起主要作用的比例显著提高

流动青少年具有工作、居住、生活不稳定的特征。他们的居住方式以合租房、居住集体宿舍为主，居住同伴以同事、同乡、同学、男女朋友较为常见。调查显示，流动青少年的犯罪形式以同伙作案居多，初次犯罪有同伙的比例为81.8%，再次犯罪有同伙的比例为73.6%。初犯未成年犯同伙作案比例高于成年犯，再犯未成年犯同伙作案比例低于成年犯。在被调查的罪犯中，初次犯罪起主要作用的占21.9%，起次要或辅助作用的占68.6%；第二次犯罪时起主要作用的占37.7%，起其次要或辅助作用的占55.7%。其中，未成年犯在初次犯罪和第二次犯罪中所起的作用变化明显（如表2－10所示）。

表2－10　未成年犯和成年犯在团伙作案中的作用

	未成年犯		成年犯	
	初次犯罪	第二次犯罪	初次犯罪	第二次犯罪
起主要作用	28.70%	56.30%	19.70%	31.10%
起次要或辅助作用	61.10%	37.50%	71.10%	62.20%

续表

	未成年犯		成年犯	
	初次犯罪	第二次犯罪	初次犯罪	第二次犯罪
被胁迫参加犯罪	7.50%	6.30%	7.30%	2.20%
教唆他人实施犯罪	2.60%	0.00%	1.90%	4.40%
合　计	99.9%	100.1%	100%	99.9%
样本量	265	16	792	45

总体而言，流动青少年在第二次犯罪时起主要作用的比例大幅上升，未成年犯比例几乎翻倍。一方面反映出第二次犯罪的主观恶性更大，另一方面也反映出犯罪低龄化、团伙化、易反复性的趋势。

（六）三成流动青少年犯罪前有过受处罚经历

大约30.0%的流动青少年罪犯在初犯前受过处罚，受过治安拘留的占15.3%，去过工读学校的占11.3%，受过劳动教养的占2.7%，强制戒毒的占1.0%。重新犯罪罪犯在初犯前受过治安拘留的比例（31.0%）大大高于初次犯罪的罪犯（13.7%），受过劳动教养处罚的比例（6.0%）也明显高于初犯群体（2.4%）。在未成年犯和成年犯的比较中发现，未成年犯在初犯前受过处罚的比例高于成年犯，有过入读工读学校经历（两者分别为16.5%和9.7%）和受过治安拘留的比例（两者分别为21.7%和13.2%）显著高于成年犯。

对比流动青少年罪犯初犯刑罚和再犯刑罚发现，第二次犯罪判处3年以上有期徒刑的比例为63.9%，3年以下有期徒刑的为32.5%；初犯时这两类刑罚的比例分别为58.8%和27.8%。未成年犯和成年犯初犯和再犯受到的刑罚比较如表2－11所示。

表2－11　未成年犯和成年犯刑罚比较

	第一次犯罪刑罚		第二次犯罪刑罚	
	未成年犯	成年犯	未成年犯	成年犯
免予刑事处罚	5.2%	2.6%	0.0%	1.7%
缓刑	2.6%	1.8%	4.2%	1.7%
管制	0.3%	0.7%	4.2%	1.7%
拘役	1.3%	1.1%	0.0%	1.7%
3年以下有期徒刑（实刑）	46.8%	21.9%	58.3%	22.0%
3年以上有期徒刑	40.3%	64.6%	41.7%	72.9%
其他	3.5%	7.3%	——	——
样本量	310	992	24	59

在第一次犯罪的刑罚处罚中，未成年犯和成年犯都有一定比例的是免予刑事处罚，未成年犯免予刑事处罚的比例高于成年犯。第二次犯罪的刑罚处罚中，未成年人几乎没有免予刑事处罚的，在宣告缓刑和管制中比例有所提高。无论是未成年犯还是成年犯，第二次犯罪都比第一次犯罪有更高的比例获得 3 年以下短期刑和 3 年以上有期徒刑。其中，未成年犯获得 3 年以下短期刑的比例增幅较大，成年犯获得 3 年以上有期徒刑的比例增幅较大。

（七）对处罚的态度及感受

第二次被处罚后，57.6% 的人表示“希望有改过自新的机会”，36.5% 的表示悔恨，18.8% 的郁闷，15.3% 的绝望，10.6% 的无所谓。其中，未成年犯表示悔恨的比例高于成年犯。判刑后，七成左右的人认为自己受到的处罚严厉，第一次犯罪后，71.5% 的人认为自己受到的处罚公正，第二次犯罪后 64.3% 的人认为自己受到的处罚公正。两次判刑，未成年犯认为公正的比例都大大高于成年犯。第一次犯罪时，39.8% 的人没想到自己的行为是犯罪行为，54.6% 的人对自己的行为想到过是犯罪，但没想到有这么严重，还有 5.6% 的属于明知故犯，想到过自己的行为是犯罪，并且清楚自己行为的严重性。

三、流动青少年重新犯罪的相关因素分析

（一）家庭环境与重新犯罪

流动青少年之所以离开居住地到异地寻求工作和发展机会，一方面是由于他们已经没有继续升学的可能，另一方面是因为他们的家庭无法为其提供更多的就业和发展途径，经济条件并不富裕。这些流动青少年 2/3 来自农村地区，农村和城市的二元分化格局，使得年轻的农村青年迫切期望走出农村，进入都市生活序列。城乡之间的推拉之力将农村的青年一代带入城市空间，有限的生活技能与城市需求之间的差距使得他们中大多数的人仅能徘徊在城市底层，缺乏尊严和保障，产生巨大心理落差。在生活和工作中遇到的不平等以及被排斥感使得一部分人产生仇视和敌对心理，从而引发报复社会的行为，走上违法犯罪道路。本次调查显示，流动青少年罪犯的家庭关系不是很好，尤其是重新犯罪的人员，和家庭保持良好关系的仅为 38.4%，家庭关系比较差和很差的比例合计为 22.3%，比初犯人群高出 10 个百分点（如表 2－12 所示）。

表 2－12　流动青少年罪犯的家庭关系

	再犯	初犯
很好	24.10%	30.70%
比较好	14.30%	21.00%
一般	39.30%	36.10%

续表

	再犯	初犯
比较差	10.70%	7.20%
很差	11.60%	5.00%
$X^2=13.697$，$df=4$，$P<0.05$		

家庭作为社会的基本单位，其经济功能在逐渐减弱，情感寄托的作用日渐增强。但是，经济功能对其他的家庭环境因素起到支配性作用。本次调查发现，家庭的经济状况与家庭关系有显著相关性（如表2－13所示）。

表2－13　家庭经济状况与家庭关系的相关性

家庭关系 \ 经济条件	很好	比较好	一般	比较差	很差
很好	51.40%	35.70%	31.60%	26.90%	19.70%
比较好	17.10%	44.00%	21.40%	12.80%	13.80%
一般	25.70%	15.50%	40.00%	35.20%	30.30%
比较差	0.00%	2.40%	4.10%	21.00%	10.50%
很差	5.70%	2.40%	2.80%	4.10%	25.70%
$X^2=259.376$，$df=16$，$p<0.001$					

表2－13中显示，家庭经济条件越好，家庭关系越好，反之亦然。经济条件很好家庭关系很好的比例最高，占到51.4%，经济条件比较差，关系一般或者比较差的比例较高。家庭关系好坏直接影响到服刑人员心理。有过服刑经历的罪犯已经被贴上了标签，家庭是他们最大的依附，家人的理解和支持是他们最强的心理支撑，也是他们入狱服刑的改造动力。重新犯罪人员普遍和家人关系不好，联系不多，沟通较少。在第一次服刑期间，经常和家人朋友通信的为43.2%，很少通信的为32.6%，还有24.2%的人从未和家人通过信。经常有探视的比例不足1/3，很少有探视的占30.5%，37.9%的人从来没有人探视过。第一次刑满释放后，能保持比较好家庭关系的比例为43.3%，家庭关系一般的为40.0%，家庭关系比较差的占16.7%。有28.0%的人在出狱后，家庭态度冷淡或放任不管。没有了家庭这一最后的避难之所，服刑人员易产生绝望心理，不利于再次回归社会完成自我改造。

（二）文化程度与重新犯罪

犯罪的流动青少年文化程度普遍偏低，高中以上的不足20.0%。由于流动青少年以农村地区居多，同时家庭经济条件较差，这是造成他们文化程度低的客观原因。初中之前为义务教育，绝大多数家庭可以让子女完成这个阶段的教育。高中以后是非义务教育阶段，教育开支大大增加，在初中阶段学业成绩不佳或家庭贫困无力支付的家庭则放弃初中之后的教育。家庭经济条件与文化程度有很强相关性（如表 2－14 所示）。

表 2－14　家庭经济条件和流动青少年罪犯文化程度相关性

	很好	比较好	一般	比较差	很差
没有上过学	5.60%	0.00%	0.50%	0.50%	3.30%
小学	19.40%	14.30%	17.90%	23.90%	45.70%
初中	36.10%	41.70%	63.70%	62.40%	43.70%
高中/中专/技校	27.80%	32.10%	15.00%	10.60%	6.60%
大专	2.80%	7.10%	2.30%	2.30%	0.70%
大学本科及以上	8.30%	4.80%	0.60%	0.50%	0.00%
$X^2 = 163.088$，$df = 20$，$p < 0.001$					

文化程度是个人人力资本的核心体现，也是很多行业和职位的敲门砖。在社会转型期，经济高速发展，各种新兴行业不断涌现，都需要一定的文化素质做基础。文化程度过低，不利于在劳动力市场中获得资源，也无力改变在社会中所处的弱势地位。在地位较低、缺乏资源的情况下，个体能够支配的权利大打折扣，信息不对等、经济受剥削等一系列问题接踵而来，容易造成流动青少年对社会认知的偏差，影响他们对正常生活手段的获取（如表 2－15 所示）。

表 2－15　文化程度与重新犯罪

	再犯	初犯	合计
没有上过学	1.80%	0.90%	1.00%
小学	38.90%	20.20%	21.80%
初中	50.40%	59.70%	58.90%
高中/中专/技校	6.20%	15.60%	14.80%
大专	2.70%	2.60%	2.60%
大学本科及以上	0.00%	1.10%	1.00%
$X^2 = 26.319$，$df = 5$，$p < 0.001$			

进一步计算文化程度和是否再次犯罪的相关度发现，文化程度越低，再犯罪比例越高，文化程度越高，再犯罪比例越低。通常而言，初次犯罪的偶然性和突发性因素高于再次犯罪，再次犯罪的个体大多自控力较差，意气用事，事后悔之

莫及。如果有一定的文化涵养，能够在贸然行事之前隐忍一时，则可避免悲剧的发生。虽然不能把重新犯罪的症结归根于文化程度的高低，但是，文化程度是一个重要的影响因素。

（三）同伴交往与重新犯罪

在流动青少年罪犯自述的犯罪原因中，“交友不慎”、“抵制不住诱惑”、“侥幸心理强”排在前三位（如图2-2所示）。

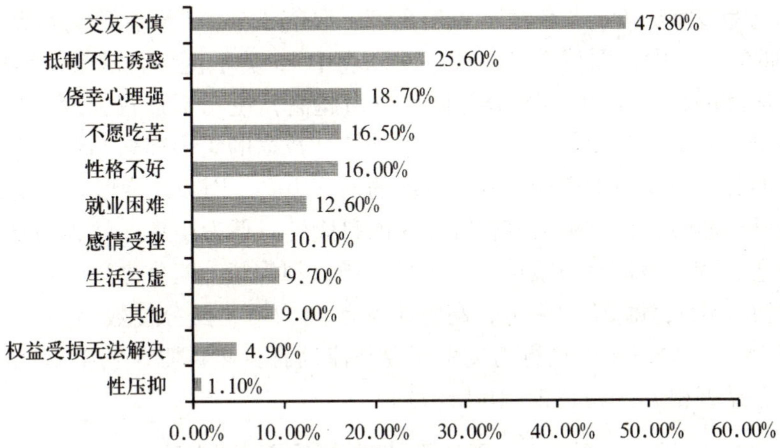

图2-2　流动青少年罪犯自述的犯罪原因

流动青少年团伙作案的比例较高，初次犯罪团伙比例为81.8%，再次犯罪有同伙的比例为73.6%。他们的同伙66.2%是朋友，17.3%是同乡，还有7.2%是近些年来新出现的一类同伙“网友”。在重新犯罪的统计中，作案同伙是朋友的占69.8%，同乡19.8%，网友14.0%。可以看出，流动青少年的作案同伙大多数都是朋友，有二次犯罪经历的更是如此。对于25岁以下的青少年而言，朋友的影响力超过家庭和学习，业余时间更愿意和朋友在一起。青少年与同伴之间的关系比青少年与家人之间的关系对于青少年犯罪更有预测力。朋友是对青少年造成影响的首要来源，而父母监控和亲子依恋则与青少年之后的越轨行为仅具有弱相关关系。[①] 有研究表明，具有攻击性的儿童从小就会自我选择那些和他们相似的同伴，此外，当他们积极地加入越轨团体后，就会相互影响，犯罪同伴影响犯罪，犯罪也增加与罪犯的关系[②]。在交往中，流动青少年可以从同伴中获得认同感，寻找共同语言，释放内心的不满和压抑，还可以从同乡处感知家乡人、家

① 臧刚顺：《交往越轨同伴对青少年犯罪的影响》，载《心理科学进展》2012年第4期。

② 臧刚顺：《交往越轨同伴对青少年犯罪的影响》，载《心理科学进展》2012年第4期。

乡话的温暖。良好的朋友关系是流动青少年不可多得的心理支持。但是作为处于弱势地位的流动青少年群体，这种“在一起”的共鸣利用不当也会惹是生非，一旦某种负面情绪被煽风点火，冲动的行为将造成不可挽回的后果，悔恨终生。因此，我们看到，几乎一半的青少年罪犯都将自己犯罪的原因归结为“交友不慎”。

（四）早期不良行为与重新犯罪

本次调查采用量表题目对流动青少年犯罪前的不良行为进行测量，根据题目设定的行为发生频度，“经常”为最高等，取值3分，“没有”为最低，取值1分，“偶尔”居中，取值2分，通过对问卷中16类不良行为赋值，得出不良行为发生频度的得分在16—48分之间。分值越高，说明不良行为发生频度越高，分值越低，不良行为发生频度越低。根据统计数据的集中离散趋势，选取了第1和第3四分位数作为不良行为发生频度的划分边界，因为这种划分方式更加接近于正态分布曲线特征，更加符合统计学的科学性。低发生率区间为最低值—第1四分位数（含），即20分及以下，中发生率区间为第1四分位数（不含）—第3四分位数（含），即21—27分，高发生率区间为第3四分位数（不含）—最高值，即28—48分。用不良行为发生频度与流动青少年再犯罪发生率交互分析发现，二者显著相关（如表2－16所示）。

表2－16　不良行为发生率与再犯罪的关系

	再犯	初犯	合计
不良行为频率低	15.20%	32.90%	31.50%
不良行为频率中	42.40%	45.40%	45.10%
不良行为频率高	42.40%	21.70%	23.30%
样本量	99	1157	1256
$X^2=26.118$，$df=2$，$p<0.001$			

犯罪前不良行为发生率低的罪犯，二次犯罪的比例最低，为15.2%，频繁有不良行为发生的个体再犯的比例上升至42.4%。

（五）心理认知与重新犯罪

有过犯罪行为的青少年普遍思想偏激，对人对事固执己见，哥们义气浓厚。在人生观和价值观上偏执，对人和事的看法难以变通。针对这些心理问题，本次调查设计了心理认知量表，用以测量他们的价值观和人生观。量表由10道题目组成，其中3道为正向测量，7道为负向测量（如表2－17所示）。

表 2-17　心理认知测量表

正向测量	同意（3 分）一般（2 分）不同意（1 分）
b. 要是没有那些朋友，我不会一错再错 g. 别人都不理解我 h. 活在世界上，最重要的是亲情	
负向测量	同意（1 分）一般（2 分）不同意（3 分）
a. 有钱就是有本事 c. 只有和以前的哥们在一起我才感到快乐 d. 现在这个社会只有狠点儿才能活得好 e. 我觉得自己已经没什么希望了 f. 活在世上就要及时行乐 i. 人为财死，鸟为食亡 j. 有钱能使鬼推磨	

按照题目的方向分别给选项赋值，正向测量的题目同意计 3 分，不同意计 1 分，中间状态计 2 分；负向测量同意计 1 分，不同意计 3 分，中间状态计 2 分。赋值之后的心理认知得分为 10—30 分，得分越高，价值观越积极，得分越低，心理越偏激。分值之间的差距越小，说明该群体的心理认知认同度越集中。经过计算所有调查对象的得分，最低值 13 分，最高值 29 分，平均值 22 分。按照统计原理，以第 1 四分位数（20 分）和第 3 四分位数（24 分）划分得分高低，20 分以下的为低分组，21—24 分为中间组，25—29 分为高分组。用心理认知程度高低与流动青少年再犯罪发生率交互分析发现，二者在 $p<0.05$ 水平上显著（如表 2-18 所示）。

表 2-18　心理认知程度高低与再犯罪的关系

	再犯	初犯	合计
低分组	39.30%	29.70%	30.40%
中间组	48.60%	46.50%	46.70%
高分组	12.10%	23.80%	22.90%
样本量	107	1187	1294
$X^2=8.927$，$df=2$，$p<0.05$			

心理认知程度得分高的个体，价值观更加积极客观，更加符合社会主流道德行为准则，可以看到这部分人二次犯罪的比例大大降低，初犯比例也是三个得分组中最低的。进一步分析心理认知测量中的金钱观，“有钱就是有本事”、“人为财死，鸟为食亡”、“有钱能使鬼推磨”三道题都是负向测试题目，得分越低说

明金钱观越偏激，得分越高说明越正确（如图 2－3 所示）。

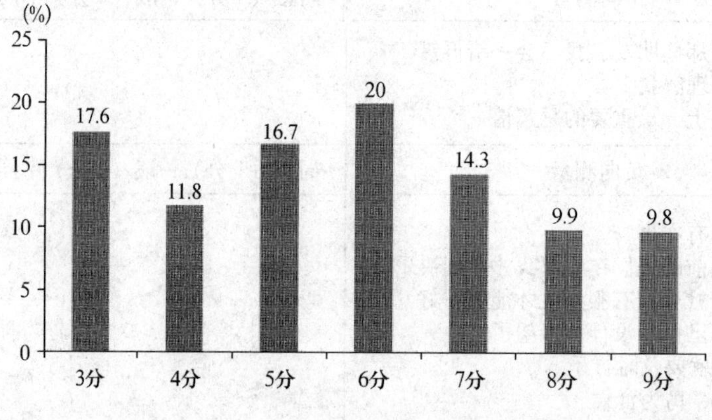

图 2－3　流动青少年罪犯金钱观测试得分

图 2－3 显示，6 分是频率最高的得分值，也就是说如果三道题目都选择中间项，合计为 6 分，那么低于 6 分，应该引起注意，有 46.1% 的人得分较低，他们对金钱有盲目认识，认为金钱万能，有拜金主义的倾向。这样的金钱观与他们的犯罪行为有一定联系，表 2－19 分析了金钱观与犯罪动机的关系。

表 2－19　金钱观与犯罪动机的关系

	3 分	4 分	5 分	6 分	7 分	8 分	9 分
为了谋取钱财	46.90%	50.30%	36.20%	39.10%	36.40%	35.70%	28.20%
为了维护权益	3.10%	2.60%	5.40%	3.40%	2.70%	3.10%	6.50%
为了报复/泄愤	11.00%	7.10%	10.40%	11.50%	15.80%	3.90%	11.30%
为了性满足	2.20%	3.20%	2.70%	2.30%	1.10%	2.30%	0.80%
出于好奇	22.40%	25.20%	25.30%	23.40%	19.60%	19.40%	16.90%
为了朋友	31.10%	32.90%	32.10%	34.50%	35.30%	36.40%	37.90%
其他	8.80%	8.40%	10.90%	11.50%	9.80%	10.10%	10.50%
样本量	228	155	221	261	184	129	124

对金钱的看法反映了个体的价值观和人生态度。价值观往往是左右人们行为的原动力，支配着人们日常生活的行为表现。表 2－19 显示，金钱认知得分低的组很看重金钱，并把金钱多少看作成功的标准，人生的追求就是为了获取更多钱财，有钱就有了一切。在分析低分组的罪犯和他们的犯罪动机的关系时发现，“为了谋取钱财”一项所占比例最高，3 分组的占 46.9%，4 分组的占 50.3%，5 分组的占 36.2%，都高于其他类型的犯罪动机。

（六）出狱后的社会关系与重新犯罪

刑释解教人员出狱后面临各种各样的问题。监狱是个相对封闭的场所，几乎与外界隔离。当这部分人再次进入社会时，他们面临再社会化和社会再融入问题，他们已经不是事实上的社会人，在出狱后的相当一段时间内，他们无法找到固定工作，以前的亲朋好友绕道而走，这与他们以前的生活大相径庭。本次调查统计了刑释解教人员经常遇到的八类难题，并就轻重程度予以划分（如图 2－4 所示）。

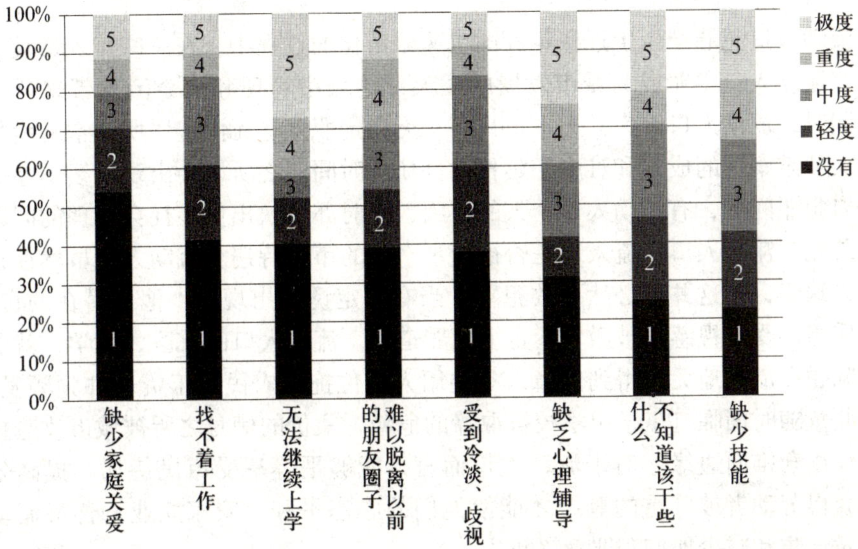

图 2－4　出狱后你遇到的难题程度如何

图 2－4 中数字 1—5 表示遇到该问题的轻重程度，1 为“没有”，数字越大，程度越重。问题程度最严重的是“无法继续上学”、“缺乏心理辅导”和“不知道该干些什么”。

再进一步从就业、家庭关系、婚姻状况等方面进行测量，刑释解教人员第一次出狱后一年内，全年有工作的比例仅为 13.3%，全年失业的比例为 27.8%，工作时有时无的比例为 58.9%。从这组数据可以看出，将近 1/3 的人完全没有工作，可以推断他们的生活状态，或者赋闲在家，或者在社会游荡。与他们交往的朋友也处于同样状态，这么多无业人员纠合在一起，一旦受到负面情绪挑拨，极易引发不当行为。作为刑释解教人员最坚实的后盾“家庭”，在他们出狱后 12 个月内给予了他们怎样的支持呢？大约四成的人能够维系较好的家庭关系，四成的人家庭关系一般，还有两成的人家庭关系紧张。家庭如果不能在他们受到社会排挤时及时伸出援助之手，会让这些人埋下仇恨的种子，觉得连最亲近的家人都背叛了自己，从而失去了对这个社会起码的信任，增加了其二次犯罪的概率。有关研究表明，个人在成家后，可以从配偶那里获得支持和监督，婚姻永远是犯罪的解毒剂[1]。通过问卷中居住方式的测量，流动青少年至少有18.5%处于已婚状态，但是在出狱后一年内的婚姻状况测量时，只有13.3%的人是已婚，两个数值之差说明有5.0%左右的流动青少年在出狱后家庭发生了解体。婚姻不稳定的直接后果是他们的心理不稳定，从而导致行为不稳定，不计后果，这些都是导致重新犯罪的相关因素。

四、相关讨论

流动人口犯罪产生于近些年我国快速城市化的过程中，在一些流入量较大的城市，流动人口犯罪成为城市发展的痼疾，给城市管理和社会治安带来严重危害。同时，流动人口因为其无本市户籍、无稳定职业、无固定居所，常常增加公安机关侦破案件的成本和难度，延长案件侦破时间。之所以会出现持续不断的流动人口犯罪问题，有流动人口个人的原因，同时亦反映出更多社会管理的问题。

首先，流动人口在流入地是否被给予平等的市民待遇？流动人口虽然存在诸多个人缺陷，但这并不必然导致犯罪，当有一定诱因出现时，他们潜在的自卑、受排斥感、受歧视感才被激发，走上犯罪道路。流动人口的就医、就学、就业等基本问题在流入地无法得到保障，一些用人单位拖欠农民工工资事件频频发生，流动儿童随时面临打工子弟学校被取缔的危险，廉价的栖身之所被城市改造扩建的步伐逐渐推向边缘。对于流动人口而言，能够平等享受市民待遇、提高公平感，获得劳动者被尊重的尊严才能使他们的心态平和，安家立业。善待流动人口，对预防和减少他们犯罪意义重大。

其次，刑释解教人员出监后是否真正做到与社会无缝对接？调查中发现，出监后两年内是重新犯罪的高发期。本次调查的流动青少年罪犯在表达自己出监后的愿望时说：第一，希望能“参加技能培训”；第二，希望“帮助找到工作”；第三，渴望“家庭关爱”。从他们的需求中可以看出，这些刑释解教人员回归社会的重要条件是掌握一项生存的本领，有一个可以谋生的渠道，并得到家人的理解和支持。然而，现实情况是他们出监后一年内无法找到稳定工作，有的在入狱前或服刑期间，家庭解体。而在监所内能够获得技能证书的仅有二成，八成的人再次回到社会时，没有任何技能。无法回到原来就读学校或工作单位，再加上社会对劳教人员的歧视与排斥，这些刑释解教人员很难摆脱原有的交往圈。如果没有社会工作者或其他第三方专业人员的介入与持续帮扶，他们很难顺利重返社会，小部分人还会迈向重新犯罪的深渊。因此，做好刑释解教人员与社会的对接工作，在人财物方面给予保障，妥善安置，帮助他们重新生活，持续跟进，解决

---

① 孔一：《少年再犯研究——对浙江省归正青少年重新犯罪的实证分析》，载《中国刑事法杂志》2006年第4期，第101页。

他们遇到的各种困难，才能达到预防其重新犯罪的目的。

最后，对流动人口罪犯的教育工作是否流于形式？做好流动人口出监后帮教工作是预防他们重新犯罪的必要手段。一些处于就学年龄段的未成年犯出监后，大多数学校不愿意接受，甚至工读学校在接受这样的学生时也要思考再三，间接剥夺了他们受教育的权利，调查中显示“无法继续上学”是刑释解教人员出狱后遇到比例最高的问题。有相当比例的重新犯罪人是在非监禁刑执行期间再次犯罪。非监禁刑在执行中“易于产生流于形式、放纵罪犯、伤害公众感情，甚至影响法律权威等问题”①。流动人口罪犯的教育工作一方面是法制教育，另一方面是道德教育和心理矫治。调查发现一多半的罪犯存在较强的自卑心理，不同程度地体现出人格的偏执性，还有一部分人对规避刑罚处罚存在侥幸心理。针对流动人口罪犯这些复杂的心理特征，各级帮教组织应该确立重点人员，有选择、有针对性地进行道德教育和法制教育，并适时开展团体活动、社会参与活动，帮助他们打开心扉，消除情感隔阂，鼓起重新生活的勇气，用积极的人生观审视未来，尽快顺利重返社会。

（撰稿：陈晨）

① 狄小华：《论行刑社会化——兼谈我国的重新犯罪预防》，载《南京大学学报》（哲学·人文科学·社会科学）2003 年第 4 期，第 128 页。

第三章　青少年重新犯罪的家庭原因及预防措施

在任何国家，家庭都是影响青少年成长的重要因素，在人的一生中，青少年时期是接受社会化最关键的阶段，其社会化角色的获得、社会态度的形成以及世界观、人生观与价值观大都形成于这一时期，家庭对青少年的成长具有非常重要的影响。本次调查表明，家庭与青少年重新犯罪密切相关。家庭作为青少年人生的第一所学校，对其情绪心理、人格品行、道德修养、行为方式等都有着十分深刻的影响。青少年家庭方面存在的某种偏差或者问题，不仅是导致青少年违法犯罪的重要原因，也是导致他们再次违法犯罪甚至多次违法犯罪的重要原因。只有在充分认识青少年犯罪特征及成因的基础上，有针对性地开展综合治理工作，努力消除青少年犯罪产生的条件，通过切实有效的帮教和干预，教育引导他们树立起正确的世界观、人生观、价值观，才能从根本上让他们远离违法犯罪，健康成长。

一、青少年重新犯罪的家庭原因

青少年时期是人的内在素质和形体发育成长的时期，这个时期最显著的特点是极易受周围环境的影响。对青少年心理发展和行为习惯养成影响最直接、最深刻、最持久的是家庭环境。本次调查显示，家庭方面存在的某些问题和不足是催生青少年重新犯罪的重要原因。这主要体现在家庭关系不良，家庭结构不完整、不健全以及家庭教育的不当。家庭关系、家庭结构以及家庭教育等方面存在的问题和不足往往又彼此联系，导致的某种或者某些功能弱化或缺失，从而影响青少年和家庭之间的天然有机联系，对他们的情绪、心理、行为和价值观等失去正确导向，进而导致对某种不良行为或者越轨行为的基础性约束力的弱化或者丧失。

从青少年成长的微观环境看，他们处在一个复杂且相互影响的网络之中，除了智力、气质等个体因素外，家庭的社会经济地位、家庭气氛、父母的教养方式、父母的监控等家庭因素，以及同伴和社区等因素都对其违法犯罪起着重要而直接的影响。在青少年成长的过程中，这些微观环境因素，尤其是家庭因素对其价值观的形成和行为规范的习得具有基础性作用。从本次调查情况看，家庭关系、家庭结构和家庭教育是青少年犯罪和重新犯罪的重要家庭因素。家庭关系显示了青少年与家庭联系力度的强弱，家庭结构是家庭完整性的指标，是家庭功能实现的基础，家庭教育则反映出家庭影响的质量高低。

（一）家庭关系与青少年重新犯罪

家庭关系，是指家庭成员之间的关系及人际氛围。本次调查表明，家庭关系对青少年犯罪和重新犯罪的影响较大，家庭关系的状态直接影响家庭对青少年的控制力，父母的监护是青少年与家庭、社会联系的纽带，如果该纽带受到削弱或缺失，青少年犯罪的可能性就会增大；亲子依恋对青少年犯罪起着某种保护性作用，青少年与父母关系越密切，越有可能认同和依恋父母，与家庭联系就越紧密，就越不可能出现违法犯罪行为。家庭关系的核心是家庭的人际关系（包括亲子关系）和情感联系，是家庭氛围的基础。

1. 重新犯罪青少年中家庭关系不良的比例高

在本次调查的犯罪青少年中，认为自己与家庭的关系一般和比较差的比例均超过了 50.0%，在重新犯罪青少年中的比例更是超过了六成（如图 3－1 所示）。

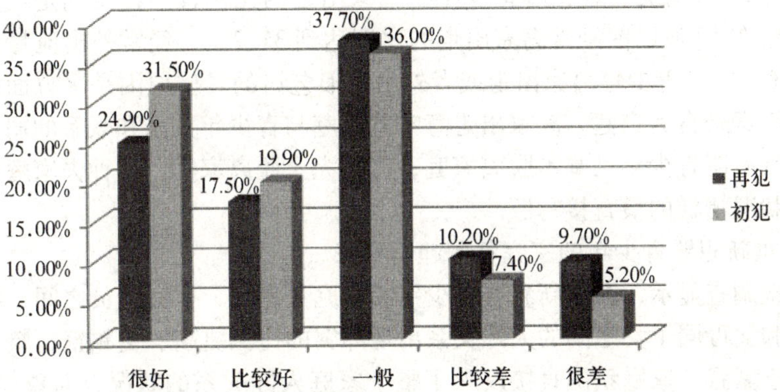

图 3－1　初次犯罪青少年与重新犯罪青少年对家庭关系的评价对比

由图 3－1 可见，重新犯罪青少年的家庭关系与初次犯罪青少年存在一定差异，重新犯罪青少年的家庭关系比较差和很差的比例明显高于初次犯罪青少年，而与家庭关系很好和比较好的比例均明显低于初次犯罪青少年。这表明，犯罪青少年的家庭关系总体上趋于一般和比较差，重新犯罪青少年的家庭关系更差。家庭关系反映的是家庭的人际关系和情感联系。由此可见，重新犯罪青少年的家庭人际关系以及情感状态比较差。这表明，重新犯罪青少年对父母的情感依恋以及与家庭的紧密程度较低。

2. 重新犯罪青少年中 16 岁前脱离家庭的比例高

本次调查显示，无论是初次犯罪的青少年，还是重新犯罪的青少年，在 16 岁前就以某种形式脱离家庭的比例较高，其中以离家出走和外出流浪为主；在重新犯罪青少年中的比例更高，其中有过离家出走经历的比例达到 67.8%，有过外出流浪经历的比例为 13.5%（如图 3－2 所示）。

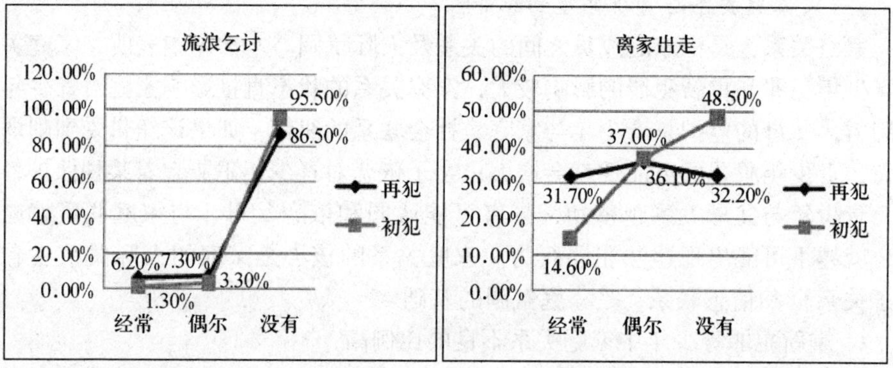

图3－2　初次犯罪青少年与重新犯罪青少年16岁前离家出走及流浪情况对比

由图3－2可见，在犯罪青少年中离家出走的比例较高，特别是在重新犯罪青少年中在16岁以前经常离家出走的比例达到31.7%，经常外出流量乞讨的比例达到6.2%。青少年离家出走或者外出流浪乞讨的具体原因是多方面的，但最主要的因素来自其家庭。离家出走意味着家庭与青少年关系和联系的弱化，而流浪乞讨则表明青少年已基本脱离家庭，甚至完全脱离家庭。这种去家庭化是其家庭关系状况糟糕的最直接写照。

3. 重新犯罪青少年的家庭氛围趋于紧张

本次调查显示，在重新犯罪青少年的家庭关系中，家庭成员之间，特别是父母之间和父母同子女之间的人际关系出现冲突的比例更高、更频繁，整个家庭氛围更趋于紧张。家庭氛围直接反映了整个家庭人际关系的状况，对青少年心理、情感、价值观等的影响巨大。

本次研究发现，在重新犯罪青少年中，以下几种人际关系类型的家庭比较多，这些人际关系类型让整个家庭氛围趋于紧张和冲突：

（1）人际对抗型家庭。主要有以下几种情况：

①父母长期感情不和。有的违法犯罪青少年的父母草率成婚，婚后发现双方在性情、生活方式、追求爱好方面相去甚远。由于父母双方感情不和及永无休止的纠纷，使子女的心情异常痛苦，感到自己无人关心，精神无处寄托，情感受到极大创伤，在左邻右舍、同学、朋友面前抬不起头。孤僻、沉默成了他们重要的特点。长此以往，他们与家庭的情感联系非常淡薄，家庭无法对他们产生任何有效的管束，极容易离家出走，流入社会，结交不良朋友，从而走上违法犯罪道路。在调研中，一位年仅16岁少年犯的“成长”经历就很好地印证了这一点。他虽然看上去还很稚嫩，但已是一位有过两次抢劫罪经历的惯犯。他出生于一个工人家庭，本应和其他孩子一样，拥有幸福的童年，可是，由于父母感情一直不好，矛盾重重，经常为一些鸡毛蒜皮之事争吵不休，整个家庭气氛压抑，自幼在家得不到父母的关心，享受不到家庭生活的温暖，学习也无人督促，成绩一天不

如一天，在校受批评，在家受冷落，日复一日，逐渐感到生活乏味，于是，常常夜不归宿。但他的不良行为并没有引起其父母的重视，也没有得到及时的纠正。在不良朋友的引诱和唆使下，他从13岁时就染上了偷盗的恶习。期间，公安机关也多次通知其父母对他加以管教，但其父母无动于衷，他在外依然我行我素。最终由于长期恶习不改，积重难返，16岁时因抢劫杀人被依法判刑入狱。

②父亲或母亲有暴力倾向。在调研中，一位20岁的青年犯讲述了他如何因为父亲的暴戾而犯罪的故事。他说，父亲非常凶，对家里人粗暴、冷漠，家庭气氛冰冷压抑。他不得不经常故意躲避父亲。某日深夜下班回家发现钥匙未带，无法进门，害怕敲门引来父亲的怒骂，就只好蹲守在门外等天亮，后难耐冷寂，骑自行车到路上转转，遇到一位独行妇女，胸前挂有手机，顿生劫取歹念，便对该妇女实施了抢劫后又生淫念，强行猥亵，因此而锒铛入狱。

③父母双方敌对。在这样的家庭中，父母亲的关系比较恶劣，相互对立，甚至形同水火，青少年被动地夹在中间，左右为难，极易对父母产生不信任或轻蔑感，父母的管教基本形同虚设，青少年被迫通过别的途径寻找家的温暖。在调研中，一位多次因盗窃入狱的少年犯讲述了他在家中的经历和感受。他说，父母不和，经常在家中打斗对骂，每当出现这样的情况，他就躲进房间独自哭泣。后来母亲离家出走，父亲终日以酒麻醉自己，对他不管不问，他得不到照顾，感受不到家的温暖，十二三岁就开始离家外出混社会。不到17岁就已两度犯罪入狱。现在，他感觉自己对父母、对家庭已是无牵无挂。

(2) 彼此忽视型家庭。主要包括以下情形：

①家庭成员各自忙碌，正常家庭生活缺失。父母等家庭成员只要事业，无暇顾及家庭生活，工作和生活失去平衡，孩子的生活得不到应有的照顾，更谈不上教育引导。在这样的家庭里，父母忙于工作，忙于事业，早出晚归，与孩子间的联系大大减少，彼此的接触间接化、表面化，对孩子的影响、教育、监督力度大大降低。在这样的生活状态下，一些孩子上学前、放学后，嬉戏于街头，游荡于闹市，很容易受不良风气的侵蚀和不良朋友的引诱，从而走上违法犯罪的道路。

②父母忙于生意，忽视家庭生活和子女教育。在重新犯罪青少年中，父母职业为个体经营者或者无业的比例较高。在这样的家庭中，父母为了增加经济收入，或外出承揽业务、承包商店，或搞加工、贩运，或开旅店、饭馆等。有些家长身在商海身不由己，一切为了赚钱，把子女的教育置于脑后，孩子耳濡目染，接受的尽是“生意经”。在这种生活环境中，青少年不仅得不到父母应有的关心和照顾，而且有些父母在做生意中的某些不良行为和价值观还会对他们产生负面影响，如偷税漏税、掺杂使假、拉关系走后门等。这种生活经历容易让青少年的心理和价值观发生扭曲，他们中的很多人都宁可不读书，也要多挣钱。只要能赚到大钱，他们可以使用任何手段，最后导致违法犯罪，甚至多次违法犯罪。

(3) 管教失衡型家庭。这主要体现在以下两个方面:

①父母对孩子的管教过于严苛。有的家长受封建思想的影响,信奉“不打不成器”的信条,他们滥施家长权威,对子女既无民主,更无平等可言。对子女“不听话”或成绩差或小过错,不是用说服教育、以理服人的办法,而是张口就骂,动手就打。有的家长把工作中的烦恼和怨气,一股脑发泄到孩子身上,使孩子蒙受委屈。孩子在父母的淫威下,唯唯诺诺,畏首畏尾,谨小慎微。一些孩子为逃避父母的打骂,有了过错不敢说真话,逐步养成说谎的不良行为。更为严重的是一些孩子因为不堪忍受家庭的打骂虐待,或者因犯有错误怕遭父母打骂,而走出家庭,流浪于社会,逐渐失去家庭约束,进而出现违法犯罪问题。

②父母对孩子过于娇惯。由于现在家庭生活条件有了较大改善,独生子女家庭的比例上升,有的父母对孩子过分娇惯溺爱,易使子女养成唯我独尊和骄横的坏习气,造成一些孩子讲究吃喝玩乐、花钱无度。一些青少年相互间不是比学习、比进步,而是比穿戴、比花钱,这样的青少年很容易出现行为和价值观扭曲,当外界的某种条件具备时,很容易沾染不良习气,进而演变成违法犯罪。

4. 重新犯罪青少年更渴望家庭关爱

本次调查显示,重新犯罪青少年不仅在违法犯罪前面临家庭关系不良等问题,而且渴望在服刑期间及回归社会后得到家人的理解、关爱和包容。

调查显示,有相当比例的重新犯罪青少年认为自己在刑释解教后,缺少家庭关爱会是其即将遇到的重要困难和挑战。其中,12.4%认为自己出狱后缺乏家庭关爱的情况会是中等程度的,9.0%认为会严重缺乏家庭关爱,10.0%认为会极度缺少家庭关爱。这表明,家庭关爱的缺失是违法犯罪青少年再次甚至多次违法犯罪的一个重要原因。

调查还显示,在重新犯罪的青少年中,有10.7%认为在自己第一次出狱后,家人对自己的态度是冷淡、歧视,有17.2%认为自己第一次出狱后,家人对自己的态度是放任不管,二者合计达到了27.9%。也就是说,在重新犯罪青少年中,有超过1/4的人在初次犯罪后没有得到家庭应有的关爱。家庭的不接纳,家人的冷淡可能再次将他们推向社会,回到以前的生活状态,从而再次犯罪。

调查显示,在重新回归社会的过程中,犯罪青少年把家庭关爱看成非常重要的支持和帮助。在犯罪青少年看来,刑满释放回归社会后,他们需要得到多方面帮助和支持,其中学习技能、家庭关爱和帮助找工作是主要的方面(如表3-1所示)。

表 3－1 重新回到社会后，犯罪青少年最需要哪些帮助

	再犯	重要性排序	初犯	重要性排序
参加技能培训	30.8%	1	35.3%	1
家庭关爱	22.3%	2	24.9%	2
帮助找工作	19.5%	3	18.2%	3
继续回到学校读书	14.6%	4	12.3%	4
帮助拒绝以前的朋友，并结交新朋友	6.6%	5	3.2%	6
帮助解决婚恋问题	6.3%	6	6.0%	5

由表 3－1 可见，无论是初次犯罪的青少年，还是多次犯罪的青少年都把家庭关爱看成自己回归社会后所需重要帮助和支持。这表明，犯罪青少年从内心深处希望自己的行为能得到家庭的理解和宽容，并在自己重新回归社会的过程中，在自己新的人生历程中家庭能给自己更多的支持。这也说明，家庭在犯罪青少年的重新犯罪预防中有着非常重要的作用。

（二）家庭结构与青少年重新犯罪

家庭结构，是指家庭的完整性和社会经济地位。家庭结构是家庭功能实现的基础，与青少年的健康成长密切相关。本次调查表明，在重新犯罪青少年中，其家庭结构的完整性较差，家庭的社会经济地位偏低。这种家庭对青少年的约束力、教育影响力等都比较弱。在犯罪青少年回归社会的过程中，这样的家庭能提供的支持和帮助往往也比较有限。

1. 在重新犯罪青少年中独自生活的比例高

本次调查显示，重新犯罪青少年与家庭主要核心成员如父母等共同生活的比例较低，独自生活的比例以及跟朋友一起生活的比例相对较高（如表 3－2 所示）。

表 3－2 犯罪前与犯罪青少年日常一起生活的成员构成情况

	再犯	初犯	
父亲/继父/养父	42.3%	40.8%	核心家庭成员
母亲/继母/养母	35.2%	39.8%	
兄弟姐妹	15.4%	19.8%	
配偶	13.6%	13.6%	
子女	3.9%	3.3%	

续表

	再犯	初犯	
爷爷/外公	8.9%	9.3%	非核心家庭成员
奶奶/外婆	12.3%	11.5%	
同事、工友	4.2%	8.6%	社会人员
同学、朋友、邻居	16.2%	19.5%	
自己生活	22.7%	19.3%	独自生活

由表3-2可见，无论是初次犯罪青少年，还是重新犯罪青少年，犯罪前生活在家庭结构相对完善的家庭中的比例不足半数，但自己独自生活的比例却在20%左右，而且跟朋友、同学等一起生活的比例较高。这表明，有相当多的重新犯罪青少年生活在家庭结构不完整、家庭成员联系松散的家庭中。这种家庭结构状况无法发挥出正常的家庭功能，青少年的行为往往仅受自我控制，家庭和家庭成员的影响较弱，甚至没有。

相关调查研究表明，近年来，不完善的家庭结构有多种多样的情况，在这种家庭结构中，青少年或者受到亲人的特别宠爱，或者得不到父母的关怀、照顾，无人管教、放任自流，甚至受到歧视。这些都不利于性格品德的正确形成。犯罪青少年更有可能来自缺少父亲或母亲一方的“破裂”家庭。当家庭破裂是由离婚、遗弃、父母分居而不是死亡造成时，单亲家庭与犯罪的联系最明显。破裂家庭的出现导致其家庭功能失调，从而导致青少年犯罪的发生。离异前后家庭本身存在的冲突或问题对青少年犯罪具有更大的影响，离异家庭青少年的问题行为很有可能由这种冲突的环境造成，当青少年从一个充满冲突的家庭转移到一个稳定的环境中生活时，他们的问题行为会减少。当父母离异后青少年和与自己关系较好的双亲一方生活时，将有更好的发展；反之不利于青少年的健康发展，更易导致其出现犯罪行为。

近年来，由于我国社会的急剧变化，家庭作为社会的基本单元，出现了家庭结构和家长观念的双重失衡，造成因离婚、分居或外出而产生的破碎家庭或单亲家庭大量出现，进而对青少年行为产生重大的影响。不完整家庭虽并不一定造就犯罪的场所，但不完整的家庭可能形成不完善的家庭动力，导致其成员比一般的人更容易展现出比较贫乏的适应行为模式。

中国青少年犯罪研究会对监狱、少管所、劳教所和工读学校的调查结果显示，父母离异、分居、再婚、丧偶、隔代教养的合计占到52.4%。可见，自然结构不健全的家庭对青少年的成长有许多不利影响。国外的相关研究也印证了这一特点。据美国犯罪社会学家阿马托（R. Amato）和凯恩（B. Keth）对13000多名美国青少年的研究发现，家庭结构与青少年的行为之间有相当的联结关系，是导致青少年行为越轨、药物滥用、过早性经验、学业失败以及心灵创伤的高危险因子。这些离婚家庭的青少年所面临的成长的困境，将会随着他们成长的过程，如影随形地一直持续到他们进入成年期。

在本次调研中，有一位重新犯罪青少年的人生经历能很好印证家庭结构不完整对青少年产生不良行为和违法犯罪行为的影响。这位 19 岁就已经“二进宫”的青年，还在襁褓中时父母因性格不和离婚，父亲将其交给祖父母养育，成长期间，由于父亲的阻挠，母子从未见过面。其父从事商贸工作，没有再婚，不常回家。他 14 岁弃学，15 岁时不断将家中财物变卖，钱款用于上网打游戏，17 岁犯抢劫罪被判刑，18 岁释放，家中财物几乎被他卖空，19 岁时组织一个抢劫团伙，大肆作案，再次入狱。

2. 重新犯罪青少年的家庭经济状况普遍较差

本次调查显示，家庭社会经济地位偏低在重新犯罪青少年中比较常见，无论是其父母的职业、家庭的总体经济状况，还是个人的经济状况，处于较低或较差水平的比例偏高。

调查显示，在重新犯罪青少年中，初次犯罪前，所在家庭经济状况比较差和非常差的比例达到 24.6%，而家庭经济状况比较好和很好的比例仅有 11.2%（如图 3 -3 所示）。

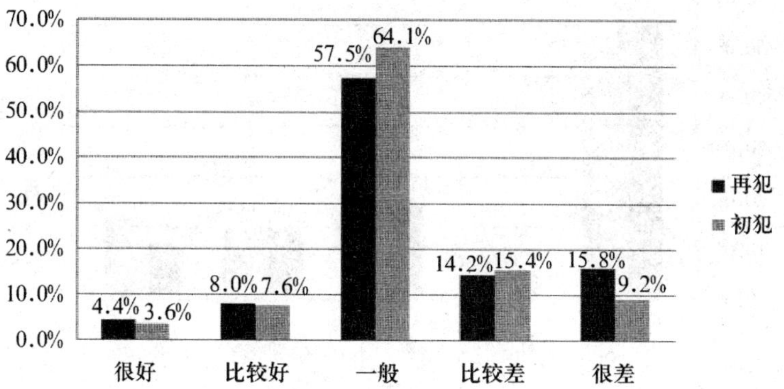

图 3 -3　犯罪青少年家庭经济状况对比

调查显示，犯罪青少年个人经济状况与其家庭经济状况比较接近，在重新犯罪青少年中，个人经济状况良好的仅占 11.1%，而个人经济状况较差的占 36.6%（如图 3 -4 所示）。

由图 3 -4 可见，重新犯罪青少年个人经济状况比初次犯罪青少年要差。这表明，多次犯罪可能导致青少年个人经济状况的恶化，他们可能更需要家庭和社会的帮扶。

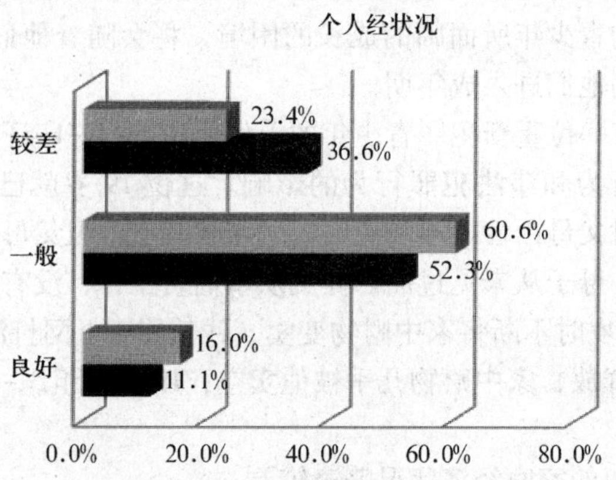

图 3-4　犯罪青少年个人经济状况对比

本次调查显示，近半数的重新犯罪青少年的父母的职业为农民，父母职业为公务员、企事业单位职工的比例较低，从事个体经营和无业的也占有一定比例（如图 3-5 所示）。

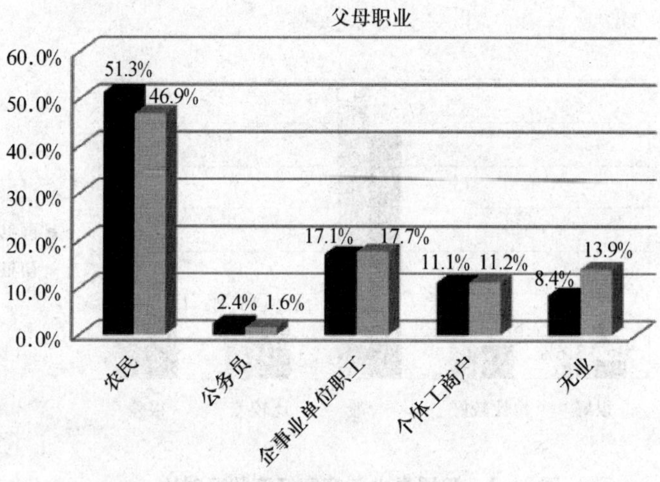

图 3-5　重新犯罪青少年父母职业对比

国内外的相关研究表明，家庭的经济状况对青少年犯罪有着一定的影响，主要表现在：首先，家庭经济收入低，不能给青少年提供物质上的满足，青少年更容易在家庭外部寻求物质上的支持和保障，从而走上犯罪的道路。其次，家庭经济收入低会通过直接或间接地增加父母的痛苦和家庭冲突来破坏有效的教养，降低父母给孩子提供社会或情感支持的能力，而且低收入或者父母都是受教育程度比较低的家庭将对暴力行为持更宽容的态度（如鼓励反击，特别是对男孩），这将会无形中纵容和培养孩子的暴力行为，进而增加孩子从事暴力行为的可能。最后，家庭经济状况不佳会减少给孩子提供社会控制的机会，青少年更有可能居住在处境不利的社区，在低教学质量的学校就学，接触不良同伴，观察社会和学校暴力，所以他们从事反社会行为的可能性会增大。

在本次调研中，因家庭经济状况不佳而多次犯罪的个案占有一定比例。在访谈中，一位少年犯的经历就比较具有典型性。这位少年犯自幼丧母，父亲再婚后继母携一女入住其家。家中只有一间二十几平方米的简陋住房，全家靠父亲打短工的低收入维持生活。12 岁时，他因交不起学费而放弃学业，此后经常离家不归，理由是自己出去谋生路，为家庭减轻负担。14 岁时在街头抢劫同龄少年 20 元钱，被检察机关免予起诉。16 岁时再次犯盗窃罪而入狱。

（三）家庭教育与青少年重新犯罪

本次调查显示，家庭教育不当或无力是青少年重新犯罪的重要原因。有什么样的家庭教育方式就意味着有什么样的教育效果。除了有良好的家庭关系、相对完整的家庭结构外，良好而恰当的家庭教育对于青少年的健康成长和预防违法犯罪都有着基础性作用和影响。在社会变革比较剧烈的当今社会，家庭教育的基础性作用越发凸显。

家庭对每个人来说，是人生起点，生活和休息的港湾。每个孩子的成长都离不开父母的养育、教导和关爱，父母的言传身教对孩子的健康成长至关重要。父母与孩子时常交流沟通，有感情，孩子就有爱心、同情心和责任感，孩子健全的人格确立须臾离不开父母的呵护和关爱。给孩子一个亲密的拥抱，一个幸福的微笑，一个关注的眼神，一次倾心的交谈，甚至是一次适时的批评，都会让孩子感觉到父母在关注他、爱他。父母为家庭安宁幸福所付出的努力，对社会、对家庭的责任感都会在孩子的心目中形成无形的力量，促使其健康幸福成长。家庭安宁则社会安宁，家庭和谐则社会和谐。因此，家庭是青少年性格、人格教育发展的场所。但如果家庭结构失调、破裂，家长不良言行污染、教育方式不当等都可导致家庭教育缺陷。家庭教育缺陷在于其教育功能的不健全或丧失，难于担负起对青少年的初次社会化责任。

青少年个性发展及特征与父母教育方式和教养态度关系很大，在一定程度上决定着其成长的命运。然而不少重新犯罪青少年的家庭缺乏应有的教育子女的意识和知识，缺少科学教育子女的方法。家庭教育方式不当是青少年走上违法犯罪道路的一个重要原因。

1. 家庭教育方式不当在重新犯罪青少年中比较突出

本次调查显示，犯罪青少年在成长过程中受不当的家庭教育方式的影响比较普遍。这主要体现在以下几个方面：

（1）父母过分溺爱。这种家庭对子女娇生惯养、百依百顺，甚至袒护包庇。

这种教育方式随着计划生育政策的实施，独生子女越来越多，也显得越来越普遍。在这种教育环境下长大的孩子或者性格脆弱，无法承受任何挫折；或者任性、自私、以自我为中心；或者好逸恶劳、贪图享受。他们无法形成社会所希望的性格取向，因此，他们无法适应竞争化的社会，反而在欲望无法满足的情况下，铤而走险，实施犯罪。

(2) 父母放任不管。这主要表现在父母忙于自己的事情，无暇顾及子女，放任自流。这种教育环境下长大的孩子往往会形成任性、孤僻、冷漠等性格特点，他们在父母身上感受不到亲情的温暖，与父母缺少情感沟通，心理上的迷惘和疑惑得不到父母的及时引导，内心的欲望和需求得不到应有的满足，情感上得不到慰藉。久而久之，心理情感问题就显露出来，有的进而形成抑郁、敏感多疑、易怒、冷漠、孤僻、缺乏责任感和同情心等心理障碍和人格缺陷，加之自我控制能力不足，在外界不良因素的刺激下，很容易染上不良行为，甚至出现违法犯罪。

(3) 父母教育方式简单粗暴。这些家庭的父母在孩子出现不良行为或者其他问题时，往往采用简单粗暴的办法对孩子进行教育，而不倾听孩子的诉说，不深入了解孩子的心理和需求，不深入调查了解孩子出现问题的原因。这种教育方式会产生很多不良后果。首先，它会使青少年学会用暴力解决问题，还会造成与父母的尖锐对立，甚至会有极端之举。其次，在这种家庭成长的青少年，常常会感到家庭冷酷无情，于是选择离家出走，流落到社会上去寻找“同情”、“温暖”，结交不良朋友，甚至加入犯罪团伙，最终堕落成罪犯。

(4) 父母的期望值过高。很多家庭都是独生子女，家长对孩子倾注了全部的爱，同时也对子女的成长提出更高的要求，而子女尽最大的努力也难以达到家长的要求，这时孩子就易产生极大的心理压力，产生了逃避和逆反心理。当这些压力超过了他们的承受能力时，他们可能会离家出走，以至误入歧途。

2. 家庭教育不一致问题在重新犯罪青少年中比较普遍

这主要体现在家长在对子女的教育上出现矛盾，或者是父母之间，或者是父辈与祖辈之间，在教育子女的问题上产生分歧，有的纵容，有的批评；对其行为，有的肯定，有的否定，这种教育会使青少年无所适从。以下几个方面的教育不一致问题在重新犯罪青少年中比较突出：

(1) 父母的教育意见不一致。教育子女是父母应共同承担的职责。但有些家庭，在教育方法上相互间有分歧，泾渭分明、水火不容的教育方式，使子女难以得到完整统一的家庭教育，严重影响了家庭教育功能的正常发挥。公说公有理，婆说婆有理，使子女无所适从，或厌烦对立，或从中钻空子，从而使青少年的行为、心理、价值观等出现扭曲。

(2) 父母等自身言行不一致。家长言行不一致，这是家庭教育失败的一个重要原因。有些父母在教育子女时一本正经，但却把社会上的一些不正之风带到家里，甚至在子女的眼皮底下进行。这些无意中影响了子女的思想和道德修养，使他们形成了不良的行为方式和价值观。

（3）父母前后教育不一致。对青少年的家庭教育应该是完整的、统一的，但有的父母在教育子女时往往前后矛盾、自己否定自己，今天要求孩子这样做，明天要求孩子那样做，出尔反尔，让孩子无所适从。有的甚至说话不算数，留给子女不讲信用的印象，久而久之父母的威信就不复存在，教育就失灵了。如果孩子不知道到底什么是对，什么是错，对父母的教育方法摸不着头脑，就可能让父母的威信扫地，滋长不满情绪和心理，进而与家庭的关系变得松散。

（4）父母的教育与学校教育不一致。只有学校教育而无家庭教育，或只有家庭教育而无学校教育，都不可能完成对一个人的教育和培养。只有将家庭教育和学校教育相结合，相互促进，取长补短，才能起到更大的教育作用。但有一些家长不仅不配合学校的教育，不及时了解孩子在学校的表现，而且还总拿自己的一套教育孩子，从而抵消学校教育的积极效果，出现“5 +2 =0”的现象。

3. 家庭教育方式不当对青少年的负面影响大

本次调查显示，家庭教育方式不当对青少年犯罪和重新犯罪有较大影响。这主要体现在以下几个方面：

（1）阻碍青少年健康人格形成。家庭教育方式不当，对青少年的影响首先是使其人格发展受阻。而青少年人格发展受阻正是青少年产生犯罪行为主要个体因素。当前的暴力恶性案件中青少年犯居多，这些青少年作案时手段残忍、凶狠，足以反映出善良、正义等人格素质的缺乏。

（2）扭曲青少年心理和性格。人的性格、心理健康有一个正常的发展过程，在这个过程中家庭教育对其影响特别重要。和谐、幸福、安康的家庭环境是青少年健康性格、心理形成的重要基础。自我中心、孤傲等性格、心理是青少年犯罪的重要心理性格机制。而这些心理性格机制往往是家庭教育方式不当导致的。例如，在溺爱中成长的青少年，容易形成唯我独尊的性格，成人后就很难与人相处。

（3）扭曲青少年的世界观、人生观、价值观。健康世界观、人生观、价值观在其形成过程中受多种因素影响，但最直接、最有决定意义的往往是父母和家庭。父母是否采取正确的教育方式指导子女的人生观、价值观，将直接影响青少年的世界观、人生观、价值观。教育方式不当，往往使青少年正确的人生观、价值观在形成过程中出现扭曲。

（4）弱化青少年的社会适应力。人的社会适应能力首先是从家庭中学习并实践的。如果家庭教育方式不得当，要培养出社会适应能力强的青少年，可能性不大。社会适应能力较弱往往是青少年违法犯罪和多次违法犯罪的原因之一。

二、青少年重新犯罪的家庭预防建议

加强青少年的家庭教育和家庭保护，强调家庭在预防青少年违法犯罪中的基础性作用和地位是近年来我国预防青少年违法犯罪的一条基本经验。早在20世纪80年代，中共中央、国务院就在改进青少年德育工作的意见中指出："家庭教育是促进青少年健康成长的重要一环。父母是孩子的启蒙老师，父母的举止言行和对子女的教育方法，对孩子的成长有重大的影响。父母的行为不检点，或是采取溺爱、打骂等不正确的教育方法，都会给青少年的身心健康带来不良后果。由于独生子女越来越多，更需要注意正确的教育方法。"结合当前我国青少年的特点和家庭教育的现状，应从以下几个方面加强家庭在青少年违法犯罪预防中的作用和地位：

(一) 帮助家长改善家庭关系，营造良好家庭氛围

一种健康、和谐和融洽的家庭关系对青少年的健康成长是必不可少的。良好的家庭关系有利于在家庭和青少年之间建立一种坚固的社会纽带，这种纽带会使青少年增强社会责任感，从而起到预防青少年违法犯罪的作用。当一个人认识到他的家庭或社会大多数人对他的期望值越大，社会道德与社会秩序对他越重要，就表明"社会纽带"的作用越强烈，这个人就不会违法犯罪。反之，如果一个人反对传统社会的价值观与信仰，任由其本能做事，这样的人就缺少了"社会纽带"，这种人容易出现越轨行为，进而实施违法犯罪。因此，父母应为孩子们创造一个在关爱中成长，在愉快中学习，在欢笑中生活的环境，让他们对家庭具有归属感和依恋感，并逐步形成自我控制和关怀别人的能力，从而形成一种良好的社会关系。

在家庭日常生活中，青少年的家人要尊重青少年的人格尊严，多关心，多交流，多沟通，了解掌握他们的思想状况和心理动态，以平等、民主的态度，循循善诱、动之以情的方法，因材施教地对他们予以教育和帮助，为他们创造良好的家庭环境，促使他们进步。

在家庭日常生活中，家长要注重增加家庭和睦，加强沟通与交流。家庭气氛可以成为青少年违法犯罪的直接原因，和睦、不和睦或冲突的家庭气氛，与违法行为率关系甚大。生长在不和睦的家庭的青少年出现不良行为和违法犯罪行为者明显增多。家庭成员之间特别是夫妻之间经常吵骂、指责、揭短等，弥漫着一种冲突或不和谐的气氛，会给子女带来极大的挫折感和不安全感，长此以往会造成性格内向、孤僻、自卑等人格障碍。有些子女为逃避这种不和睦的家庭气氛，极易离家出走，流落街头，一旦受到不良因素的影响，就会走上违法犯罪的道路。作为父母，应尽力保持和睦的家庭气氛，彼此要互相尊重，加强沟通与交流，对孩子在成长中出现的各种情况要及时地发现，并采取正确的方式加以引导，将不好的苗头消灭在萌芽状态，让孩子感受到家庭的温暖，亲情的可贵。

（二）增加家庭的基础功能，加强青少年的家庭保护

依照我国《未成年人保护法》和《预防未成年人犯罪法》的规定，对青少年的家庭保护主要是指家庭对青少年身心健康发展的保护，具体表现为父母对教育、保护青少年享有一定权利并承担一定的义务。青少年的家庭保护，不只是对家长的道德要求，更是每个父母应尽的法律责任。为了保证青少年的健康成长，在社会形形色色的诱惑面前不致走向歧途，父母必须行使法律赋予的某些保护青少年的特定权利并履行某些特定的义务。

首先，家长要切实履行监护和抚养职能。监护和抚养职能是法律规定家长必须履行的法定职责，是父母必须承担的义务。在家庭中，父母不能虐待、遗弃未成年人，也不能实行家庭暴力，应保护好其人身与财产权利不受侵犯。作为家长应从两方面履行该职责：（1）限制。对子女的不良行为要进行管制与约束，为他们健康成长提供一个良好的环境。（2）纠正和制止。对子女的任何越轨行为要及时制止和有效地进行纠正，不能姑息迁就，包庇护短，更不能纵容，不让批评，不让处理。应采取批评、教育的方法，晓之以理，动之以情，明之以害。

其次，家长应保证青少年受教育的权利。让青少年接受九年制义务教育，是法律规定家长必须履行的义务。在广大农村，由于家长自身认识上的原因或其他原因，很多父母不愿供子女上学，认为学不学都无所谓，倒不如让他们早点进入社会，赚钱养家。这实际上是父母不履行家庭保护义务的表现，侵犯了青少年受教育的权利。

最后，应建立家庭、学校与社会互动的防范体系。控制和减少青少年犯罪，其核心在于预防。青少年的人生起点在家庭，知识基础在学校，健康成长在社会。真正预防和减少青少年犯罪，需要通过法律的形式调动家庭、学校、社会和国家各方面的力量，帮助青少年树立法制观念，走好自己的人生道路。要建立起家庭、学校与社会互动的防范体系，构筑起“三道”防线，形成家庭、学校、社会的联动和互动，各方参与，各司其职，各负其责，保证孩子在家庭中受到家长的呵护，而且得到学校和社会的关心和关注，随时处于家庭、学校和社会的全方位监控之下。

（三）帮助家长提高教育水平，增强教育素养

家庭是承担青少年初次社会化天然的第一环节。确保家庭在青少年初次社会化中切实地发挥作用，是预防控制青少年违法犯罪的重要环节。家庭的初次社会作用，主要是正确教育与引导青少年树立正确的人生观、世界观与价值观，形成良好的思想意识和道德法制观念。

正确的家庭教育方式对青少年的成长是极其重要的一环。许多青少年走上犯罪的道路是由于家庭教育方式不当，使青少年形成逆反心理，或暴力对抗或悲观厌世，对他人和自己的生命都漠然。溺爱、放任、打骂和要求过高等方式对青少年的教育都是十分有害的，应采取正确的方式加以引导，使之树立正确的人生

观、价值观。

家长要当好启蒙老师。青少年年龄的特殊性使他们具有逆反心理比较重，好奇心较强，社会经验不足，应变和自控能力较差等特点，一旦脱离家长的监管，很容易受社会不良风气的影响，或成为犯罪行为侵害的对象或侵害他人。家长要切实担负起教育子女的重任。要科学合理地管教孩子，管教要讲究策略，不能让孩子产生逆反心理，通过精心的教育和引导帮助孩子形成正确科学的世界观、人生观、价值观。同时，家长应严格要求自己，努力提高自身素质，以健康的思想、高尚的品行教育和引导青少年进行有益于身心健康的活动，要言传身教，让自身良好的品行对他们产生潜移默化的影响，积极预防和制止青少年吸烟、酗酒、泡网吧等不良行为的产生。

家长要加强对青少年的思想道德教育和法制教育，在他们可塑性最强的时候增强其道德意识和法制观念。家长要善于把握孩子的心理特点，适时予以教育引导，特别是一些不健康心理的疏导和引导。例如，逆反心理、义气心理、报复心理和利己心理等。

（撰稿：陈卫东）

第四章　青少年罪犯的监禁矫治问题

正确解读青少年犯罪现象，科学矫治青少年罪犯群体，对当今社会稳定和发展具有特别重要的理论与现实意义。本章主要从刑罚执行机关视角分析青少年罪犯的监管和矫治。

一、青少年罪犯监禁矫治现状、特征与对策

当今社会发展日新月异，监狱机关作为刑事司法体系中的末端国家机器，面临着诸多挑战与考量。科学管理与矫治罪犯，不断提高教育矫正质量，已成为监狱机关的重要使命。青少年罪犯作为一类特殊群体，如何对他们施以科学有效的矫治，将其改造成为遵守纪法、自食其力的新人，已成为刑罚执行机关着力谋思与探究的一大话题。

目前，我国各个省、区、直辖市都建立了专门关押、矫治青少年罪犯的未成年犯管教所（以下简称“未管所”），对青少年罪犯中的未成年犯实行分押、分管、分教。监管矫治除依据适用于所有罪犯的《中华人民共和国刑法》、《中华人民共和国刑事诉讼法》、《中华人民共和国监狱法》、《最高人民法院关于办理减刑、假释案件具体应用法律若干问题的规定》、《××省办理减刑、假释案件若干规定》、《××省罪犯考核奖惩办法》以外，还创造了与青少年身心特点、犯罪状况相适应的特殊监管帮教制度、措施与方法。

（一）对青少年罪犯监禁矫治基本现状分析

近年来，全国监狱系统深入贯彻依法治监方略，着力构建监管安全防控体系，不断提升教育改造质量，成功感化和矫治了数以万计的罪犯，为打造平安与和谐社会作出了不可磨灭的贡献。

1. 全国青少年罪犯判决与监禁情况概述

1997—2008 年，我国法院每年判决青少年罪犯（14—25 周岁）人数除 2002 年外总体呈持续递增态势，其中 2008 年达 322061 人，比 1997 年增加了 122849 人，递增 61.67%；[①] 但青少年罪犯占罪犯总人数的比率却呈先快速下滑后小幅上升继而又缓慢下降之态势，总体比率在 34% 上下波动（每年人数及所占比率具体走势如图 4 – 1 所示）。

每年在全国法院判决的青少年罪犯中，有多少人被送入监狱改造，数据难以

① 张蓉著：《未成年人犯罪刑事政策研究》，中国人民公安大学出版社 2011 年版，第 10—11 页。

统计，初步估计全国青少年罪犯监禁人数应占法院判决总数的七成以上。最近，笔者从浙江省高级人民法院了解到最近十年全省法院判决未成年人犯罪非监禁刑（包括被判处缓刑、管制、罚金及免予刑事处罚）人数及非监禁率，从中得知2002—2011年间浙江未成年犯非监禁率基本徘徊在18%—28%区间，平均值在24%上下波动（如图4-2所示），也即浙江法院判决的未成年犯中有四分之三的人被送入监狱或未管所改造。

图4-1　1997—2009年全国青少年罪犯人数及比率情况

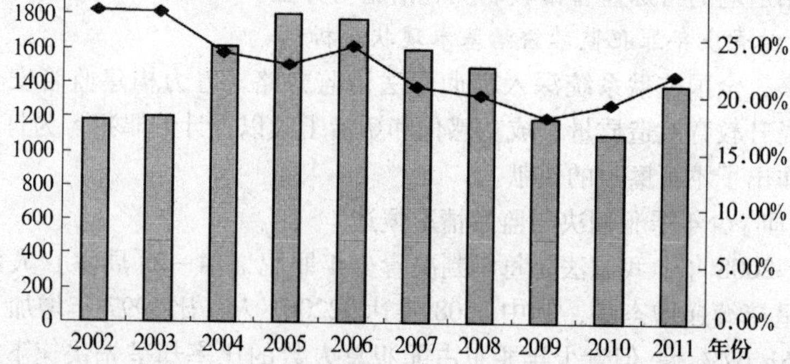

图4-2　2002—2011年浙江省未成年犯非监禁人数及比率情况

统计数据显示，2005—2009年五年间，福建、湖南、重庆、浙江四省（市）中，法院判决未成年犯非监禁刑适用率年平均值分别为33.8%、44.46%、43.2%和21.08%（如图4-3所示）。浙江和湖南、重庆适用率相差悬殊，其主要原因在于，浙江省未成年罪犯主体构成中，外省籍人员占了绝大部分，而对外省籍未成年人大量判处缓刑目前条件还不成熟。调查中，我们还了解到，虽然浙江未成年人犯罪监禁率比福建、湖南要高，但在押未成年犯中刑期在两年及两年以下的比重①比后两者都要大。

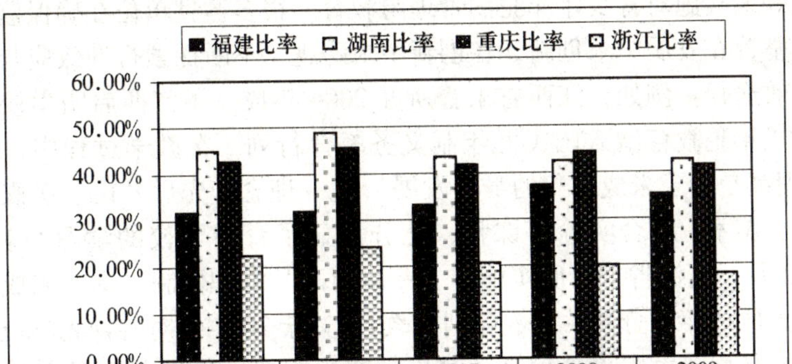

	2005	2006	2007	2008	2009
福建比率	31.72%	31.84%	33.06%	37.22%	35.18%
湖南比率	44.97%	48.84%	43.45%	42.45%	42.61%
重庆比率	42.78%	45.61%	41.75%	44.39%	41.46%
浙江比率	22.54%	24.24%	20.62%	19.94%	18.08%

图4－3　2005—2009年四省（市）法院判决未成年犯非监禁比率情况②

2. 青少年罪犯监禁矫治模式述评

当前，全国很多监狱单位，以降低服刑人员刑释后重新犯罪率为工作指针，与时俱进，开拓创新，走出了具有中国特色与时代特性的监管矫治之路。未管所作为监狱系统中一个独特的刑罚执行单元，分析其功能定位、运行机制、实践创新，有助于从一个侧面了解和揭示我国对青少年罪犯执行刑罚的理性、科学与文明程度。

作为关押青少年罪犯的一个特殊场所③，未管所内在的管理体制与机制，备受人们关注。经过多年的发展与探索，全国很多未管所各项工作已走在当地监狱系统的前列，并已成为展示当地监狱工作成果的一张“金名片”。据不完全统计，全国31家省（市、区）未管所中，目前已有北京、上海、浙江3家部级现代化文明监狱，有上海、广东、江西3家对外开放单位，有江苏、广东、河南、

① 统计数据显示，2011年福建省未管所、湖南省未管所在押未成年犯构成中，刑期在两年及两年以下的比例分别为43.6%和19.0%，而同期浙江省未管所在押犯中此刑期段比例为47.1%。

② 福建省的相关数据来自乐宇歆等：《未成年被告人非监禁刑适用实务问题研究》，载《青少年犯罪问题》2011年第3期；湖南省、重庆市的相关数据来自张军主编：《中国少年司法》（2010年第2辑、2011年第2辑），人民法院出版社2011年版。

③ 很多未管所出于家属的强烈要求，为避免其被重新交叉感染，对在未管所超过18周岁人员很少将其调往成年犯监狱服刑，但在考核上会参照成年犯考核办法，以显现对未成年犯的人文关爱。

浙江等7家单位被评为全国青少年优秀维权岗。从全国监禁机构发展状况看，未管所作为展示我国对青少年罪犯矫治模式与成就的一个独特窗口，已成为我国监狱系统彰显感化、挽救、造就人职能的一面旗帜，并日益得到领导及专家的肯定。

为更好地实施对青少年罪犯的管理与教育，很多监狱单位在确保监管安全的前提下，坚持在发展中求创新，在创新中求跨越，不断探索行刑效应与社会效应双赢的有效途径。例如，江西省未管所在2004年成立了江西启明学校，在全国率先将未成年犯教育纳入国民九年制义务教育行列。在教学过程中，该所坚持“一切管理都是为了未成年犯的身心发展”这一理念，先后开设了多媒体、计算机、音乐、美术、综合实验等课程，充分凸显了育新学校的学习与教育功能。2002年12月，浙江省未管所实施了“一所两区”管理体制（即对未成年犯和在所自然长大的成年犯分开关押、分别管教），并于2004年对各押犯单位全部实施二级管理，从而最大限度地保证了基层的警力配置；2009年8月，该所还成立了专门关押14周岁以上、16周岁以下未成年犯的管区，对其中关押的未成年犯实行全日制教育学习的管理模式。这些管理举措之实施，有助于对众多青少年罪犯进行全面系统的矫治。

3. 青少年罪犯监禁矫治效果评判

评判我国监狱系统对青少年罪犯的矫治成效，对此类人群在监禁期间以及刑释后重新犯罪情况作一分析，可以有一个宏观而又概要式的了解。目前，全国尚缺少这方面的系统与对照式研究，下面着重以浙江省监狱系统为例作一阐述：

（1）关于监狱内青少年罪犯重新犯罪情况。2000—2010年，浙江监狱系统共发生罪犯脱逃案件38起，涉及罪犯48人，其中既遂13起，未遂25起。这些脱逃犯中，年龄在25岁以下的有18人，占37.50%。另据调查，2000—2011年，全国监狱系统脱逃的44起62名原判15年以上重刑犯中，脱逃时年龄在25岁以下的有14人，占22.58%。其中年龄最轻者是王某（20岁，故意杀人罪，死缓，浙江某监狱罪犯），该犯在2004年4月26日20时45分在收工回监房途中，用利器挟持民警预谋强行脱逃，被带班民警及其他罪犯一起制服，由于其作案时间处于死刑两年考验期内，后经最高人民法院核准，被执行死刑。另外，据不完全统计，2001—2010年，浙江监狱系统共发生比较典型的罪犯故意伤害案件63起65人，其中年龄在25岁以下的有25人，占总人数的38.46%；发生比较典型的狱内破坏监管秩序案件最后被法院追究刑事责任的有19人，其中年龄在25岁以下的有7人，占总人数的36.84%。[①] 由此可知，在监内重新犯罪人员主体构成中，青少年犯一般都占1/3以上，总体比例偏高。

① 浙江省监狱管理局编：《狱内案件汇编》2010年11月。

（2）关于青少年罪犯刑释后重新犯罪情况。有数据显示，1994—1999 年上海对资料齐全的 14794 名沪籍刑满释放人员调查中获悉，两年内重新犯罪的人员有 904 名，占总体的 6.1%；[①] 1998—2002 年，71808 名江苏籍刑释人员中，重新犯罪者为 5985 人，重新犯罪率为 8.33%，其中重新犯罪人员年龄在 18—25 岁的有 1113 人，占 18.6%。[②] 中国监狱工作协会回归社会学专业委员会曾对浙江省 18 个县市区的刑释人员重新犯罪情况做过专项调查，该委员会 2006 年发布的报告称："对浙江省 1998—2000 年刑满释放的青少年连续 7 年的追踪调查显示：5 年内重新犯罪率为 7.2%。"[③] 该委员会报告中还指出，2005 年调查的浙江省 2000 年的刑释人员重新犯罪率为 5.1%，2006 年调查的浙江省 2001 年的刑释人员重新犯罪率为 5.6%。[④] 可见，从浙江省的情况看，青少年重新犯罪率要高于普通刑释人员重犯率。

从现有资料看，我国罪犯的重新犯罪率远低于欧、美、日等经济、法制发达国家相关指标，这些国家罪犯刑释后 3 年的再犯率均在 50% 左右。[⑤] 当然，这与各国不同的刑罚结构、刑种配置、司法模式、文化传统、政治体制、社会形态等密切相关，但并不能完全排除我国在社会控制、罪犯矫治方面的独特优势。

（二）青少年罪犯的典型心理与行为特点

青少年罪犯与社会上同类人相比，随着生理、心理等方面的变化，除了自我意识增强、对周围环境敏感、情感丰富、性意识觉醒等常规特征外，还具有因犯罪、监禁等复杂环境而产生的一些典型的心理与行为特征。

1. 罪责感差，服刑意识淡薄

经对 300 名男性青少年罪犯集体测评研究发现，在押青少年罪犯具有精神质（P）和神经质（N）人格特质，其中有精神质人格特质的达到 40.3%，有神经质人格特质的达到 25.3%，远高于一般人群 12.5% 的比例。[⑥] 精神质指标高分说明青少年罪犯群体普遍存在不关心别人，缺乏同情心，是非感弱，罪恶感差等特征。表现在具体的改造中，很多青少年罪犯总认为自己的犯罪是家庭原因或社会因素造成，不能从思想深处剖析犯罪根源，不能将心比心认识犯罪的严重危害，

---

① 中国监狱工作协会回归社会学专业委员会编：《回归社会研究文集（十一）》2009 年版，第 61 页。

② 于爱荣主编：《监狱评论》（第 2 卷），法律出版社 2008 年版，第 152 页。

③ 孔一：《少年再犯研究——对浙江省归正青少年重新犯罪的实证分析》，载《中国刑事法杂志》2006 年第 4 期。

④ 本数据来源于中国监狱工作协会回归社会学专业委员会对浙江省刑释人员重新犯罪的（内部）监测报告。

⑤ 1994 年从美国 15 个州释放的 272111 名囚犯中，经估算，3 年之内有 67.5% 的人因重罪或严重不法行为再次被捕，46.9% 的人被再次判决，25.4% 的人因新的犯罪再次被判入狱。参见美国司法统计局网站，http：//bjs. ojp. usdoj. gov/index. cfm？ ty = tp&tid = 17，2012 年 11 月 23 日。

⑥ 章皎洁等：《男性青少年罪犯的人格特征比较研究》，载《神经疾病与精神卫生》2007 年第 4 期。

表面上虽认罪服判，心里总认为社会不公、法院量刑过重。有的声称是赶上“严打”风头，判刑入狱是自认倒霉。由于对罪行认识肤浅，很多青少年罪犯心态浮躁，不能安心改造，对前途感到迷茫。

2. 情绪易波动，暴力倾向明显

亚里士多德说：青少年“暴躁、易发脾气、易于为冲动所驱使而失去控制”。美国心理学家霍尔也认为：青少年时期是“人生中‘疾风怒涛’的时期，身体蕴藏极大能量、情绪不稳定、易激动、烦躁不安，对外界及自身易产生怀疑、不信任感”。有专家曾对北京市未管所82名青少年罪犯开展过专题调查，并挑选了北京某大学100名大学生进行对照分析，研究结果显示：家庭环境、人际关系对青少年罪犯的个性特征有显著影响；男性青少年罪犯在暴力倾向指标上的得分显著大于女性青少年罪犯；青少年罪犯情绪容易波动，缺乏情绪控制能力，喜欢用暴力来解决问题等。① 管教工作中，大量个案告诉我们，青少年罪犯在监禁环境中普遍具有显性或隐性的暴力人格倾向，有些罪犯要么不出手，一出手对准的便是人体的“软肋”，动辄造成他人轻伤以上的后果。

3. 叛逆性强，一切“唯我独尊”

在押青少年罪犯中，很多是独生子女身份。据对浙江省未管所2335名在押罪犯之调查，发现属于独生子的占25.9%，属于独养子（家中有姐妹但没有兄弟）的占31.5%。独子身份比率过半，带来的一大突出问题是这些罪犯自理能力普遍较差。表现在监禁改造中，有的人缺乏基本的生活常识与生活技能。另据调查，在押青少年罪犯中，52.7%的人员捕前有过和父母严重争吵的经历。这些罪犯在成长过程中，日渐形成我行我素、一切以自我为中心的思想，其叛逆性格有时也会在监内发酵，如在会见场所对远道而来的父母缺少应有的尊重；与其他罪犯相处时会有一些诡异的举动；对民警一些苦口婆心的谈话教育非但不领情，还在背后歪曲评说等。

4. “哥们儿”观念重，易形成监内小团体

从当今青少年群体的个人成长史看，大部分人和父母之间存在某种代沟，因此其走上社会后往往会借助和朋友的交往以寻求情感支持或精神寄托。据调查，青少年人群走上犯罪道路，一大主要诱发因素便是哥们儿心理的驱使，这从70%以上属于团伙犯罪可以明证。这些人入监改造后，依旧摆脱不了交友的冲动。于是，以地缘籍贯、兴趣爱好、家庭出身等为依据而自发形成的一些监内改造小团体，成了青少年罪犯改造的一大潜规则。针对这些时分时合的小团体，管教民警若不擦亮眼睛，不注重引导，不及时化解，就会助长监内消极改造、拉帮结伙歪风，给民警的正当执法和管理制造障碍。

① 杨伟伟、罗大华：《青少年罪犯的个性特征研究及矫治建议》，载《青少年犯罪问题》2007年第6期。

5. 虚荣心重，感恩意识缺乏

受以前不良习气影响，一些青少年罪犯入监后，脑海中依旧有讲面子、讲攀比、讲吃穿等意识，会在改造生活中不经意地向他犯炫耀自己的“风流史”，为了追求某种心理上的满足，有的罪犯会编造各种理由向家人要钱要物，为的是能过上一种别样的改造生活，而全然不顾众多打工一族父母的生活艰辛，更不会懂得赚钱的艰难。有的罪犯一旦当上了事务犯，明知抽烟喝酒是监内严重违规行为，也要去触碰和尝试，为的是显现自己的“能干”。许多青少年罪犯对国家的宽松矫正政策不会感悟，对民警创造的温馨改造环境不会珍惜，以致不能从内心深处真正吸取教训，改恶从善。

6. 反应敏捷，动手能力较强

青少年罪犯由于年龄上的优势，在监禁生活中也表现出不寻常的一面。例如，学习文化、技术课程，只要用心，学习效率往往比其他成年犯要高；在习艺劳动中，面对一些有一定难度的操作步骤，比一般成年犯领悟得要快，技术掌握更全面；在监区组织的小制作比赛活动中，一些青少年罪犯总能利用有限的材料，制作出奇特精妙的作品；在监区组织的文艺会演中，许多青少年罪犯能以娴熟的技艺博得观众的喝彩。近年来，浙江一些重刑犯监狱通过不断充实一些刑期短的青年罪犯的业余生活，大大改善了监区的改造氛围，使死气沉沉的改造生活增添了活力。

（三）未成年犯矫正政策述评

在青少年罪犯群体中，未成年犯常是专家学者和社会民众关注的一大重点人群。有些法律制度之出台，其目标指向是未成年犯，但很多在未管所服刑年龄超过18周岁者，也成了当然的“受惠人群”。说到国家对青少年罪犯有何矫正政策，还需以未成年犯为“重点样本”作一解读。1999年《未成年犯管教所管理规定》（司法部第56号令）第3条规定，未成年犯管教所要贯彻“惩罚和改造相结合，以改造人为宗旨”和“教育、感化、挽救”的方针，将未成年犯改造成为具有一定文化知识和劳动技能的守法公民。这是对未成年犯执行刑罚的一大纲领性指导政策。具体矫正政策主要体现在：

1. 生活上体现“差异性”

保障服刑人员基本的改造正当权益，是行刑法规要规范的重要内容。《未成年犯管教所管理规定》在生活卫生方面规定了许多有别于成年犯的改造权益保障条款。例如，第7条规定：“未成年犯管教所所需经费由国家保障。未成年犯的教育改造费、生活费应高于成年犯。”第47条规定：“未成年犯的生活水平，应当以保证其身体健康发育为最低标准。”第51条规定：“未成年犯管教所应当合理安排作息时间，保证未成年犯每天的睡眠时间不少于八小时。”第55条规定：“……做好未成年犯的防疫保健工作，每年进行一次健康检查。”这些规定，是基于对未成年犯生理特点之考虑，包含了诸多涉及监管上的人文关爱内容。另外，会见权也是服刑罪犯比较关注的一大改造权利。另外，第22条为此作了特别规定："未成年犯会见的时间和次数，可以比照成年犯适当放宽。对改造表现突出的，可准许其与亲属一同用餐或者延长会见时间，最长不超过二十四小时。"

2. 奖惩上体现"从宽性"

对符合条件的服刑人员，批准其离监探亲、保外就医，提请法院对其减刑、假释，是体现行刑人道与理性的一大标志。司法部、最高人民检察院、公安部1990年联合发文的《罪犯保外就医执行办法》第4条规定："……对少年犯、老残犯、女犯的保外就医，适当放宽。"虽然没有规定如何放宽，但作为一种导向性执法政策一直延续至今。《未成年犯管教所管理规定》第57条规定，对未成年犯的减刑、假释，可以比照成年犯依法适度放宽；对判处有期徒刑、无期徒刑确有悔改表现的未成年犯，分别在执行1年及1年6个月以上即可提出减刑建议；对未成年犯有《监狱法》第29条规定的重大立功表现情形之一的，可以不受前三款所述时间限制，及时提出减刑建议。另外，2012年7月1日起施行的《最高人民法院关于办理减刑、假释案件具体应用法律若干问题的规定》第19条第1款规定："未成年罪犯的减刑、假释，可以比照成年罪犯依法适当从宽。未成年罪犯能认罪悔罪，遵守法律法规及监规，积极参加学习、劳动的，应视为确有悔改表现，减刑的幅度可以适当放宽，起始时间、间隔时间可以相应缩短。符合刑法第八十一条第一款规定的，可以假释……"关于违规罪犯的禁闭期限，成年犯一般为7至15天，而未成年犯则为3至7天。从上述一系列规定可以看出，对未成年犯提请减刑、假释在间隔期、奖励幅度、实质性要件等方面都显现了从宽的法治意蕴。

3. 教育上体现"人本性"

《未成年犯管教所管理规定》对未成年犯开展文化、技术教育提出了一系列要求，其中涉及文化教育的条款最多。例如，第30条规定："未成年犯的文化教育列入当地教育发展的总体规划，未成年犯管教所应与当地教育行政部门联系，争取在教育经费、师资培训、业务指导、考试及颁发证书等方面得到支持。"第32条规定："未成年犯管教所应当设立教学楼、实验室、图书室、运动场馆等教学设施，配置教学仪器、图书资料和文艺、体育器材。各管区应当设立谈话室、阅览室、活动室。"第34条规定："对未成年犯的文化教育应当根据其文化程度，分别进行扫盲教育、小学教育、初中教育……有条件的可以进行高中教育。鼓励完成义务教育的未成年犯自学，组织参加各类自学考试。"2012年10月修订的《未成年人保护法》第57条规定，羁押、服刑的未成年人没有完成义务教育的，应当对其进行义务教育。上述规定充分考虑了未成年犯的文化层次，从办学层面为行刑机关开展相关工作指明了方向。

另外，司法部就未成年犯的教育时间作出了明确规定。《未成年犯管教所管理规定》第33条规定：“对未成年犯进行思想、文化、技术教育的课堂化教学时间，每周不少于二十课时，每年不少于一千课时，文化、技术教育时间不低于总课时数的百分之七十。”2003年6月，司法部发布的《监狱教育改造工作规定》第24条专门就未成年犯、成年犯教育时间作了对照规定：“成年罪犯的教学时间，每年不少于500课时；未成年犯的教学时间，每年不少于1000课时。”2007年1月，司法部《教育改造罪犯纲要》再次重申了这一问题，“对未成年犯进行思想、文化、技术教育的教学时间，每年不少于1000课时”。未成年犯的教学时间是成年犯的一倍，国家作出这样的制度安排，有利于提高未成年犯的品德修养与文化层次，更好地矫正未成年犯扭曲、消极的人生价值观。

4. 劳动上体现“习艺性”

考虑到未成年犯生理与心理的特殊性，我国法规制度对关联未成年犯的劳动项目、劳动强度、劳动保护、劳动时间等方面作出了明确规定。2012年10月修订的《监狱法》专列一章强调对未成年犯的教育改造问题。其中，第75条规定对未成年犯执行刑罚应以教育改造为主，未成年犯的劳动，应当符合未成年人的特点，以学习文化和生产技能为主。这一规定强调了惩罚的教育、学习属性。《未成年犯管教所管理规定》第43条规定：“组织未成年犯劳动，应当在工种、劳动强度和保护措施等方面严格执行国家有关规定，不得安排未成年犯从事过重的劳动或者危险作业，不得组织未成年犯从事外役劳动。未满十六周岁的未成年犯不参加生产劳动。未成年犯的劳动时间，每天不超过四小时，每周不超过二十四小时。”2007年1月，司法部《教育改造罪犯纲要》第26条则对未成年犯劳动时间作了进一步的限制性规定，指出未成年犯的劳动“……每天不超过4小时，每周不超过20小时。16周岁以下的未成年犯不参加生产劳动”。未成年犯劳动时间从以往的每周24小时压缩为每周20小时，深刻显现了未成年犯劳动从属性、次要性之行刑功能定位。

二、青少年罪犯的监禁矫治措施

针对青少年罪犯的生理构成及心理特点，全国监管矫治系统坚持严格、科学、规范、人文管理，努力促进行刑效果与社会效果的相互提升，不断注重传统手段与现代技术的有机结合，充分发挥行刑资源与社区资源的良性互动，在矫治、感化青少年罪犯方面进行了积极的探索。

（一）坚持以依法治监统领监禁矫治工作全局

对青少年罪犯的监管矫治工作政策性强，很多环节需要完备和有力的制度支撑。近年来，很多押犯单位立足目前的监管法制体系，大力进行行刑制度的立、改、废工作，精心营造用制度管人、依制度办事的氛围。

1. 严格建章立制，加强行刑执法制度建设

确保监管矫治工作持续、健康、协调发展，制度建设是基础工程。为进一步

提高民警的严格、文明、公正执法水平，很多押犯单位因地制宜、因势而动出台了一系列规范性文件，使行刑执法工作在有法可依、有章可循轨道上健康运行。例如，近5年来，浙江省未管所紧紧围绕监管工作实际，出台了具有未管所特色的各类工作制度30多个，如关于该所的《提请罪犯减刑假释工作实施办法》、《罪犯刑释前改造质量评估工作实施方案》、《个别教育能手考评培育办法》等，为进一步提高民警的规范、科学、文明执法水平提供了有力的制度保障。为使广大未成年犯真诚悔改、重塑新我，该所重新修订了《未成年犯考核实施办法》，制定了《未成年犯“六项能力”评比实施办法》等制度13项，对未成年犯在竞技比赛、文艺演出、习艺劳动、自学考试等方面作出量化考核与奖励规定，既制约了民警的执法自由裁量权，又从一定程度上弘扬了改造正气，让很多未成年犯找回了自信。

2. 强化狱务公开，积极营造行刑执法阳光运作机制

近年来，很多监狱单位本着“让权力在阳光下运作”的原则，在监内外许多场合精心设置了大型狱务公开栏，对广大青少年罪犯及其家属高度关注的一些问题予以明确的告示。特别是对青少罪犯的减刑、假释等刑事奖惩工作，能严格执行分监区、监区、监狱三级合议制，全面落实分监区呈报情况、监区评议结果、监狱合议结果、法院裁定结果“四公示”制度，有力地促进了行刑执法的程序公正和实体公正。另外，为使减刑、假释呈报工作更具透明度，自2003年开始，浙江监狱系统一改每次呈报前都由民警集体确定评议的方法，改由罪犯自己挑选代表组成测评小组，抑或全体罪犯投票表决方法，提出最佳呈报人选。把法律奖励呈报建议权从民警转向罪犯，避免了民警可能存在的“暗箱操作”和执法不公现象，进一步扩大了罪犯的参与权、监督权和知情权。在推行狱务信息公开方面，江苏徐州监狱依托中国电信“企信通”平台，开通了刑罚执行信息平台，利用手机短信的形式及时、全面地向罪犯亲属、社区矫正机构、执法监督员及社会帮教机构等发布罪犯服刑改造信息，接收反馈回来的信息，有效地解决了狱务公开不及时、不到位和不对称问题。

3. 重视执法监督，注重从源头上发现和规范执法流程

为最大程度地确保民警严格、规范执法，很多监狱单位本着押犯单位自主查、管教部门牵头查、法制部门监督查、政工部门配合查的原则，将行刑执法责任制贯彻落实工作真正落到实处。在实务工作中，各监狱法制部门充分履行法制监督职能，对提请罪犯减刑与假释材料进行实体与程序督察。例如，2001—2011年，浙江省未管所共呈报罪犯减刑、假释材料1万余份，这些材料无论是呈报前、呈报中、呈报后都得到了检察及法纪较好的监督，最终有221份材料因罪犯综合表现不稳定、减刑间隔期等因素，在法制监督及评审委评议期间被退回或撤销呈报，受到杭州市中级人民法院的好评。由于坚持严格的执法监督与责任倒查机制，注重从源头上把好公正、公平执法这一关，十多年该所没有发现一件提请

减刑、假释、保外就医材料有民警徇情枉法情况。

4. 注重法制服务，为监管矫正工作创造有利的法治氛围

现实中，很多押犯单位十分重视以下几项工作：一是建立律师不定期到监内现场解惑制度，为广大青少年罪犯指点迷津，解决其思想上的一些顾虑；二是认真处理好关于罪犯权益的涉访涉诉案件，力求在最少经济支出与最佳处置效果之间寻求正当合理的协商处置方案；三是认真开展罪犯刑释前无记名问卷调查工作，及时将民警执法和管理方面存在的问题在全监层面予以反馈和整改；四是积极开展法制调研工作，针对执法和管理中的热点、难点、重点问题，成立专门的课题组合力攻关，并不断以法制调研成果指导具体执法工作实践。例如，2001年12月3日，广东佛山监狱与佛山市法律援助中心联合成立全国第一个服刑人员法律援助部，为服刑人员提供法律咨询、代拟法律文书、代理民事诉讼等法律服务，受到一大批青少年罪犯的大力欢迎。

（二）深入推进教育矫正工作的科学化与社会化

1. 将国学经典融入监内教学大课堂

调研中得知，很多青少年罪犯缺乏爱心、规范意识差、意志比较薄弱，故很多监狱在教育改造罪犯过程中，注重运用传统优秀文化培养服刑人员的思想品格，坚持以“善”启人、以“德”育人、以“文”化人，不仅使广大服刑人员增长了知识，提升了思想境界，还让他们学会了做人、学会了生活、学会了交往等。例如，江西省未管所自2007年开始在未成年犯中开设专门的国学课，促使广大未成年犯读经典、悟人生、树理想、启智慧、塑品德，受到社会各界的好评。《江西日报》、《南昌晚报》、江西电视台、南昌电视台对此都进行了报道。广东省未管所在开展国学教育过程中，编写了收录有《诚信篇》、《知礼篇》、《孝道篇》和《处世篇》的传统文化读本，并外请专家来所讲解《三字经》、《朱氏家训》、《弟子规》、《道德经》等，广东电视台珠江频道还对此进行了深入报道。山东济宁监狱则精选儒家思想中的仁、义、礼、智、忠、孝、勤、耻等“德目”作为监区文化核心，打造监内文化品牌。例如，该监狱六监区将“礼”分解为学文明礼、修身守礼、往来尚礼、和谐倡礼，引导服刑人员遵守监规，相互帮扶，坚定人生信念；七监区将“智”引申为智者知、智者明、智者志、智者乐，教育服刑人员启善心、明是非、立恒志、长技能，提高生存发展素质。山东济宁监狱还成立了孔子文化学校，培育罪犯忠孝、守节、诚信、友爱、谦让的道德品质；并将狱内道路更名为崇德路、崇文路、崇俭路等，努力将服刑人员改造成为立有德、行有规、动有智、归有能的合格公民。[①] 除此之外，山西太原第一监狱、四川锦江监狱、广东佛山监狱等30余所监狱纷纷开展了声势浩大的学国学活动，使一大批青少年罪犯深受优秀传统文化的道德洗礼和智慧熏陶。

---

① 王德成、郑勇强：《发挥文化引领作用 探索教育改造新模式》，载《上海警苑》2011年第12期。

2. 充分发挥社会帮教的感化效能

针对广大青少年罪犯在改造过程中表现出来的心理需求与行为取向，很多监狱单位创新教育理念，整合社会资源，巩固社会帮教效果，有力地提升了教育改造工作的整体水平。例如，浙江省未管所近年来十分注重四大主题的社会帮教，取得了较好的成效。

一是书画帮教，精心打造监内书画长廊。该所将享誉浙江的20余名著名书画家请进大墙，现场创作书画作品，经装裱后装饰于监区，使单一的走廊成为艺术的画廊，达到了书画家“春风化雨沐良材，笔墨丹青育新人”的心愿。目前，该所监区已形成“钱塘书画”、“西泠书画”、“兰亭书画”三大书画板块，深刻体现了环境改造人的理念。

二是文艺帮教，用艺术方式感染失足少年。一方面，该所把视角转向大学校园，借助浙江大学、浙江传媒学院等15所高校大学生们来所“文艺会演”契机，和未成年犯进行心理沟通，促使广大罪犯感悟同龄人的真、善、美；另一方面，该所把表演艺术家请进大墙，以“爱心大使”的身份参与帮教，以艺术特有的感染力教育未成年犯。5年来，共有杭州市歌舞团、杭州小百花越剧团、杭州杂技总团、绍兴歌舞团等单位50多位国家一、二级演员来所进行艺术帮教，深深打动了一大批青少年犯，掀起了大墙内的追星潮。

三是亲情帮教，显现社会独特人文关爱。针对未成年犯中家庭结构缺损状况逐年增加，改造情感需求度上升的新特点，十年来成功策划了百名作家爱心大恳谈、“失足孤儿盼亲情，编外妈妈献爱心”（与浙江省妇联、中国联通浙江分公司合力）、“一样的喜悦，共同的心愿”（与浙江省女律师联谊会合办）等大型帮教活动，让众多无会见、无通信、无经济支持的未成年犯们深刻感怀人间亲情，重新扬起生活的风帆。

四是技术帮教，解决困难罪犯后顾之忧。考虑有众多未成年犯想学技术但苦于家境较差的状况，浙江省未管所向全省各政府帮教团发出倡议，提出“技术帮教”建议，得到积极响应。5年来有30余个市（县）帮教团累计捐助技术教育设施及经费300多万元。其中影响最大的是浙江省绍兴市著名民营企业家、浙江省十大慈善之星徐爱娟女士，连续15年来所看望“三无犯”，累计捐赠财物逾200万元。

3. 重视教育改造内容与手段的创新

针对青少年罪犯而言，强化教育改造工作应是主旋律。如何树立教育为先、教育为本的理念，积极探索教育改造的新平台、新载体、新手段，值得深入探究与实践。全国监狱系统为此作了许多开创性的探索。主要表现在：

一是载体创新。行刑执法之创新，需要智慧和胆识，有时更需要有一种人文情怀。为更好地促进青少年罪犯积极改造，2002年10月，山东省未管所建成了国内监狱系统首家狱内度假活动中心，所内服刑的未成年犯若表现较好，达到所内度假要求的，可以在度假中心度过 3 天特殊的“假期”，在此期间可以不穿囚服，可以享受专门的假日餐饮，以及在民警监管下乘车参观市容；同年 12 月，山东省未管所还开通了“新新网站”，为在信息化时代寻找教育改造工作新途径作出了有益探索，《中国新闻网》、《法制日报》、《人民公安报》等媒体均对此进行了报道。[①] 2004 年 3 月，一家由狱内服刑罪犯为主要编播人员的电视台“天河之声”在北京市天河监狱正式创办，这也是全国首次在监狱内开办电视台。[②] 近年来，广东省未管所为发挥文化的渗透力与影响力，坚持“一区一高校，一月一堂课”，与中山大学、华南农业大学、华南师范大学等国内名牌大学建立了合作关系，每月邀请高校师生来所授课，取得了非常好的教育效果。2011 年，浙江省未管所开设了“阳光心语大课堂”，借助浙江省心理协会、杭州市疾控中心、余杭讲师团等单位教育资源，每周四邀请一位专家、学者来所为全体未成年犯授课，内容涵盖心理健康、企业用工、食品安全、防艾拒毒、科普实践等内容，深受服刑人员的欢迎。

二是内容创新。为更好地矫正青少年罪犯的思想偏差与行为误区，不少监狱精心选择与其身心特点相适应的教育内容。例如，河南第三监狱、四川嘉陵监狱、南京女子监狱、湖北沙洋范家台监狱等，借“三八”妇女节、母亲节之际，请一些罪犯母亲来监，通过安排罪犯为母亲洗脚这一活动，对青少年罪犯开展感恩教育，以唤醒其人性中真善美的一面，使罪犯从心灵深处去忏悔自己的罪行；上海市未管所为引导广大女犯珍惜生命，在汶川大地震一周年、二周年之际分别举行了“让爱传递 2009”、“让爱传递 2010”专题纪念活动，女犯们用诗歌、舞蹈、情景剧等方式来表达对逝者的深切缅怀，以此来诠释敬畏生命之理念；2012 年 4 月，浙江省未管所邀请了全国心灵成长教育专家、感恩教育第一人彭成老师，来所举行感恩教育主题演讲报告会，现场多次形成互动浪潮，场面十分感人，在场的 2500 余名青少年罪犯深受教育。2012 年 7 月，为帮助服刑人员克服夏季烦躁情绪，掌握情绪管理和调适的方法、技巧，江苏南通监狱举办了服刑人员情绪管理训练营。活动分三个阶段：第一阶段，通过组织观看心理剧《情绪》和参与“身心互动”，使服刑人员了解并感受情绪的外在表现和内在特点，提高觉察各种情绪的能力；第二阶段，组织开展心理游戏“镜中人”和“心灵交融”等，引导服刑人员充分认识负性情绪对身心健康的负面影响，进一步思考和领悟有效管理情绪的手段、策略；第三阶段，以自主训练的方式，促进服刑人员摆脱原有的情绪惯性，逐步做到尊重自我和尊重他人的和谐统一。大力开展这些主题鲜明、寓教于乐的活动，有助于为教育、感化、挽救青少年罪犯发挥较好的思想指引与行为激励作用。

---

① 赵东：《未成年犯教育改造特色问题实证研究》，载《中国监狱学刊》2012 年第 4 期。

② 《北京天河监狱开设国内首家监狱电视台》，载《北京青年报》2004 年 4 月 3 日。

三是手段创新。创新永无止境。监狱执法与管理创新的半径无限宽广。2010年，广东省未管所针对青少年罪犯的身心特点，提出了“体验教育”的矫正理念，并组织攻关团队，精心设计了包括阳光爱心伴我行、手牵手信任无间、自我控制力训练、倾心听话训练、迎合兴趣训练、赏识他人训练、微笑待人训练等一揽子体验教育“菜单”，通过一系列参与式活动来培养青少年罪犯的健康心理，受到服刑人员的大力欢迎。2012年，针对一些外省籍未成年犯入监后与家属失去联系的状况，浙江省未管所利用广大未成年犯捕前热衷上网聊天这一特点，充分发挥网络工具QQ的作用，帮助未成年犯寻找人间“亲情”。经过民警QQ代挂的方式，一年中共为24名无法与家人联系的未成年犯牵上了线。现在，通过网络QQ帮助青少年犯架起与亲人联系的桥梁，已成为管教民警深化个别谈话教育的一种有效方式得到普遍认同。

（三）积极开展政治、文化、技术教育提升工程

1. 政治教育

对青少年罪犯开展政治教育，使其具备一定的政治素养，对于其更好地矫正自己的思想，更好地走好今后的人生之路，非常有必要。政治教育内涵非常广泛，形式也多种多样。实践中，主要包括以下三类主题：

（1）形势政策教育。很多青少年罪犯经过几年或较长时间的监禁生活，在其改造后期都会表现出一定的迷茫、困惑情绪，他们对自己归正社会后，能否找到一份称心、稳定的工作，能否自食其力、养家糊口，普遍信心不足。因此，民警在集体讲评及个别谈心教育时，为消减罪犯的思想顾虑和矛盾情结，常会宣讲以下一些内容：当前国内外政治、经济、社会总体发展态势，当前区域性经济社会发展主要特点，当前创业环境、就业谋生与民生保障基本概况，当前中央和各级政府对刑释人员的帮扶政策，当前社会治安与民众精神、物质需求典型特点，近年来国家及省、市推出的重大工程、重大举措，即将举行的国际国内重大活动等。通过向青少年罪犯传递一系列利好的政策、就业及民生信息，使广大服刑人员能以健康、阳光的心态面对未来。

（2）爱国主义教育。爱国主义是监狱政治教育的永恒主题。对青少年罪犯开展爱国主义教育，必须结合当代国情，融合时代元素，体现核心价值。自2008年以来，全国许多监狱单位针对“5·12”汶川大地震、2008年北京奥运会、新中国成立60周年、上海世博会、改革开放30周年、中共建党90周年、中共十八大、中日钓鱼岛之争等特定时机和特定主题，开展了声势浩大的爱国主义教育，引导广大青少年罪犯提高思想认识，理性抒发爱国热情，自觉与国家和党的意志保持一致。很多青少年罪犯在民警及他犯的感召下，思想境界有了很大提升，并自觉把爱国热情化作改造动力。事实证明，开展生动具体的爱国主义教育，会产生潜移默化的激励效应。

（3）法律常识教育。现在很多青少年走上犯罪道路，主要原因与其说是法

制意识极其淡薄，不如说是法律知识的极度欠缺。广泛而又深入地对青少年犯开展法制教育，历来是监禁矫正机关一大常规性工作。实践中，法制教育重点内容主要包括：

一是注重以宪法为主导的根本法律体系教育。宪法是一个国家的根本大法，任何人都应该知悉宪法的一些体系架构、主要内容及重要条文。向青少年犯讲解宪法，主要是着眼我国国情，重点围绕我国的一些大政方针、基本制度、政权构成、司法体系等内容进行剖析，使罪犯对我国宪法之主要精髓及原则规定在思想意识层面有较好的理解和认同。

二是注重以刑法为主纲的刑事法律体系教育。对青少年犯开展刑事法律教育，根本目的是让其学法知法、认罪服判，认清犯罪危害，明确改造目的，走好今后改造及人生之路。主要内容包括《刑法》、《刑法修正案》、《刑事诉讼法》以及最高人民法院、最高人民检察院、公安部出台的一些重要司法解释及规范性文件。目的是让罪犯基本了解我国刑事法律的精神内涵、主要原则与执法规程。

三是注重以监狱法为核心的行刑法律体系教育。宣传好、贯彻好《监狱法》，是推进依法治监工作基础性环节。向青少年犯深入讲解《监狱法》，目的是使他们明知自身改造享有的基本权利及应尽义务、民警进行行刑执法及监狱管理的法律依据以及当今法律与以往法律、国外法律之本质区别。通过全面、系统的宣讲，加深青少年犯对监狱、改造等行刑法律法规的感性认识。

四是注重以民生保障为热点的基本法律知识教育。注重监内普适性法律宣传，不断提高罪犯的法律知识储存量，是监内普法工作重要一环。管教实践中，很多民警通过监内大课教育、个别谈话教育，对广大青少年犯就关乎民生的一些重要法律精神及内容进行了适当的诠释，如《治安管理处罚法》、《合同法》、《道路交通安全法》、《婚姻法》、《物权法》等。这些法律，很多涉及普通民众之权利、责任与福祉，给予青少年犯一定的点拨和引导，有助于为其从容走好改造及归正谋生之路，产生广泛而又积极的影响。

2. 文化教育

（1）有的放矢地开展扫盲教育。青少年罪犯作为我国的法定公民（外国籍犯除外），依法享有受教育的权利。对一部分文盲罪犯开展扫盲教育，是监狱机关响应国家教育发展方针之应然要务。自《扫除文盲工作条例》[①]（1994 年 8 月由国务院颁布）及《监狱法》出台以来，全国各地监狱机关立足原有的育新学校办学模式，大力开展形式多样、成效鲜明的监内扫盲教育，使九成以上的文盲罪犯具备了一定的读、写、记等能力，既撕掉了他们身上的“文盲标签”，也增强了他们踏实改造、从容生活的信心。从 2008 年全国教育改造工作会议上获悉，

① 该条例中规定，个人脱盲的标准是：农民识 1500 个汉字，企业和事业职工、城镇居民识 2000 个汉字；能够看懂浅显通俗的报刊、文章，能够记简单的账目，能够书写简单的应用文。

1995 年以来，山西、江苏监狱系统累计脱盲罪犯分别达 18132 人和 30800 余人。[①]

在扫盲课程设置方面，除了国家及地方基本课程如《生活中的读与写》、《生活中的数与算》、《生活中的知与能》外，很多监狱编写了具有监狱特色的扫盲教材。在开展扫盲教育时，监狱有关部门常和监内各种专题教育如反逃跑、心理健康、热点形势、爱国主义教育等有机结合，使罪犯在多重教育灌输下不断拓宽自己的知识广角，不断厘正自己对人、对事、对物的道德评判。实践中，监狱机关还针对不同犯群，制定相应的扫盲“加量版”教育内容，如针对女性文盲犯增加了妇幼卫生、家庭教育等内容，针对少数民族文盲犯增加了传统文化、民族风俗等内容，真正做到因人而异，按需编班，分类施教，有序推进，确保成效。

（2）扎实开展九年制义务教育。自从《义务教育法》颁布以来，全国众多未管所针对未完成九年制义务教育的未成年犯开展了大量富有成效的文化补课工作，受到罪犯家属和社会各界的好评。特别是 2004 年以来，在各级领导的关心支持下，江西、湖南、上海、重庆、江苏、福建、海南七省（市）已将在押未成年犯义务教育纳入国民教育序列，并得到了当地省级财政及教育部门的大力支持。

例如，2004 年 10 月，江西省政府批准了省司法厅、省教育厅、省财政厅联合发布的《关于在未成年犯中实施义务教育的意见》。2005 年 9 月 1 日，全国首所对未成年犯实施义务教育的学校“江西启明学校”，在江西省未管所正式开学。[②] 2006 年 4 月，湖南省政府办公厅发文规定，未成年犯义务教育经费由省财政参照农村义务教育经费保障机制改革的有关规定安排；长沙市政府、岳麓区政府及长沙市教育局、岳麓区教育局统筹管理省未成年犯管教所的师资培训、教学改革、学籍管理、质量检测等业务。[③] 2007 年 12 月 28 日，上海市未管所也正式启动对未成年犯实施九年制义务教育工作，该所和上海松江四中、泗联小学一起，落实对 280 名失足少年的教育和管理任务。[④]

另外，浙江、北京等省（市）未管所多年来靠自筹资金，积极开展对未成年犯的义务教育工作，取得了显著的成绩。

（3）积极开展学历提升教育。在监狱内开展中、高等教育，需要监狱决策层有高瞻远瞩的监管理念和锐意创新的实践勇气。例如，2007 年 3 月，湖南省

---

① 《落实科学发展观——全国监狱教育改造工作会议发言摘要》，载安徽监狱网，http：//www. ahjyj. gov. cn，2008 年 10 月 16 日。

② 朱雪军：《江西设立启明学校 对未成年犯实施义务教育》，载《江西日报》2005 年 8 月 23 日。

③ 蒋伟：《湖南破解少年犯义务教育困局 将刑期变学期》，载《法制周报》2007 年 10 月 26 日。

④ 周柏伊：《上海市未成年犯管教所实施九年制义务教育》，载新华网，http：//www. xinhua. net，2008 年 9 月 10 日。

星城监狱与湖南科技职业学院联合开办的服刑人员三年全日制成教大专学历班正式开学，此举开创了全国监狱系统全日制高等教育之先例。[①] 2010 年 5 月，郑州未管所积极引入社会办学资源，在监内成立了中原科技教育学校分校。这一专门针对未成年犯的“中专学校”属于全国首创。根据双方协议，中专学制为三年，主要针对年满 15 周岁、两年以上刑期、初中文化程度的服刑人员。第一年文化课，由未管所安排老师授课；后两年专业课和实践课均由中原科技教育学校授课。

在教学方式方面，一些监狱进行了积极的探索。例如，2011 年浙江省金华监狱设立了罪犯在线教育视频点播平台，充分利用监内现有网络资源和国家广播电视的信息资源对接，实现数字化教学，满足罪犯教育上的个性化需求，实现名师的资源共享，解决了教学场地问题，这在全国监狱系统是首创。[②] 2012 年 7 月，上海监狱系统首次在青浦监狱举行了上海开放大学普晟分校远程教育的开学典礼。通过远程教育这种方式，上海在 4 所监狱试点后，今后将在全市 13 所监狱中全面铺开，以让罪犯在高墙内接受高等学历教育。[③]

除此之外，为了让服刑人员在监禁生活中增长知识和技能，变“刑期”为“学期”，不断提升其生活信心，全国很多监狱纷纷开设了监内自学考试点。截至 2007 年底，浙江省已有 11 所监狱在监内开设了自考点，每年参加自考的服刑人员有近 2000 人次，合格率在五成以上，一大批青少年罪犯在高墙内完成了自己的“大学梦”。

（4）尝试开展艺术课程教育。弗洛伊德在《诗人与白日梦的关系》中说，人在现实中的不满足和压抑等心理问题都可以在艺术中得到变相的满足和升华，并达到人的自我实现。对罪犯开展艺术教育，具有重塑人格、净化心灵、释放压力、提高境界等监内其他教育难以替代的独特作用。充分利用狱内资源和社会资源，大力探索书法、绘画、声乐、美工等艺术教育课程，积极为罪犯搭建展示其艺术才能的平台，有助于为监狱打造“文化育人”方略提供有力的筹码。近年来，针对那些有学习或从艺潜能的罪犯，很多监狱采取了一些开创性的措施，帮助其在艺术的熏陶中实现自我价值。例如，2009 年 5 月，北京市监狱系统正式启动了服刑人员艺术性职业技能培训计划，将全国社会美术考级引入监区，让服刑人员通过学习绘画、书法，考取艺术性职业技能资格证书，[④] 从而为他们今后更好地适应社会多了一种谋生技能，也为 2012 年 8 月 3 日，四川省艺术水平考级委员会首次在监狱即成都市未管所内设立考点。32 名特殊考生年龄最大的 20 岁，最小的不到 15 岁，全都报考舞蹈类 8 级。成都市未管所此举开创了全国监

---

① 喻昌远、陈韧翔：《关于出监监狱建设之实践》，载《中国监狱学刊》2008 年第 1 期。

② 《金华监狱隆重举办第六届新芽文化艺术节》，载《浙江新生报》2011 年 12 月 14 日。

③ 李燕、韩晓蓉等：《上海试点在监狱开设远程教育》，载《东方早报》2012 年 7 月 12 日。

④ 王继平：《美术考级首次走进监区 北京监狱启动培训》，载《北京晚报》2009 年 5 月 12 日。

狱系统服刑人员参加舞蹈类艺术等级考试的先河，也是全国监狱系统服刑人员参加社会艺术等级考试规模最大的一次。

3. 技术教育

（1）监管机构自行办学。很多青少年犯入监后普遍存在迷茫感、失落感和自卑感，认为自己已掉队于社会，落伍于时代。为提高青少年犯归正社会后的谋生信心，使其能有一技之长养家糊口，很多监狱单位纷纷在技术教育上做文章，开设了众多适合青少年犯身心特点又具有一定就业优势的技术课程，如家电修理、美容美发、园艺管理、服装裁剪、食品烹饪等，深受服刑人员的欢迎。例如，浙江省未管所针对在押犯的年龄构成、个性特点与兴趣爱好，近年来精心办好电脑、糕点制作和制冷维修3个特色班以及车工、缝纫工2个普及班，不断深化技术教育“3+2”模式实际效果。5年来，该所通过劳动部门资格鉴定获得职业技能证书者达4116人，为广大青少年犯顺利回归就业奠定了基础。又如2009—2010年，北京市未管所依托瑞士信贷银行的资助，针对381名罪犯进行了包括计算机、花卉种植、英语口语、鲜花插花等内容的职业技术教育课程培训，其中361名罪犯获得了合格以上证书，获证率达94.75%。

（2）监管机构与社会院校联合办学。近年来，全国很多监狱单位积极依托重点职高和社会高校的优势，通过联合办学形式，不断提高技术教育的“含金量”，受到服刑人员及其家属的大力欢迎。主要表现在：

一是合办职业高中。这是很多监所与社会合作办学的最初模式。例如，2000年9月，宁夏惠农监狱牵线惠农县职业中学，在监内开设了针对罪犯的职高班，罪犯学习宗农机、烹饪、建筑、畜牧等职高课程，且通过文化、专业课考核后，由当地教育部门颁发国家承认的职高中学毕业证书。[①] 2010年5月，云南省未管所与安宁市职业高级中学签订了罪犯职业技能培训联合办学协议，从而为提高该所教育改造工作社会化水平，促进未成年犯掌握生存技能，为他们顺利回归社会创造了条件。近年来，浙江一些监狱与社会上的服装职高合作，开展不同层次的监内服装技能培训班，受到广大青少年犯的大力欢迎。

二是合办职业中专。针对那些文化层次普遍低下的押犯群体，在监内尝试办职业中专，是比较切实可行的办法。例如，2006年8月，河南省出版中等职业学校在郑州市监狱设立分校，面向所有在押人员开展学历教育和技术教育；2011年4月，安徽工程技术学校和安徽省宿州工业学校这两所教育部认定的国家级重点中专学校，分别在安徽宿州监狱成立了各自的分校，这两所学校在监狱分校共设置了织造、服装等8个专业。[②]

---

① 熊敏：《惠农监狱在宁夏首开犯人职高班》，载人民网，http://www.people.com.cn，2000年9月1日。

② 张勤：《职业学校监狱设分校 服刑人员出狱后更好找工作》，载《郑州晚报》2006年8月19日。

（四）注重对问题罪犯开展思想、行为和心理矫正

1. 思想矫正

当今社会，很多年轻人由于缺少成长阅历与经验积淀，在为人处世方面存在许多问题，亟须予以理性指点。青少年罪犯作为一个特殊群体，其为人处世观常是片面、消极甚至是扭曲的。为此，需要监管民警针对生活中一些常见但容易出现认识偏差的问题做一些思想引导。

一是家庭观重塑教育。家庭是社会的细胞，家和万事兴。很多年轻人走上犯罪道路，与其家庭亲情观念淡漠、家庭角色严重错位不无关系。例如，有的人对家没有认同感和归属感，想方设法冲破家庭的束缚，期求在哥们圈中寻求精神寄托；有的人在家中常要“小皇帝”或“大男人”作风，习惯我行我素、唯我独尊，稍有不顺便迁怒于父母之意等。帮助青少年罪犯做一个有良知、有爱心、有责任的社会公民，必须从培育其正确的家庭观、婚姻观、亲情观做起。一个人只有爱家人，才能有积极的心态去关爱他人、关爱集体、关爱社会、关爱国家，这已成为监禁矫正工作者一大基本理念不断得以付诸实践。

二是职业观认同教育。一个人成年后，总会从事某种职业，一者为养家糊口，二者为体现自身价值，三者也为社会作点贡献。不少青少年罪犯捕前在职业观上存在一些思想误区，他们不论自身学历、能力、资质，对社会寄予太大的期望值，以致在谋生致富方面常眼高手低、比这比那，以致总是错失良机。从实际调查看，很多罪犯捕前从事的是一些“灰领”、“黑领”职业，但他们对职业地位缺乏认同，对职业前景充满悲观，对人生目标定位迷茫，最终铤而走险走入了犯罪的沼泽地。因此，监禁矫正机关常会开展一些职业价值观方面的引导教育，使得每名罪犯都充分认识到任何一种职业在整个社会系统中的独特地位与重要作用，自觉树立爱岗敬业、争先创优、以岗为荣之意念。

三是友情观评判教育。据对某监 2000 余名青少年罪犯的调查，发现 3 人以上团伙犯罪占 72.5%。这说明了一个问题，七成人犯罪一大主要诱因是交友不慎抑或是哥们义气所驱使。孔子说三类人属于“益友”，即“友直、友谅、友多闻”。现实生活中，朋友有很多种，如忠友、难友、诤友、挚友、善友、密友、畏友等。细观青少年罪犯的交友观，普遍存在一些共性：有的纯粹属于酒肉之交、臭味相投；有的是碍于情面，中了圈套，成为犯罪之帮凶；有的借交友为名，为的是实施盗窃、抢劫、诈骗等罪恶行径。监管人员通过对青少年人群犯罪原因的深层分析，使他们认清不辨菽麦乱交友的危害，认识到正是所谓的“江湖义气”、“哥们心理”才葬送了自己的美好前途。

四是金钱观剖析教育。很多人知道，金钱生不带来死不带去，但一些人就是一心一念往钱眼里钻，“有利就图”、“见利忘义”就成了他们的处世准则。分析大部分人的犯罪演变史，大概七成以上和金钱之占有、取舍有关。对青少年罪犯开展金钱观引导教育，目的是对其人生价值观中的敏感内核进行理性的“化

疗”。有些人通过民警的反复教育及其个人深刻反省，日渐懂得了：金钱不是万能的；对金钱的获取须取之有道，不能违背法律的红线和道德的最低界限；对不义、不净、不明之财，切忌无人知而心存侥幸；不能把攫取金钱之乐建立在他人痛苦之上，等等。

2. 行为矫正

据对浙江省未管所2300余名在押犯之调查，发现未成年犯在家庭成员构成中属于独子角色比率过半，由此而带来的一大突出问题是，个人叛逆性格显现分明。例如，在问及未成年犯捕前的不寻常体验时，统计结果让人深思：68.9%的人独自一人出过远门，其中融合了大量不辞而别、不听劝阻、我行我素之因素；51.7%的人狠狠地教训过他人，说明其成长过程中曾以拳头、棍棒展现过自身的某种胆量和能力；44.2%的人和异性发生过性关系，说明当今社会开放下未成年人道德观已严重偏离传统的伦理道德；16.9%的人吸过毒品、玩弄过枪支，这些独特的体验，加剧了其犯罪成人化程度。

针对那些个性倔强、唯我独尊、我行我素的青少年罪犯，一些监狱注重用游戏方式，缩短民警和罪犯间的心理距离，消缓罪犯的情绪障碍和改造压力。例如，通过开展“性格牌游戏”，使自闭型罪犯增强沟通技能，帮助其在轻松的氛围中认识组员，学会主动地和别人交流，体会认识朋友的快乐；通过开展“人椅游戏”，让自私型罪犯明白什么是团队和团队精神，个人应如何处理好和团队间的关系，继而引发罪犯理性思考和心理认同，达到警官所期望的目的；通过开展“激怒类”游戏，使冲动型罪犯内在情绪得以释放，使罪犯在游戏中学会与人和睦相处，改掉一些说粗话、脏话的陋习，进一步改善服刑人际关系，避免无意识地伤害别人等。例如，2008年、2009年、2011年，山西省未管所分别与山西太原邦越原创领导力14班、20班青年志愿者以及TA兰夫培训公司共同主办了三项大型公益活动，旨在让未成年犯体验信任、支持、爱与付出等感受，学会如何接纳与关心别人，如何与人建立良好的人际关系，引起热烈反响。

针对青少年押犯中有暴力倾向罪犯比较多这一特点，很多监狱尝试运用音乐疗法来减轻个体的焦虑情绪，释放个体的负性心理能量，提高个体的心理健康水平。例如，江苏省盐城监狱在专题研究中发现，相关罪犯在经过接受式音乐疗法干预后，其躯体化、精神病灶、SCL-90总分、身体攻击、犯罪思维等因子发生显著改善。[①] 新疆巴音郭楞监狱则挑选了由爱党篇、爱国篇、民族团结篇、亲情篇、心理篇、民乐篇、轻音乐篇、励志篇、流行篇和狱园篇共10个篇章100首经典曲目组成的“音乐库”，安排在服刑人员起床、就餐等时间段播放，以此来

---

① 江苏省盐城监狱课题组：《接受式音乐疗法对罪犯暴力倾向干预的对照研究》，载《中国监狱学刊》2012年第3期。

引导服刑人员的改造情绪，推进教育改造质量。[①]

3. 心理矫正

生理健康是一个人成长的基石，而心理健康才是一个人成熟的关键。从全国监狱系统的一些调查看，在押犯中普遍存在各种各样的心理问题。例如，山东某监狱的一项调查显示，约 70% 的罪犯存在不同程度的不健康心理，其中 45% 的罪犯有较为严重的心理障碍；江苏省某监狱的调查结果表明，50% 的罪犯存在病态心理；上海市某监狱的心理门诊中发现，51% 的罪犯存在心理障碍。[②] 因此，及时、正确、有效地评估罪犯的改造心理健康状况，充分运用各种基本或专业矫治技术，帮助罪犯走出心理阴影，走上阳光改造之路，已成为当前监狱工作极其重要一环。特别是 2011 年 5 月《刑法修正案（八）》生效后，高度关注死缓、无期徒刑等重刑犯之改造心态，尽量消减警囚冲突之现实根源，已是监狱工作当务之急。

为使广大青少年犯尽快适应监禁生活，走上积极改造的“快车道”，很多监狱高度重视对青少年犯的心理矫治工作，大力培养心理矫治方面的专业人才，在对罪犯开展普适性心理健康教育基础上，针对不同病态心理罪犯落实相应的个案矫治措施，取得了较好的成效。例如，浙江省未管所多年来把心理矫治工作作为重塑未成年犯道德灵魂的一种重要工具来抓，建立了全所性的心理矫治工作网络，为每一名新入所未成年犯都建立了心理矫治专档，并通过开专题理论研讨会、重点个案集体会诊、外请专家开展常态化的培训等方式，不断推进心理矫治工作深入进行。目前，该所共有国家二级心理咨询师 7 名，三级心理咨询师 66 名，为一大批有心理疾病的未成年犯顺利归正社会指引了方向，也为全所监管秩序的持久安全和稳定奠定了基础。

近年来，一些监狱创新形式，不断拓宽心理矫治的实施路径，注重用法制文艺手段倡扬真、善、美，鞭挞恶、庸、丑，一大表现形式便是经常性开展心理情景剧大赛。此种通过情景再现的形式演绎改造生活中因环境适应、改造压力、家庭变故、人际关系等原因导致心理问题产生的全新形式，充分运用了内心独白、角色互换以及“情绪雕塑”等技术，生动而又形象地展示了解决心理问题的有效方法，引起了广大青少年犯的强烈心理共鸣。例如，江苏句容监狱、南京女子监狱、陕西庄里监狱等多个监狱近年来纷纷举行心理情景剧比赛，并把优秀剧本在监狱内巡回演出。例如，陕西庄里监狱 2012 年 5 月推出了第二部心理情景剧《天使与魔鬼的较量》。全剧第一部分《大家说法》，通过表演式辩论、现身说法、心理咨询师现场点评的形式，促进了服刑人员对劳动改造的认知与思考；第

① 刘玉明、黄云霞：《新疆巴音郭楞监狱为服刑人员建“音乐库”》，载天山网，http：//www. ts. cn，2012 年 7 月 18 日。

② 李莫訑：《我国罪犯心理健康评估现状浅析》，载泰安安然心理咨询与治疗吧，2010 年 10 月 1 日。

二部分《天使 VS 魔鬼》，通过舞台诙谐表演的形式，演绎了一名初涉世事的少年，因好逸恶劳、巧取豪夺而一步步走进监狱，天使又采用一系列感人至深的方式唤醒他的良知，使他最终选择用自己的双手去开创美好的未来。①

除此之外，一些监狱为加强对青少年服刑人员的教育管理，帮助他们尽快适应监狱管理模式，开展了各种行之有效的心理辅导活动。例如，江苏省未管所针对一部分罪犯有“特质愤怒”性格倾向，2010 年 10 月专门组成课题组，挑选了 8 名罪犯分配到干预组进行宽恕团体辅导、对 10 名罪犯分配到控制组不实施干预。民警通过对干预组罪犯进行暖身游戏、回忆受伤害案件、漂白水实验、观看有关宽恕的电视剧、签署“宽恕承诺书”、心理剧会演等团体辅导方式，帮助团体成员在进行宽恕过程中学会更恰当地处理愤怒情绪，促使高特质愤怒未成年犯心理健康成长；2011 年，上海市未管所民警在对未成年犯进行心理健康教育过程中，在全国首创引入日本独特的内观疗法，通过集中内观、日常内观、写内观日记等方式，激发未成年犯内心的愧疚感，提升其对他人、社会的责任意识，打破其顽固地以自我为中心的认知立场，不断增强内观者报恩的义务感和责任感；2012 年 8 月，四川乐山监狱专门对成都未管所调入的 131 名服刑人员，针对他们年龄小、阅历浅、明辨是非能力差和适应环境能力弱的特点，开展了“悦纳环境 自我成长”主题团体心理辅导，引导他们树立健康向上、挑战自我的生活信念。

（五）注重劳动技能的锻炼与培训

懒惰是人生的业障，勤劳是人生的依托。达·芬奇说过：“劳动一日，可得一夜的安眠；勤劳一生，可得幸福的长眠。”青少年罪犯中，有很多高智商人员，他们本可以为国家和社会创造财富，本可以为家庭乃至家族增光添彩，但他们把聪明才智用在了歪门邪道上，走上偷、抢、骗的犯罪道路。除了一些人脑海中有畸形的贪欲需求，人格上有潜在的心理障碍外，很多人内心深处有一种扭曲的劳动致富观在发酵和支撑着。当前，随着监狱职能日趋回归本原，经济管理不再成为监狱工作重中之重，但毋庸讳言，鉴于我国的国情、省情、市情，劳动改造依然是改造罪犯的一大主要手段。

组织青少年罪犯从事习艺劳动，行刑机关主要基于两大价值追求：其一，是端正青少年犯的劳动观念，提高其劳动素养，实现其个人体能、智力和道德的不断完善，这是基本价值追求。通过对其开展系统的劳动意识教育和组织劳动实践，使其真切感悟到劳动的价值与创造之美，从而达到净化心灵、陶冶情操、矫正恶习、热爱劳动的目的。其二，是为社会输送“合格公民”，使其归正社会后能成为自食其力、对社会有用之人，有助于减少其重新犯罪，促进社会和谐稳

① 王颖英、申宁：《庄里监狱第二部心理情景剧精彩巡演》，载法制网陕西频道，http://www.sn.legaldaily.com.cn，2012 年 5 月 24 日。

定，这是根本价值追求。

近年来，很多监管场所着眼省情、市情经济发展中劳动力用工需求热点趋势，大力引进与社会发展相适应的劳动项目与生产方式，积极为青少年犯创造具有一定技术含量的劳动平台，使众多青少年犯在归正社会前能掌握一门以上实用技能。例如，浙江省未管所多年来对习艺劳动场所的定位是：未成年犯学习职业技术、掌握谋生技能、了解市场规则、培养竞争与风险意识、尝试社会化的实验基地和特殊阵地。正是有了正确的功能定位与发展导向，该所建立三十年来，成千上万的未成年犯归正社会后，很快就找到了有发展机会与良好待遇的工作岗位，成为了一群对社会有用的人。

为提高罪犯的劳动积极性，让罪犯体会到劳动的成就感，十多年来，全国监狱系统在实施罪犯劳动报酬方面作出了积极的探索。一些监狱单位纷纷建立了以基本报酬、技术津贴与超额劳动奖励为主要内容的罪犯劳动报酬弹性机制。例如，广东佛山监狱罪犯劳动报酬，2003 年人均每月是 24.61 元，2004 年人均每月是 57 元，到了 2005 年则是人均每月 74.20 元。[①] 浙江省乔司监狱实行的罪犯劳动报酬则由出勤津贴、技术津贴与绩效津贴三项构成，其比例分别为 10%、20% 和 70%。2012 年初，浙江省未管所根据青少年犯的实际状况，确定了成年犯人均每月 100 元（最高 400 元）、未成年犯人均每月 60 元（最高 240 元）的劳动报酬发放标准，每月享受人数至少不低于押犯数的 80%。这一机制之出台，大大消减了那些困难型青少年犯矫正期间因生活零用金、回归储备金严重短缺以及罚金未缴纳从而影响今后减刑、假释而生的紧张情绪。

（六）注重出监前的管教与帮扶

认真开展对青少年罪犯的出监教育工作，有利于巩固前期教育矫正成果，提高青少年罪犯的归正信心指数，引导和帮助其顺利谋生就业。实践中，很多单位在创新罪犯出监管理方面作出了积极的努力，为一大批即将释放的青少年罪犯带去了福音。

一是创新组织管理机构。当前，全国大部分监狱都建有出监监区，以更好地对即将出监罪犯开展集中式教育。但也有很多省份专门成立了出监监狱。例如，2002 年 10 月，湖南省监狱管理局成立了出监监狱，即湖南省星城监狱。该监狱成立后，大力开展面向全省监狱罪犯的出监教育培训、职业技术鉴定、再就业指导服务等工作，受到中央电视台等 30 余家媒体的报道。2010 年，浙江省乔司监狱组建了设有模拟社会实训基地、社区式管理监区、回归服务中心的出监分监狱，对即将刑释人员实施“监禁式—过渡式—社区式”的三级管理模式，受到中央及省级领导的高度肯定。

---

① 杨金仙、单云生：《中国特色罪犯劳动报酬制度研究》，载《浙江警官职业学院学报》2011 年第 3 期。

二是变革出监管理模式。为使罪犯刑满后能尽快融入社会，提高就业创业效率，一些监狱单位在出监管理与教育方面可谓煞费心思。例如，2012 年浙江省第一监狱建成了浙江省监狱系统首个“启迪网”。该网站开设了服刑指南、归正导航、用工信息、网上招聘、资质认证等门户，有利于服刑人员早日进行职业生涯规划，更好地为他们回归社会提供能力培育及就业导航。

三是丰富出监教育内容。为消除即将释放罪犯的迷茫感和失落感，监狱机关围绕形势政策、社会帮扶、创业前途纷纷开展形式多样的主题教育，增强罪犯自谋生路的信心。很多监狱还本着帮一把、扶一程的指导思想，不定期邀请社会高职院校或社会管理部门（如工商、医保、劳动保障等）同志来监授课，让广大罪犯提高认识，坚定信心。例如，2012 年 10 月，江苏省未管所邀请江苏省农林职业技术学院创业指导教师来所开办了为期 5 天的创业指导培训班。培训期间，广大即将释放人员学习了市场营销、财务管理、商业机会和综合运用四大模块 12 个主题内容，[①] 培训效果良好。

四是加强监狱与社会的衔接。近年来，许多监狱积极搭建与社会无缝对接的平台，通过举办监内就业招聘会、开设监内劳动力市场，架起监狱与社会企业沟通的桥梁。自 2002 年 9 月 29 日全国监狱系统首场监内招聘会在山东监狱举办以来，[②] 大墙就业推介会在全国已是遍地开花。例如，2007 年 5 月 24 日上午，新疆监狱系统首场狱内人才招聘会在新疆第四监狱举行，25 家用人单位 300 余个工作岗位供 80 余名即将刑满释放人员应聘。[③] 据网络不完全搜索，全国已有河北邢台监狱、湖北汉西监狱、河南女子监狱、山西平遥监狱等 50 多所监狱举办了面向服刑人员的监内招聘会。

五是认真开展出监宣誓活动。宣誓作为一种郑重的仪式已在很多行业得以推广，它对于引领一个人的思想境界，规范一个人的处世准则，制约一个人的从业行为，往往会产生潜移默化的影响。根据司法部《监狱教育改造工作规定》，出监宣誓内容为：爱国守法、明礼诚信、团结友善、勤俭自强、努力学习、勤奋工作、立志成才、报效社会。认真开展此项活动，有助于广大青少年罪犯实现从“受刑人”到“社会人”的意识转变，进一步增强其改恶从善、重新做人决心。

三、青少年罪犯监禁矫治存在问题及完善途径

在监管矫治青少年罪犯的过程中，全国监狱系统构建了许多有效的模式，实施了许多创新的举措，积累了许多有益的经验，取得了许多可喜的成绩。但随着国内外形势的发展以及党和国家对监狱工作的新要求，对青少年罪犯在监禁矫治

① 《江苏省未成年犯管教所举办创业培训班》，载江苏监狱网，http：//www. jsjy. gov. cn，2012 年 11 月 4 日。

② 田连锋：《山东省监狱开起狱内招聘会 尽显人文关怀》，载《生活日报》2002 年 11 月 21 日。

③ 高静：《招聘会首次进监狱》，载天山网，http：//www. ts. cn，2007 年 5 月 25 日。

上尚存在不少问题，有待理论界与管理层不断地探索与实践。

（一）当前对青少年罪犯监管矫治中存在的主要问题

1. 行刑矫治体制与社会形势发展还不相适应

青少年罪犯特别是未成年犯，如何建立起与他们身心特点相适应的监管与矫治模式，值得深入探讨。目前，对这些特殊人群的监禁矫治，虽然是“单门独院”式进行，但与一般成年犯的行刑模式、监管举措、矫正方法大体相同。从器物层面看，围墙电网、会见设施、监舍布局等可以说完全照搬了成年犯监狱模式；从管理方式看，如罪犯分类、分级处遇、劳动方式等也和成年犯监狱大同小异。虽然1999年，司法部出台了第56号令即《未成年犯管教所管理规定》，给众多未管所运行体制与管理机制提供了工作指引，但就目前的监狱管理体制来看，针对广大青少年罪犯的监管矫治还得靠各家未管所“摸着石头过河”，因为在中央及省级职能主管部门中都没有一个相对独立的业务指导部门，上级出台的规范性文件也极少有专门针对青少年罪犯行刑矫正单独发文的。特别是近年来，随着社会各界对监狱执法与管理关注度越来越高，对监狱安全稳定与执法公正评议与考核越来越细，很多严格管束重刑犯的监管政策与举措也一概在未管所此类本应行刑宽松化的监禁设施内推广适用，这与针对青少年罪犯的行刑开放化、社会化、人文化背道而驰。

2. 教育改造的主导地位尚未从根本上得到确立

从当前对青少年罪犯的矫治政策看，“教育”是“关键词”，也是“核心词”。德国著名刑法学家李斯特有句名言：教育是应对未成年人犯罪的主要手段。[①] 如何使教育改造成为矫正青少年罪犯之治本性手段，做大做精教育改造之“蛋糕”，需要理念之突破，机制之推进。但从目前行刑执法现状看，很多押犯单位对教育改造工作仍然处于“说起来重要，做起来次要，忙起来不要”之状况。特别是一些经济欠发达抑或是监狱财政保障还不够到位的地区，监狱的教育改造职能表面上得以强化，实际执行中却日渐削弱。在很多地区，除了防逃这一监管上的硬性要求，实际工作中教育改造职能之发挥完全受制于监狱的劳动生产状况。针对未管所而言，教育改造工作理应充当监管工作的主角，但现实中未管所在机关科室设置时，除个别省份有教育改造处（如江西，但其行政级别依旧是正科级）外，几乎全是由一个教育改造科在履行和担当繁重的教育任务，另外教育改造科领导职数与人员配备与监狱单位重要科室配置几乎无大的区别，这与国家对未成年犯之矫正工作目标定位极不相符。

3. 外省籍犯罪人员剧增给监管矫正工作带来新挑战

近年来，广东、浙江、江苏等经济发展强劲地区，外省籍青少年犯罪居高不下，由此给刑罚执行机关监管矫正工作带来许多难题和困惑。主要表现在：一是

① ［德］李斯特著：《德国刑法教科书》，徐久生译，法律出版社2000年版，第403页。

对外省籍青少年的假释存在诸多困难。由于这些青少年罪犯户籍地司法行政机关不愿承担社区矫正监管风险，而其释放后居住地有关部门也不愿接管这些流动性强的外省籍人员的后续帮教，故外省籍人员享受法院假释奖励很难得以落实。二是对外省籍青少年的帮教存在区域歧视。现在很多市（县、区）每到年底总要组织帮教团到押犯单位开展集体帮教，然其关爱对象常是本市（县、区）籍人员，其给予监狱单位的一些文化、技术帮教资金与设施，受惠面针对的也常是当地户籍人员，这种地域性歧视让同一个法院判处的外地籍人员感到十分迷茫，从而造成了监管上的一些不和谐、不稳定因素。三是一些外省籍未成年人释放时遇到监管难题。随着对轻罪未成年人量刑从宽概率大大提高，原判刑期在两年以下的未成年犯日益增多。由此带来一个问题是，这些外省籍人员释放时尚未成年，但其释放时无家属也无亲友来接，让其独自回去押犯单位存在监护上的道义责任，派民警护送回家无论是警力配置还是经济支出都是一个两难选择。

4. 对青少年罪犯刑释前重新犯罪预测还存在一些困难

意大利刑法学家贝卡里亚说过，预防犯罪比处罚犯罪更高明。[①] 自从1928年美国学者巴杰斯研制出世界上第一份犯罪预测量表以来，德国犯罪学家希德、日本犯罪与精神病学家吉益脩夫、瑞士犯罪学家胡雷等都对犯罪人员重新犯罪问题进行了深入研究，并取得了一些成果。近年来，我国学者针对刑释人员重新犯罪问题也开展了多重研究，如2003—2004年间，黄兴瑞、孔一、曾赟合作开展的再犯预测研究，2004年江苏省监狱管理局开展的罪犯出监前重新犯罪预测评估，上海市监狱管理局编制的刑释人员重新犯罪电脑测试软件等。但从当前的一些预测量表看，要么是国外的研究成果缺少本土化验证及完善，要么是大众化的针对所有罪犯的重新犯罪预测量表，科学性与可信度有待实践检验。青少年罪犯作为一个独特人群，心理共性特征相对比较集中，揭示其心理特征指标设计相对要简单一些，但目前尚没有一套科学权威的针对青少年罪犯的再犯预测量表。实践中，很多监狱机关立足心理矫治成果、感性改造成绩以及个人掌握技能，在罪犯刑释后向其户籍地公安、司法行政机关寄送了包含再犯预测与重点帮教内容的材料，由于缺少科学理论体系的支撑，并没有引起有关部门的高度重视。事实上，即便建立了一整套关于青少年人群的再犯预测量表，但由于其归正后社会支持体系面临着诸多不确定性，最终预测结果的科学性仍存在再犯时间与空间上的多重制约。

5. 对青少年罪犯的权益保障界限与尺度还很难严格把握

当前，监管矫治机构除了面临防逃、防自杀、防凶杀、防食品安全与生产安全等硬性指标规定的重大压力外，还常面临着罪犯疾病诊治而引起的执法风险问题。1990年司法部、最高人民检察院、公安部联合发布的《罪犯保外就医执行

① ［意］贝卡里亚著：《论犯罪与刑罚》，黄风译，中国大百科全书出版社1993年版，第5页。

办法》第4条规定，对累犯的保外就医从严控制，对少年犯、老残犯、女犯的保外就医，适当放宽。但“如何放宽”，目前还没有权威统一的解释，全靠执行机关自己把关。针对一些患了重病的青少年罪犯，特别是未成年犯、女犯，尤其是入监前就有疾病症状的人员，是该及时保外就医、让罪犯家属承担一些医疗费用还是由监狱机关承担监禁期间的全部医疗责任？管教实务中，很多监狱单位为了减轻社会民众的舆论压力，针对患重症青少年罪犯，除个别病情非常严重短期内有死亡危险外，大多不会对其启动保外就医程序，而是一律寻求社会大医院进行疾病诊治。此举虽然降低了民警的医疗执法风险，减少了涉及医疗的“后遗症”，但易导致警力配备及监护上的紧张，也容易挤占大部分罪犯的医疗保健费用。因此，加紧出台我国《罪犯疾病诊治管理办法》，对监狱之职责边界、民警之执法流程以及罪犯诊治费用、医疗保险等事项作出具体或原则性规定，对于消减监管执法风险、降低警囚矛盾纠纷、规范民警医疗行为，是极其重要之举。

（二）加强对青少年罪犯监禁矫治工作之若干建议

教育、帮助、挽救青少年罪犯，尽量削减其监狱化人格之负面影响，让其在法律范围内享有更多的个人发展机会，已成为衡量一个国家社会进步、法制文明的一大重要标志。积极探索和试行各种行之有效的矫治方法，已是当务之急。

1. 创新对青少年罪犯的行刑矫正模式

当前，刑事司法资源运用非但没有穷尽，相反还有很大的挖掘空间。针对青少年罪犯矫治而言，我国的行刑科学化、社会化进程和世界先进国家还有一些差距。例如，美国监禁刑替代形式多达十种，除了缓刑、假释、罚款、赔偿、社区服务外，还有强化的监督项目、家中监禁、电子监控、中途训练所、连续报告中心等。[①] 我国对青少年罪犯的一些开放式矫治措施很多尚处于尝试阶段，还没有形成操作规范的执法范式。例如，在国家法定重大节假日期间（如春节），对青少年罪犯批准离监探亲工作还存在许多制度上及人为的壁垒；对未成年犯实施学习释放制、寄养家庭制、周末监禁制方面目前还是一个空白；在对青少年罪犯实施恢复性行刑方面，目前只有极小部分人向被害人表达过各种方式的忏悔[②]等。推进行刑工作科学化，对青少年罪犯实施开放式行刑矫正模式，实施路径很广阔。例如，在如何扩大假释适用率上，可充分运用保证金这一执法辅助手段，由其亲属或监护人进行经济担保，担保程序可通过公证来完成，一方面借此强化家属、监护人的监管责任，另一方面对当事人假释期间行为也是一种有力的制约；又如在实施恢复性行刑方面，对青少年罪犯提请减刑、假释前可征询受害人、社区等人员的意见，没有获得受害人、社区谅解的，可按最低标准提请减刑；获得

① 康均心、李娜：《我国未成年人犯罪刑罚执行制度研究》，载《现代法学》2005年第6期。

② 据对某监狱720名因侵害人身、财产关系而入狱服刑的青少年罪犯之调查，得知曾向被害人写信忏悔的占8.5%，以打电话或委托家属等方式表示悔过的占1.8%，入狱后能通过各种方式对被害人进行物质赔偿的占0.6%。

受害人、社区初步谅解、基本谅解和完全谅解的，可按一定的标准提请减刑或假释。另外，可尝试用青少年罪犯的劳动报酬建立监内恢复性矫正基金，以此作为向被害人赔偿损失、服刑期间向社会危急病人献爱心以及罪犯刑释前的个人发展金等用途。

2. 树立教育为先、教育为本的行刑“大教育观”

对青少年罪犯心理与行为矫正，必须大力弘扬“教育”这一主旋律。在具体实践中，要坚持“四个结合”，即把主导性教育与随机性教育、“输血式”教育与“补钙式”教育、传统性教育与现代性教育、特色性教育与社会性教育等有机结合，坚持把外脑教育、自我教育与主客体互动教育良性结合，坚持把课堂讲授、活动启发与谈心谈话教育密切结合，坚持把集体教育、分类教育与个别教育互补结合，不断提高教育矫正的成效。针对青少年罪犯敏感好动、情绪易变、处事鲁莽等特点，要大力尝试运用游戏调适、法制文艺、心理剧会演、团体心理辅导等方式，端正罪犯的思想误区与认识偏见，培育他们以“爱”为核心的健全人格，帮助他们树立正确的矫正目标与生活目标。针对青少年罪犯爱好网络游戏与网络交友这一典型特征，监狱机关应组织人力研发有益身心健康的、具有矫正特色的升级版游戏软件，改变以前一味让广大罪犯听讲座、看视频、搞队列等传统的施教方式。针对一些有学习潜能与学习兴趣的青少年罪犯，行刑机关应积极创造条件，通过开设音乐、美术、英语、电脑等课程，通过和社会大专院校合作办职业技校，千方百计筹集办学资金，实现“育新学校”向“职业技校”的转变。

3. 进一步完善对青少年罪犯的矫正法律制度

青少年罪犯中的重要分支——未成年犯，关联其犯罪与矫正的话题，一直是专家学者与社会民众的一大热点议题。在刑罚执行层面，关联未成年犯的规章目前只有一部发布于1999年的《未成年犯管教所管理规定》（司法部第56号令），但是，此第56号令是根据《监狱法》及《未成年人保护法》之法律精神制定的。现在，《未成年人保护法》已于2012年10月得以重新修订。可见，这部具有中国特色的针对未成年犯的矫正规章已日渐显示其局限性。其最大的不足是对未管所的行刑功能定位、行刑基本模式、财力保障机制等内容没有作出明确规定。因此，国家有关部门有必要出台《未成年犯矫正与监管条例》。另外，受认知和表达能力低下、户籍管理滞后、计划外生育、逃避法律惩罚等因素影响，近年来“自报名”青少年罪犯有增无减。据统计，自2005年至2011年，浙江省未管所共收押“自报名”未成年犯139人，经狱侦部门发函及调查，共收到公安机关户籍证明32人，占23.02%。这些自报名罪犯，根据《浙江省罪犯考核奖惩办法》有关规定，在查实身份之前，原积分无效，另外在呈报减刑时中院也不会受理。针对这些“黑户”型罪犯，如果户籍地公安机关拒绝提供户籍证明，从现有政策看，其受到法律奖励的权利会受到剥夺。因此，省级监狱主管部门有必要针对此类关系到青少年罪犯切身利益的条款予以及时修改。

4. 构建外省籍青少年罪犯矫正、帮教新机制

近年来，大量外省籍青少年在融入经济发达城镇生活过程中纷纷走上犯罪道路，其原因是多方面的，值得深思。从刑罚执行机关而言，如何在职责范围内积极主动地做好对他们的监管、矫正、帮教工作，是摆在监狱机关面前的一大重要任务。鉴于大量外省籍青少年犯在监禁中缺少亲人会见、想学技术又缺少财力支持、缺少社会组织帮教、假释奖励很难落实、释放时无所适从等现象，将来修改《监狱法》或部局、省级机关出台有关制度时，应增加以下三块内容：一是各地帮教团在进监帮教时，应将当地判决的外省籍人员也一并列入帮教范围，特别是一些资金或技术帮教项目，应本着构建和谐、整体关爱的思想扩大受惠犯群，不搞帮教上的本位主义；二是针对一些有悔改或立功表现，假释后不致再危害社会的青少年犯，如果户籍地社区矫正机关难以落实矫正监管的，可由监护人经常居住地、最亲密近亲属所在地社区矫正机关承担其假释期间的矫正监管责任；三是针对那些释放时尚未成年又无人来接之情况，经监狱机关联络，户籍地关工委或司法行政机关应担当一定的来监或至某地接护之职责，相关费用应列入当地政府财政预算。在对服刑人员社区矫正及刑释人员安置帮教方面，江西省已走在全国的前列。据《法制日报》2012 年 4 月 5 日报道，江西开创了全国“六个第一”，即研发建设全省刑释解教人员安置帮教数据库；建立监所与社会“无缝对接”机制；落实服刑人员职业技能培训经费；落实人员接送、半年生活困难补助和企业过渡安置补助经费；出台对刑释解教人员全部由村（居）委会干部陪同亲属接送制度；建立监所、司法局与企业安置帮教基地机制。

5. 变革对青少年罪犯的罚金刑执行方式

据对浙江法院 2006 年至 2011 年对未成年犯判处非监禁刑构成之调查，发现属于单独罚金刑的比例年平均为 7.0%；另据对浙江省未管所 562 名青少年罪犯之调查，得知 72.3% 的人员有数额不等的罚金，但有 45.6% 的家属尚未完全缴纳。目前，很多专家对未成年人适用罚金刑提出了异议，认为此举有悖刑法罪责自负原则，非但难以使当事人受到应有的惩罚，反而易滋生以钱赎刑、以罚代刑之心理；另外，由于未成年罪犯大多没有独立的经济能力，如果其父母或其他监护人不愿代为履行或者没有支付能力，容易导致罚金刑成为“法律白条”，从而有损法律之严肃性。针对一些专家的指责，有学者提出了四种罚金刑的变革方式：一是为避免罚金刑不能得到实际履行，应完善未成年犯选科罚金制；二是对主观恶性不深的未成年犯判处罚金刑缓刑；三是罚金刑可以由自由劳作即社区服务来抵免；四是确立日额罚金刑。① 这些建议充分借鉴了外国少年司法之通行做法与成功实践，与我国而言非常具有现实指导意义。当前，很多行刑机关比较纠

---

① 沈玉忠：《未成年人犯罪特别处遇研究》，中国长安出版社 2010 年版，第 146 页。

结的一大问题是，在对青少年罪犯监管矫正同时，又多了一项督促其家属履行法院罚金缴纳义务之职责，否则家属无特殊理由拒不缴纳罚金的将影响其子女的减刑或假释权益。这种由法院与监狱联合、成效明显的罚金刑执行方式，对于那些不具备罚金缴纳能力的特殊家境青少年犯而言有失法律之公正、执法之公平。实践中，与其让罚金判决成为形式上的“法律白条”，不如在刑释前让其通过公益性社区服务（如卫生保洁、关爱护理、河道清理等）以作抵免，来彻底了结其附加刑执行上的“信用污点”，这未尝不是一种司法上的创新与突破。

6. 建立青少年罪犯刑释前失业保险制度

大量青少年犯出身农村低收入或是城镇工薪阶层家庭，其刑满后面临的一大主要困惑在于对就业谋生缺乏自信。因为当今社会，随着大量毕业生、部队退伍军人等走上社会，服刑人员由于其“犯罪标签”在刑释后常面临制度与人为的歧视，以致在就业谋生方面处于弱势地位。针对那些刑释后两年之内还找不到工作之年轻人，如果能定期领到一笔失业救济金，每月基本生活有一些保障，后期帮教能及时跟进，有助于降低其重新犯罪概率。现在，很多企业都为员工缴纳“五险一金”，其中有一险便是失业保险，但在为服刑人员办理失业保险方面目前还是一块空白。1999 年 1 月 22 日起施行的《失业保险条例》第 2 条规定，缴纳失业保险的对象是城镇企业事业单位及其职工。虽然行刑机关和罪犯之间不存在劳动合同关系，彼此不具备平等的民事法律关系，监狱企业没有为罪犯这一特殊员工缴纳失业保险之强制性规定，但是立足于促进社会和谐、降低重新犯罪这一角度，积极探索为广大青少年犯建立刑释后失业保险制度，还是有很大的实践空间。如果刑罚执行机关能创新自身监管范围内的监狱企业管理模式，着眼于当地职工最低工资标准，以劳动报酬形式为青少年犯缴纳一定额度的失业保险费，作为刑罚执行与民生保障领域的创新探索，各级政府劳动保障主管部门应予支持。当然，如果省级监狱主管部门和省级劳动主管部门能共同出台关于为特殊人群办理失业保险的相关规定，这对于广大青少年犯而言无疑是最好的政策福利。

（撰稿：周荣瑾　孔　一）

第五章　青少年罪犯的心理矫治问题

心理矫治被看作除狱政管理、教育改造、劳动改造之外的第四大罪犯改造手段，对于青少年犯罪的成长和可持续发展起到非常重要的作用。与成年犯相比，一方面，青少年罪犯在心理方面承受的压力更大，也更多地表现出忧郁、焦虑、绝望、敌意等极端情绪；另一方面，青少年罪犯也具有较大的可塑性，犯罪生涯较短，世界观、人生观尚未定型，有利于进行转化，从而避免重新犯罪。因此，心理矫治工作成为预防青少年重新犯罪的主要手段之一。本章立足于青少年罪犯心理矫治的工作现状，从心理矫治的措施、社会效果、存在的问题及对策等方面展开论述，以进一步促进心理矫治的规范化和专业化，为青少年罪犯重新回归社会打下良好基础。

一、青少年罪犯的心理矫治的现状、特点和社会效果

（一）青少年罪犯的心理矫治现状分析

我国的罪犯心理矫治工作起步较晚，现在正处于初级阶段。早在改革开放初期，我国对罪犯的心理进行分析就有所涉及，但心理矫治工作在大范围内受到重视是改革开放后，我国的犯罪率出现第五次高潮，监狱在押罪犯数量猛涨，青少年犯罪率持续增加，犯罪手段日益暴力化和成人化，使得人们重新审视罪犯的重新社会化问题，对罪犯改造工作提出了更高的要求。同时，矫治理念的不断发展和心理学知识的日益普及，也使得罪犯心理矫治工作逐渐得到人们的认可，罪犯心理矫治工作开始逐步发展起来。2003 年，司法部颁布的《监狱教育改造工作规定》（司法部第 79 号令）第七章中设置了“心理矫治”的内容，就监狱罪犯改造中自理矫治的运用方法、原则、工作人员的设置等方面进行了规定，2007 年司法部《教育改造罪犯纲要》中明确要求发挥“心理矫治对罪犯心理的调适、干预作用”。青少年罪犯的心理矫治工作也是在此基础上逐步发展起来的。目前，青少年罪犯的心理矫治工作具有以下特点：

1. 在地位上，心理矫治工作得到不断提高

青少年罪犯的矫治一直是一个难题。长期以来，人们对待青少年罪犯问题也一直在两种立场之间徘徊：一种是传统的家长式矫正立场，主要采用了教育和矫正的方式，主张充分维护青少年的法律权利并给予他们改错的机会。其建立的基础是对青少年心理发展不成熟性的推测，认为他们还不具备足够的能力来行使自己的自由意志。另一种是报应式的惩罚主义立场，主张应该给予未成年人和成年

人相同的惩罚，以使他们充分理解这种行为的否定性价值。其建立的基础是认为未成年人已经有了辨别是非的能力和一定的自我控制能力，并尝试承担成人的角色，社会就不应该听之任之并为此付出沉重的代价，而应该赋予他们相应的法律责任。同样，以行刑为主要目的的监狱机关，也同样会面临这种困惑，惩罚、监禁和矫正三个不同目标彼此相去甚远，甚至互相矛盾。尤其是近年来青少年犯罪率的不断增长，犯罪手段的残酷血腥，使人们开始重新思考惩罚的效度问题，认为对青少年适用较轻的刑罚，并不能使他们幡然悔悟，不能认识到自己犯罪的严重后果，并纠正错误重新做人。近年来，随着西方“回归模式”以及“恢复性司法——从报应到恢复”等理念的传播和普及，使人们更加认识到应该以罪犯的回归社会和可持续发展作为改造罪犯的最终目标，至此，心理矫正的重要性取得了共识，心理矫正的地位不断提高，成为我国现代罪犯教育改造体系的重要组成部分，在机构的设置、组织保障、人员配备、技术支持上具备一定的相对独立性。

2. 青少年罪犯心理矫治的机构建设日益完善

目前，很多监狱机构都正式开展心理矫治工作，并着手建立较完善的组织机构，组织结构的设立有四个层次：一是由省、市监狱管理局建立罪犯心理矫治工作指导中心；二是监狱成立罪犯心理矫治机构；三是在监区建立心理咨询室和心理矫治工作室；四是在罪犯中成立心理互助小组，定期召开心理讨论会，以小组为单位，开展各种活动，如心理剧的表演以及各种团体活动等。目前，大多数监狱都具备了较为完善的组织机构。

3. 青少年罪犯心理矫治的规章制度更加具体明确

规章制度的建立，有利于使心理矫治工作走向科学化和规范化，从而有力地推动心理矫治工作的开展。首先，由司法部牵头建立罪犯心理矫治规章制度。例如，司法部颁发的各项文件，包括《监狱教育改造工作规定》（司法部第79号令）、《教育改造罪犯纲要》、《司法部关于加强监狱心理矫治工作的指导意见》等。其次，各个省、市地区也为了保证罪犯心理矫治工作的顺利开展，根据自身条件，也纷纷建立了相应的制度规范，如《心理咨询员守则》、《罪犯心理咨询办法》、《心理咨询热线管理办法》、《罪犯心理测量注意事项及程序》等规章制度，有的监狱系统则以监区做平台，对心理矫治的规章制度与入监教育、法律援助、阳光救助、服刑指导、回归设计等活动相融合，建立了罪犯从入监到出监的全过程科学化评估体系。

4. 心理矫治人员队伍建设日益专业化

根据司法部2003年颁布的《监狱教育改造工作规定》（司法部第79号令）第49条规定：“监狱从事心理测验、心理咨询工作的人员应当具备以下条件：（一）取得心理咨询员、心理咨询师、高级心理咨询师等国家职业资格证书；（二）具有强烈的事业心和高度的责任感；（三）具有良好的品行和职业道德。

监狱可以聘请社会专业人员参与对罪犯的心理矫治工作。”为了保证罪犯心理矫治工作的顺利开展，从监狱管理局到各监狱内部都把心理矫治工作人员的培养作为一项重要任务，努力加强罪犯心理矫治工作干警队伍建设，提高干警自身心理素质和对罪犯进行心理矫治的能力。一方面，监狱系统会选派年轻的具有高学历的警察参加继续教育，取得相应的咨询师资格，另一方面，监狱还会聘请高校、研究机构的心理专家对罪犯进行系统的心理矫治工作或者直接招录专业人员专门从事矫治工作。

5. 罪犯心理矫治内容更加全面、具体、个性化

罪犯心理矫治，是指应用心理学的知识、方法和技术，对有心理问题或心理异常的罪犯进行治疗，帮助他们消除障碍，解除心理矛盾，完善自身人格，适应社会需要，实现人生价值。对罪犯进行心理矫治的主要目标是：（1）适应监狱环境，特别是对于那些初次进入监狱的罪犯来说，由于不适应监狱生活，会产生严重的心理和情绪问题，产生拘禁反应，心理矫治人员应当帮助罪犯解决问题，预防情绪的过激反应；（2）消除个人缺陷，通过心理教育、心理辅导和心理咨询的方式，帮助罪犯改变错误认识、疏泄消极情绪、矫正不良习惯、发展自控能力以及改善人际关系，从而使罪犯能够按照社会化的要求形成积极心态，养成良好习惯，塑造健康人格；（3）对于有轻微心理紊乱的罪犯，进行心理治疗；（4）对有特殊经历的罪犯进行危机干预，帮助他们早日走出心理危机；（5）培养守法心理，帮助罪犯发掘自身的潜力，自我发展回归社会的积极性和能力，自觉抵制外界的诱惑，不再进行违法犯罪。

为了实现上述目标，针对罪犯的特点，我国监狱机关在罪犯的心理测量、心理诊断、心理咨询、改造质量的心理学评估、再犯罪心理预测等方面做了大量工作，主要有如下几个方面：

第一，建立科学的罪犯心理测量方法，增强认识罪犯的科学性和准确性。以往，对罪犯的心理评估都是采用传统的心理测量工具，如艾森克个性问卷、卡特尔16种个性因素测验、明尼苏达多相个性测验、SCL－90症状自评量表以及智力记忆测验量表等，由于量表的局限性，很难对罪犯这一特殊人群进行准确评估。为此，许多监狱引进了我国司法部自行设计的“中国罪犯心理测试量表”，并结合其他心理测量工具以及沙盘游戏、行为观察、结构性面谈等多种方式进行测量，提高了罪犯心理评估的准确性和针对性。

第二，建立了系统的罪犯心理健康教育体系。罪犯的心理教育是在罪犯矫正过程中，面向全体罪犯，通过知识传授、行为训练和实践指导等途径，提高心理素质，促进罪犯心理的健康发展，实现罪犯重新社会化的一种教育活动。为实现对罪犯的全员教育，我国各监狱机关综合运用各种教育手段与方法，加大对罪犯的心理健康教育。例如，聘请心理学专家进行讲座、开办心理健康教育课程，组织罪犯观看系列视频讲座、设置传统文化和道德修养书籍阅览室、组织罪犯自

考、创办“心理健康报、自理之友、心理指南、心理导报”等报纸、组织编写罪犯心理卫生与健康教育系列教材、编排心理剧、创作健康操和健康歌等。

第三，初步建立了罪犯心理咨询部门。我国监狱在罪犯心理咨询中采取的方式主要有门诊咨询、团体咨询、电话咨询和网络咨询，组织社会各方面人士参与对罪犯的心理矫治，疏导犯人的情绪，缓解其心理压力。

第四，初步建立了罪犯心理危机干预机制。罪犯常见的危机有自杀、暴力攻击、焦虑、哀痛行为以及脱逃等，属于突发事件。罪犯心理危机干预则是一项系统工程，分为预防教育、早期预警、危机干预、后期跟踪等不同阶段，通过各个阶段采取相应措施，避免危机产生或进一步恶化，从而达到提高罪犯的心理素质、恢复心理平衡，稳定罪犯改造情绪的目的。目前，大多数监狱系统都建立了有关罪犯心理危机干预工程的预案，并在监狱层面正式启动。

第五，初步建立了罪犯心理矫治配套设施。科学的心理矫治所需要的基本设施包括两个方面，即场地和设备。场地包括实施心理测量、心理咨询和治疗所需要的专用的测量室、咨询室、团体活动室、治疗室。基本设备包括合适的桌椅、测量材料、治疗所需的仪器以及团体活动所需要的材料等。目前来看，大部分监狱都有心理矫治的专用场地和基本设备，但在规模和功能上存在很大差异。有的监狱则具备基本的条件保障，仅仅设立了心理咨询室。有的监狱则专门建立了心理矫治中心，建有候诊室、测量室、咨询室、宣泄室、阅览室、静省室以及放松室等。但从目前的发展趋势来看，大部分监狱都加大了对心理矫治工作的资金投入和政策支持。

第六，心理矫治的对象逐渐扩大，由监狱的罪犯扩展到需要社区矫正的违法青少年。近年来，未成年人的社区矫正开始进入街道司法所，主要是与监护人一起进行思想教育。但是，在实施程序上存在一些问题。例如，在有的社区内，2008 年缓刑、保全假释的青少年会由派出所转到司法所，而已出狱的青少年服刑人员则直接到派出所报到，不会再接受司法所的管理，也不去社区报到，因而不会成为心理矫治的对象，也不利于他们的回归。根据我们的调查表明（如表 5－1、表 5－2 所示），青少年犯罪出狱后，1 到 2 年内是犯罪的高峰期，27.5% 的青少年在缓刑、假释乃至社区矫正期间内，会再次实施犯罪行为。

表 5－1　第二次犯罪与第一次犯罪相隔的时间分析

间隔时间	频次	有效百分比（%）	累计百分比（%）
6 个月以内	48	18.1	18.1
6 个月到 1 年	60	22.6	40.7
1 年到 1 年 6 个月	35	13.2	54.0
1 年 6 个月到 2 年	28	10.6	64.5

续表

间隔时间	频次	有效百分比（%）	累计百分比（%）
2年到2年6个月	22	8.3	72.8
2年6个月到3年	10	3.8	76.6
3年到3年6个月	10	3.8	80.4
3年6个月到4年	8	3.0	83.4
4年到4年6个月	6	2.3	85.7
4年6个月到5年	11	4.2	89.9
5年及以上	27	10.2	100.0
合计	265	100.1	

表5－2　青少年第二次犯罪时的所处状态

	频次	应答百分比（%）	个案百分比（%）
缓刑期内	51	17.2	18.0
社区矫正期内	23	7.8	8.1
假释期内	4	1.4	1.4
在监狱服刑期间	31	10.5	10.9
服刑结束1年之内	71	24.0	25.0
服刑结束1年之后	80	27.0	28.2
其他	36	12.2	12.7
合计	296	100.1	104.3

（二）青少年罪犯心理矫治的社会效果

1. 初犯与再犯的认知比较

与普通的成人犯相比，青少年罪犯尤其是未成年犯所受的教育要多一些，特别是基本的学科教育，如语文、法律、道德等，但是，因为刑期较短或因年龄增长而转狱等原因，很难对他们进行系统的心理矫治，社会效果不是很显著。有的未成年犯在被释放后，因为生活所迫，不到两个星期后，就开始入室行窃，重新入狱。在初次犯罪未得到充分的心理矫治的基础上，许多青少年的人生观、世界观、价值观没有得以修正甚至恶性发展，在受到不良诱惑的情况下，会重新走上犯罪道路。因此，与初犯相比，再犯的人生观、价值观将更加定型化，因而更容易形成犯罪人格（如表5－3所示）。

表 5-3　初犯与再犯在价值观、人生观上的差异分析　（单位:%）

项目	调查对象	认知态度			合计
		同意	一般	不同意	
有钱就是有本事	再犯	47.1	29.4	23.4	99.9
	初犯	35.9	36.9	27.2	100.0
要是没有那些朋友，我不会一错再错	再犯	42.0	24.5	33.5	100.0
	初犯	43.8	24.8	31.4	100.0
只有和以前的哥们在一起我才感到快乐	再犯	20.4	31.6	48.0	100.0
	初犯	13.5	28.7	57.8	100.0
现在这个社会只有狠点儿才能活得好	再犯	29.5	24.5	46.0	100.0
	初犯	17.5	26.9	55.6	100.0
我觉得自己已经没什么希望了	再犯	16.5	11.3	72.3	100.1
	初犯	7.3	13.0	79.7	100.0
活在世上就要及时行乐	再犯	37.4	34.0	28.5	99.9
	初犯	33.1	39.5	27.4	100.0
别人都不理解我	再犯	30.3	43.4	26.3	100.0
	初犯	21.5	43.8	34.7	100.0
活在世界上，最重要的是亲情	再犯	83.3	11.7	4.9	99.9
	初犯	87.6	8.6	3.8	100.0
人为财死，鸟为食亡	再犯	45.1	29.9	25.0	100.0
	初犯	36.2	31.4	32.4	100.0
有钱能使鬼推磨	再犯	47.5	31.9	20.5	99.9
	初犯	38.7	32.9	28.5	100.1

从表 5-3 的结果看出，相对于初犯来讲，再犯在人生观、价值观上存在更大的偏差，他们更加信奉“金钱至上”的价值观，认为这个世界是“弱肉强食”的世界，对人生充满了悲观失望，体验到更多的孤独感，同时也希望自己更狠一些，以获取更多的资源。

2. 初犯与再犯的犯罪目的比较

在上述错误认知的基础上，与初犯相比，再犯的犯罪目的会更加明确，有 42.6% 的人将获取钱财作为犯罪首要目的，其次才是青少年心理发展阶段所具有的典型的犯罪目的，如为了朋友、出于好奇以及为了报复、泄愤等。但是，在调查中（如表 5-4 所示），我们发现，在初犯中，仍有 37.4% 的人将“谋取钱财”

作为犯罪的主要目的。这也正说明在青少年第一次入狱乃至犯罪期间（如获得假释、缓期执行），进行心理矫治的必要性和迫切性。

表5-4　初犯与再犯在犯罪目的上的差异分析　　（单位:%）

犯罪目的	再犯	初犯
为了谋取钱财	42.6	37.4
为了维护权益	3.9	4.2
为了报复、泄愤	10.3	10.6
为了性满足	3.7	2.4
出于好奇	21.8	24.9
为了朋友	28.2	32.0
其他	6.1	10.5

注：因为是多选题，百分比的计算是由个案百分比获得。

3. 初犯与再犯的犯罪原因比较

青少年再次犯罪的原因很复杂，在本次调查中，我们从罪犯自身的角度出发，对初犯和再犯的犯罪原因进行对比分析，结果发现在青少年罪犯看来，导致他们犯罪的首要原因并不是经济原因，而是交友不慎、缺乏自制力、不愿吃苦、性格缺陷以及较强的侥幸心理。这一结果说明，在实际情况中，导致青少年重新走上犯罪道路的不是客观原因，而是他们头脑中的固有观念和外在的不良行为习惯。这也说明，我们的心理矫治还缺乏针对性和连续性，还不能够从深层上触动他们的心灵，使他们树立坚强的信念（如图5-1所示）。

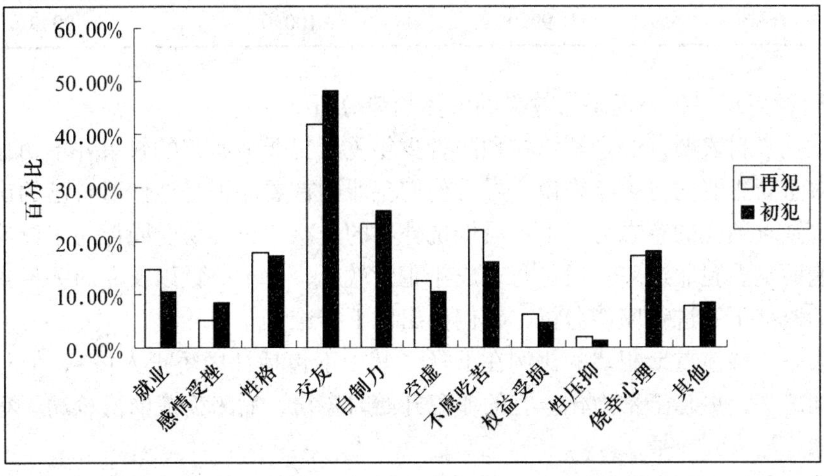

图5-1　初犯与再犯在犯罪原因上的差异分析

4. 初犯与再犯的犯罪类型分析

表5-5的分析表明，初犯与再犯在犯罪类型上存在显著差异，与初次犯罪相比，再犯在犯罪类型上更具有多样性，在暴力犯罪类型上有所减少，但在盗窃、诈骗等犯罪类型上呈递增趋势。

表5-5　初犯与再犯在犯罪类型上的差异　（单位:%）

犯罪类型	再犯	初犯	合计
盗窃	30.9	13.9	16.1
故意杀人	1.8	3.7	3.5
故意伤害	8.9	8.6	8.6
抢劫	33.2	34.8	34.6
抢夺	1.6	0.6	0.7
赌博	0.8	0.4	0.4
猥亵妇女	0	0.5	0.5
诈骗	1.0	2.4	2.2
敲诈	0.5	0.7	0.7
寻衅滋事	6.0	1.6	2.2
贩毒	4.2	9.9	9.1
强奸	2.9	5.9	5.5
组织卖淫	1.0	3.9	3.5
其他	7.1	13.1	12.3
合计	99.9	100.0	99.9

5. 青少年罪犯心理矫治效果的整体趋势分析

上述资料表明，心理矫治在预防青少年重新犯罪上所起的效果并不明显，尤其是对重新犯罪的青少年来说，导致他们犯罪的首要原因是他们对自己的认识不明确，缺乏顽强的意志力，不容易抵抗外界的诱惑，很容易受同伴乃至以前狱友的影响而走上犯罪道路。通过与未成年犯管教所、女子监狱以及专门关押青少年罪犯的监狱干警进行座谈分析，我们得出以下推论：

第一，整体重新犯罪的比例在下降（其中不包括社区矫正人员），但犯罪性质更加恶劣，更趋于暴力化。有的罪犯开始时盗窃，后来变成团伙抢劫。犯罪类型更加广泛。

第二，青少年犯罪类型以盗窃、抢劫居多。盗窃、抢劫的目的主要是获取钱财，其次是好奇和追求刺激。重新犯罪的青少年，在经历了第一次入狱之后，初步掌握了法律知识，了解了自己犯罪的严重后果，因而在第二次犯罪时，倾向于采用比较隐蔽的手段，如抢劫和诈骗等。

第三，团伙犯罪呈逐年增多的趋势。青少年犯罪团伙的主要头目以年长的刑事犯罪嫌疑人为首，成员很多是来自同一监狱的狱友。有的18—25岁的青少年罪犯出狱后，开始在社会上充当小头目，纠合以前的朋友和未成年人，组成新的犯罪团伙实施犯罪。

第四，青少年罪犯的人生观、世界观、价值观还存在很大缺陷，没有坚定而正确的信念，对未来不做规划，缺乏自制力，生活空虚，很容易受外界诱惑。

第五，青少年罪犯普遍意识到了亲情的重要性，渴望家庭的关注和温暖，希望回归社会。通过亲情教育等活动，有80%的青少年真正意识到了家人对他们的支持和关爱，45%以上的人为自己的行为感到悔恨，愧对家人，60%的青少年希望有改过自新的机会。

第六，监狱的教育过于单一、形式化。尤其是在监狱已经改造好了的罪犯，重新面对复杂的社会环境，会很迷茫、无助，产生恐惧感。当前，监狱的矫正措施主要以促进罪犯就业为主。针对青少年罪犯的培训内容，有的监狱除了安排正常的文化课外，还结合当地生产皮鞋、服装的特点，进行职业技术培训和电脑技能培训，建议罪犯取得电脑操作证等证书。刑期较长的罪犯技术越好，越受企业欢迎。但是，鉴于各个方面的原因，监狱的技术培训可能过于单一，如罪犯可能在6个月的时间都在熨烫衣服。当罪犯出狱时，看到以前的朋友过得比自己好得多，加上自己的职业技能较差，竞争力、社会适应力都较差，尤其是发现社会上的价值观与监狱里的主流价值观相差甚远，会形成强烈的反差心理，从而嫉妒、复仇，铤而走险，重新犯罪。

二、青少年罪犯的心理矫正内容和措施

（一）青少年罪犯的心理矫正内容

1. 认识自己犯罪的原因，重新自我定位

青少年的犯罪带有突发性、盲目性和集群性的特点。这与他们所处的年龄阶段密切相关。青少年时期是人生发展的“狂飙时期”，是一个与情绪骚动、精神混乱有着必然联系的发展阶段。最早对青少年的心理特征进行科学系统研究的心理学家G. Stanley Hall（1844—1924）认为：“任何地方的任何人类发展在儿童期与成人期都有一个风暴（storm）与压力（stess）的时期。”① 青少年时期，正好处于这种由野蛮向文明转化的关键时期，因此，注定要经历混乱与不安，注定是无礼而粗暴的。对此，精神病学家安娜·弗洛伊德在《对儿童的精神分析研究》

① Patrick Michael McMullen. *Undue Influence the Impact of Psychological Interrogation Tactics on Juvenile Suspects*. Dissertation, Northwestern University, 2006, p. 7.

一书中指出："儿童在青少年时期保持稳定的平衡状态，这是'不正常的'……青少年期的表现与神经官能症、精神病或敌视社会秩序的症状形式很接近，并几乎是在不知不觉中……几乎所有疾病融为一体。"① 在这一时期，青少年时期具有神经症或类精神症特征：癔症、退行、精神动荡和人格解体，会较多地出现恐惧、焦虑、愤怒、罪恶感、忧郁以及孤独等多种负面情绪，会因缺乏对自己的情绪、价值观、意识形态等的正确的认知而使自己处于混乱状态，也使他们的行为充满了矛盾性，从而使他们自己以及他人都无法对他们的行为进行预测。总之，在这一时期，他们的情绪的稳定性、行为的成熟性以及对行为后果的责任感都还没达到一定水平，从而在这一阶段常常发生行为异常甚至越轨或犯罪行为。

按照心理学家埃里克森的观点，青少年时期的主要任务是建立良好的自我同一性，自我同一性是一种关于自己是谁、在社会上应站在什么样的地位、将来准备成为什么样的人以及怎样努力成为理想中的人等一系列主观感觉。青少年在进行自我整合的过程中，可能会经历角色混淆、自我怀疑、犹豫、冲动、与父母或权威人物发生冲突而出现逆反心理。在这一时期，父母和教师对他们的影响逐渐处于次要地位。他们更加看重自己在同辈群体的地位和评价，希望获得同辈群体的认可，以此进行自我定位。因此，青少年的交友问题尤其要引起我们的重视。在这一时期如果交友不慎，很容易误入歧途。在本次调查中，我们发现，有43.7%的青少年罪犯认为，自己犯罪的原因是交友不慎的结果。此外，父母、老师、同学和其他重要人物的长期关系淡漠或不认同，也会促使他们从社会上结交一些玩伴，以获得归属感和自我认同。下面的访谈案例1可以更加清楚地表明，许多青少年犯罪实际是在犯罪团体中来寻求自我成就感。

案例1：19岁贩毒女犯的自述

年龄：19岁

受教育程度：中职

籍贯：×省×市

第一次罪名：贩毒

刑期：7年

家庭成员：父母离异，先跟父亲，后跟母亲一起生活

犯罪前的生活经历：两岁父母离异，跟父亲一起生活到初中，父亲常年在外做生意，由爷爷带着，后父亲再婚（但没再要小孩，有愧疚感），母亲再婚。小学二年级、四年级时，家里做生意被骗过两次。小时候，我的学习很好。但父亲太严厉，因一次数学考得不好，就大发雷霆。初中时交了一个男朋友，被爸爸误

---

① 转引自［英］朱莉娅·贝里曼等著：《发展心理学与你》，陈萍、王茜译，北京大学出版社2000年版，第235页。

会和看不起男友，要求在读书或与男朋友分手之间做出选择，后赌气与男朋友在一起，就被爸爸断了生活来源。之后，一边读书，一边去娱乐场所挣钱，慢慢地心思不在学习上，开始觉得钱很重要。中考后，为了上学方便，开始与妈妈和继父住在一起，但与妈妈关系很不好，恨妈妈的虚荣心，觉得妈妈自私。尤其在自己生病时去学校医院看病，妈妈竟然在别人面前装作不认识自己。继父是一个中等职业学校负责人，比较关心自己，但是并不认可自己。在中职上学期间，仍在社会娱乐场所兼职，受周围社会关系的影响，开始贩毒，一方面希望可以挣到更多的钱，另一方面满足自己的虚荣心，想做给爸爸看，希望和爸爸认可自己，与爸爸搞好关系。

以上的案例表明，这个青少年的社会支持系统非常脆弱，两岁时相当于被妈妈抛弃，在小学和初中阶段，因父亲常年做生意，得不到父亲的亲情陪伴和关爱，但是却承受着父亲的过高期望。这名青少年其实一直在努力学习，来证明自己，并渴望获得父亲的认同和肯定。但是，在初中交了男朋友，彻底改变了她和父亲的关系，并因为被断了生活来源而接触社会娱乐场所。从她的行为表现来看，自始至终，她的内心都是为了获得对自己的肯定和家人对自己的认可。无论是小学的学习，还是初中时为了男朋友跟父亲断绝关系乃至上中职时为了挣更多的钱去贩毒，都是这一心理动因在起作用。根本原因，是她对自己缺乏正确的定位，不能接受和适应周围的现实世界，因为对现实世界的失望和反抗，形成错误的人生观和价值观，同时在周围同伴的不良影响下，走向了犯罪道路。

2. 疏泄消极情绪

监狱机关进行心理矫治的主要内容之一是对罪犯进行适当的疏导，帮助他们消除疑虑、紧张、焦虑、抑郁、悲观、绝望等心理现象，平衡情绪，并且在这个过程中帮助罪犯形成良好的情绪反应模式，促使罪犯学会有效的情绪调节方式，保持稳定、积极的情绪状态。一般来说，引起罪犯情绪的原因有三个方面：第一，由刑罚制约产生的拘禁心理。拘禁心理，指在被羁押、服刑等各种拘禁条件下，当事人表现出来的各种异常的心理活动。在监狱或者其他监控机构内进行的这种特殊的处遇，往往会给青少年罪犯带来心理和生理上较为强烈的效应，主要表现为人身自由被剥夺而引起的痛苦心理、心情抑郁、失眠、食欲不振、焦躁等生理不适，对大墙内严格的管理制度所产生的恐惧心理，因自身地位的低微而引起的自卑心理，希望改变单调生活状况和自身特殊处境的期望变化心理，以及渴求自由心理和思家恋旧心理等。第二，长期以来所形成的消极情绪，如抑郁、焦虑、敌对、愤怒等。这种情绪反映了青少年长期形成的一种心境状态，与青少年的成长环境密切相关。在对青少年罪犯进行心理矫治的过程中，对以往情绪的梳理非常重要，这些潜意识内的情绪构成最基本的动力来源，会通过各种变式来影响罪犯外在的行为表现。第三，因为突发事件而产生的各种消极情绪，如绝望、抑郁、愤怒、失落，等等。青少年罪犯在服刑期间，可能会遭遇一些应激性事件，如亲人生病或死亡、与朋友断绝关系、受到室友欺压等，从而引发极端情绪，导致自残、自杀、打架斗殴等事件。

在疏导罪犯的各种消极情绪中，最重要的是要帮助罪犯建立起与父母或其他有重要关系的人员的依恋关系，从而重新建立信任感，找回生活的勇气。依恋是一种最重要的积极情感，也是人际相互信任的最初来源和核心。依恋是人在初生时对身边某一稳定抚养人产生的专一的依赖与眷恋、不愿其离开的情感现象。在1—3岁期间，如果孩子的依恋情感能够得到充分发展，孩子的需要能够得到抚养人的充分尊重和关注，孩子就会出现知足、快乐、安静和健康的心理表现，同时对他人也会友好和信任。但是，如果这一时期，抚养人采用错误的教养方式，忽视或拒绝孩子的需求，或者不能始终如一地保持和孩子的互动，孩子就会出现易怒、敌对、封闭自己、拒绝亲密等行为表现，对以后的人格形成造成不良影响，没有形成依恋的人会有终身的社会情感缺陷。依恋感也是抚养人对孩子进行心理控制的资本，让被抚养者心甘情愿地接受抚养者的要求和观念。反之，如果没有抚养过程和依恋现象，抚养人就很难支配和控制孩子的心理。[①] 成年后，他们对社会或他人会比较冷酷和残忍，而且也很难和家人形成良好的亲密关系，遇到挫折时往往采用攻击的解决方式，崇尚暴力，作案手段残酷无情。目前，中国正处于社会转型期，家庭的教育功能逐渐缺失。大量的农民工涌入城市，许多孩子成为留守儿童，缺少父母的抚养和教育，依恋感没有建立起来，一旦进入青春期，和他人进行深入的人际互动时，早期遗留的情感问题就会暴露出来，这与他们早期的教养方式密切相关。

在罪犯的各种基本情绪中，最难发现的是愤怒和忧伤情绪，在各类自杀和暴力性事件中，最基本的情绪是愤怒，在愤怒情绪的作用下，人们会有两种攻击反应，一种是攻击别人，如故意伤害甚至杀人，一种是攻击自己，如自卑、自残乃至扩大性自杀等。相对而言，忧伤情绪的危险性要少一些，忧伤是对失去或不能得到某种重要东西的一种怀念，也是一种告别的情绪。在对罪犯进行心理矫治的过程中，都需要对这两种情绪进行适当的处理，从而帮助罪犯克服以前的心理阴影，重新面对生活。从下面案例2的访谈中，我们会更加明确帮助罪犯识别和处理情绪的重要性。

案例2：24岁女犯自述

年龄：24岁

受教育程度：本科

---

① 李玫瑾著：《犯罪心理研究——在犯罪防控中的作用》，中国人民公安大学出版社2010年11月第3版，第29页。

籍贯：×市×村

罪名：非法传销、非法拘禁

刑期：11 年

家庭成员：父亲（因车祸 15 年神志不清，靠药物维持）、母亲，还有两个弟弟

家庭收入：贫困，上学靠借债

犯罪前生活经历：父母车祸后，家庭一直处于压抑的氛围中，上学的钱都是靠借债来维系。在具有强大压力的家庭环境中，一直努力维持乐观向上的形象，具有男孩子性格，考上大学后，迫于沉重的还债压力（自称亲戚们都等着收获投资），开始尝试为母亲分担压力，在大学交友很多很复杂，交友不慎，接受男朋友和其他同学的劝导和洗脑，想很快赚钱，误入传销，后成为骨干。

在上述案例中，这名罪犯的成长经历与其他具有较长犯罪生涯的犯罪明显不同，在成长过程中几乎没有任何劣迹，如果不是结交行为不良的男朋友，可能就不会走上犯罪道路。但是，这名罪犯在成长的过程中，一直没有处理好情绪问题，实际上，她是通过自我防御的方式，将成长过程中的忧伤、无助乃至因挫折而产生的愤怒情绪都掩盖掉了，整个脸上的笑容一直都是僵的，努力给所有人呈现一个永远充满阳光的形象，以掩盖内心的脆弱，即便是监狱里也一直保持僵化的笑容，整个神经始终处于紧绷的状态，很容易断裂。加上入狱后，发现自己和其他女犯在受教育程度、整体素质上存在很大悬殊以及对妈妈的愧疚感等因素，很容易诱发心理危机。

3. 改变错误认识，建立守法心理

许多青少年罪犯存在错误的人生观、价值观，表 5－3 的研究表明，其中，47.1% 的人相信“有钱就是有本事”，37.4% 的人相信“活在世上就要及时行乐”，45.1% 的人相信“人为财死，鸟为食亡”，47.5% 的人相信“有钱能使鬼推磨”。他们没有正确的是非观念，会为了朋友两肋插刀。他们也没有明确的法律观念，法律意识极为淡薄，40.2% 的青少年罪犯在实施犯罪行为时“没意识到自己在犯罪”，54.8% 的罪犯“想到过，但没想到有这么严重”，甚至 27.5% 的青少年在“缓刑、假释乃至社区矫正期间内”，仍再次实施犯罪行为。为了减轻罪责感，他们编织了一整套合理化的理由，来为自己的犯罪行为作辩解，如“家庭经济条件不好”、“为了生存”、“为了朋友义气”、“为了报仇”、“不了解法律”、“承受不了外界的诱惑”、“这个世界本来就是弱肉强食”、“自己只是运气不好”，等等。

心理矫治除了帮助罪犯建立一个健康的心理外，另外一个重要功能是帮助他们重新认识犯罪的原因，打破他们的心理防御机制，改变他们的认知结构，提高他们正确认识事物的能力，使罪犯形成对自己、他人以及社会的正确认识和观

念，并且使罪犯在以后的生活中，能够正确看待生活中发生的现象和遇到的问题，不再因为错误的认识而重新犯罪。其中，最重要的是帮助青少年罪犯树立强烈的法律观念，充分认识到法律的重要性，形成对惩罚的畏惧心理，学会对守法与违法的利弊得失的权衡，自觉抵制外界的诱惑，坚定以合法手段满足自己需要的理念。

4. 矫正不良习惯

许多青少年罪犯在犯罪前都有很多不良行为习惯，这些不良行为习惯不仅是他们进行犯罪行为的重要因素，也是妨碍他们顺利适应监狱生活和释放后的社会生活的消极因素。（如表 5－6 所示）与初犯相比，再犯的主观恶习较深，他们在还未犯罪前，就形成了一些不良行为习惯和固定的思维方式，很难在短时间内进行矫正。例如，在 16 岁之前就更多地出现说谎、赌博、偷窃、强行拿走别人东西、卖毒品、使用凶器、故意破坏他人或公共财物等。这些习惯的形成一方面反映了他们的主观恶习较深，另一方面也反映出他们的自我控制水平较差，侥幸心理严重。另外，在犯罪行为中，有相当一部分属于冲动型的激情犯罪，因此，在罪犯的心理矫治活动中，要采用系统的行为矫治方式，帮助青少年罪犯在逐渐改变恶习的过程中，也逐渐发展自己的自我控制能力，使他们能够在面临剧烈的精神刺激和外在诱因时，不致再产生情绪冲动和实施犯罪行为。

表 5－6　初犯与再犯在 16 岁以前存在的偏差行为比较　（单位:%）

行为类型	调查对象	经常	偶尔	没有	合计
a. 抽烟	再犯	55.6	28.6	15.7	99.9
	初犯	39.0	30.5	30.5	100.0
b. 喝酒	再犯	27.0	46.0	27.0	100.0
	初犯	21.1	46.6	32.4	100.1
c. 吸毒	再犯	7.1	18.3	74.6	100.0
	初犯	3.9	11.4	84.7	100.0
d. 赌博	再犯	18.6	32.1	49.3	100.0
	初犯	8.4	28.6	63.0	100.0
e. 玩网络游戏	再犯	46.0	25.7	28.3	100.0
	初犯	37.9	31.9	30.2	100.0
f. 谈恋爱	再犯	32.8	33.1	34.1	100.0
	初犯	26.6	39.9	33.4	99.9
g. 说谎	再犯	21.2	60.5	18.3	100.0
	初犯	12.7	67.3	20.0	100.0

续表

行为类型	调查对象	经常	偶尔	没有	合计
h. 使用武器（如刀子、棍棒等）打伤别人	再犯	19.8	35.2	45.0	100.0
	初犯	8.1	25.9	66.0	100.0
i. 偷窃	再犯	11.7	28.8	59.5	100.0
	初犯	3.0	13.8	83.2	100.0
j. 逃票（如火车票、电影票等）	再犯	5.4	13.0	81.6	100.0
	初犯	1.3	4.9	93.7	99.9
k. 卖毒品（如摇头丸、大麻、海洛因等）	再犯	4.1	7.6	88.4	100.1
	初犯	1.9	3.6	94.4	99.9
l. 强行拿走别人东西	再犯	10.2	24.7	65.1	100.0
	初犯	4.3	16.3	79.4	100.0
m. 离家出走	再犯	31.7	36.1	32.2	100.0
	初犯	14.6	37.0	48.5	100.1
n. 逃学	再犯	42.6	36.8	20.5	99.9
	初犯	25.5	43.8	30.7	100.0
o. 故意破坏他人或公共财物	再犯	12.9	24.4	62.7	100.0
	初犯	4.3	18.9	76.8	100.0
p. 流浪乞讨	再犯	6.2	7.3	86.6	100.1
	初犯	1.3	3.3	95.5	100.1

5. 进行危机干预

在心理矫治中，危机干预是一种紧急的、直接的咨询帮助形式。主要是帮助他们解决遇到的一些严重的心理危机。罪犯罪犯的心理危机形成原因很复杂，有些埋藏得很深，危机干预中所干预的目标只能是具体的危机，而不是处理一般的态度行为和价值观的转变，也就是暂时的危机干预并不能解决青少年罪犯长期形成的心理障碍。青少年罪犯常见的心理危机有丧失（如父母离异、失去亲人、失去朋友、无法回家等）、暴力事件（如打架斗殴、被欺凌）等。处于危机中的青少年罪犯可能因为一时的错误认知，使自己陷入悲观、绝望乃至极度愤怒的特殊而混乱的心理状态。通过持续一段时间的危机干预，可以帮助他们早日恢复正常的心理功能。

（二）青少年罪犯的心理矫正措施

1. 采用科学的心理测量工具，积极开展青少年罪犯的心理评估工作

对青少年罪犯进行心理测量和评估，是心理矫治的前提和基础，其中，开展

对新入监罪犯和顽危犯等重点人头的心理评估是评估的重点工作。在本次调查中，我们发现，针对青少年罪犯的评估工具还没有建立起来，主要是采用一些标准化的常用的心理测量量表，如 COPA—PI、EPQ、MMPI、SCL—90、16PF 等。在充分评估的基础上，心理矫治人员可以对青少年罪犯提出分流建议，并评估出有危险的青少年罪犯，为制订防范控制对策和教育改造方案奠定基础，努力消除监管安全隐患。但是，到目前为止，因为测量工具的信度和效度问题，各监狱机关还不能完全依靠评估结果，来决定青少年罪犯的危险程度和改造效果。

2. 采用精神分析理论，帮助青少年罪犯分析犯罪的原因

在对犯罪人进行心理和行为的分析中，心理矫治者多采用弗洛伊德精神分析的基本观点。这些观点包括：

潜意识论。弗洛伊德认为，潜意识具有冲动性、无道德性、反社会性、非理性、非逻辑性、非时间性、非语言性和不可知性等重要特征。尽管这种意识没有被感知，但它也会强有力地影响人们的行为。例如，有的青少年罪犯犯罪行为的后面可能隐藏着四种无意识的动机：对自卑感的过度补偿；摆脱罪恶感的企图；对其母亲的怨恨反应；直接追求对在监狱中过无忧无虑生活的依赖倾向的满足①。

人格理论。精神分析的理论认为，青少年罪犯在人格结构上存在以下缺陷：首先，青少年罪犯具有发展不足的自我。他们经不起挫折，不能处理稳定感、焦虑感和恐惧感，缺乏对诱惑的抗拒能力，以冲动的方式寻求需要的即刻满足，认为满足自己的需要比满足他人的需要更为重要，不能从经验中获得教训，不能处理罪恶感，不能忍受竞争性刺激，缺乏对所有物的爱护等。其次，青少年罪犯具有发展不足的超我，不能控制本能冲动。

防御机制。青少年罪犯会通过一些合理化、认同和反向的方式来摆脱犯罪的内疚和罪恶感。具体包括：否认责任，许多青少年罪犯认为自己走上犯罪道路是偶然的，是在外部力量的控制下不得已才这样干的。否认损害，认为自己的行为没有给他人带来伤害。例如，打架斗殴只是解决问题的方式，大家都可以这样。否定被害者，认为被害者太有钱或是打扮得太招摇等。否认责难者，认为大家都有污点，别人无权对自己进行惩罚。他们不对自己的行为进行反省，反而责怪他人，以转移对犯罪行为的注意力。高度效忠群体，他们把小群体的利益看得高于一切，认为自己的犯罪行为只是遵守集体规则的表现。②

用精神分析的理论观点分析犯罪人的心理，可以揭示引发犯罪行为的许多深层次的心理原因，尤其可以引发对犯罪人早期经历的关注。有助于了解犯罪人潜意识的心理冲突，有助于对于其犯罪心理进行更有效的矫正，预防其重新犯罪。

① 吴宗宪：《西方犯罪学史》，警官教育出版社 1997 年版。
② 刘邦惠：《犯罪心理学》，科学出版社 2004 年版。

矫正人员可以通过心理咨询的方式，帮助青少年罪犯寻找自己犯罪的无意识动机，厘清自己犯罪的心路历程，从而自觉走到回归社会的道路上。尽管这种方法的长期效果比较明显，但是其所耗费的咨询时间较长、心理矫治人员的教育背景不同等原因，在监狱中并没有得到切实有效的运用。

3. 采用合理情绪疗法，帮助青少年罪犯疏导情绪

合理情绪疗法的理论认为，引起人们情绪困扰的并不是外界发生的事件，而是人们在主观上对事件的态度、看法、评价等认知内容，因此改变情绪困扰的主要方式不是致力于改变外界事件，而是改变认知，通过改变认知，进而改变情绪。他认为外界事件为A，人们的认知为B，情绪和行为反应为C，因此其核心理论又称ABC理论。合理情绪疗法的主要目标就是减少青少年罪犯的各种不良情绪体验，使他们在治疗结束后只带着最少的焦虑、抑郁（自责倾向）和敌意（责他倾向）去生活，进而帮助他们拥有较现实、较理性、较宽容的人生哲学。这个目标包含了两层含义，一方面是针对青少年罪犯的心理症状的改变，即尽可能地减少不合理信念所造成的情绪困扰与不良行为的后果，这称为不完美目标；另一方面的含义是使求助者产生更长远、更深刻的变化。

青少年罪犯的不合理信念具有三个特征：首先，要求绝对化。是指青少年以自己的意愿为出发点，认为某一事物必定会发生或不会发生的信念。因此，当某些事物的发生与其对事物的绝对化要求相悖时，个体就会感到难以接受和适应，从而极易陷入情绪困扰之中。例如，有的青少年认为妈妈不可以再嫁、别人决不能看不起自己、自己必须出人头地等。在下面这个案例中，这名罪犯之所以走上犯罪道路，是因为他心中有一个非常不合理的信念，认为自己很厉害，任何人都不可以忽视自己。

案例3：18岁男犯的自白

年龄：18岁

受教育程度：初二下半年自己要求退学

籍贯：×省×市

罪名：盗窃、故意伤害

刑期：6年

家庭背景：与父母关系较好，家庭条件较好。比较受父母宠爱，几乎是溺爱。

经历：在小学经常与同学打架，但学习较好，进入区重点初中，开始迷恋上网，后因打架被学校劝转学，转到一所封闭管理的学校，开始在周六、周日与同龄人一块上网，去街上喝酒、请客、玩。大家轮流埋单，自己没钱了，拿家里的，都没钱了，就去偷。一般都是该犯掏钱最多。在15—16岁期间，共团伙偷窃十余次。在团伙中，有曾经进过监狱的罪犯。在街上碰到一位陌生的未成年

人，被撞后骂了对方，对方回骂，后拿起旁边的石头将对方砸成重伤。

服刑期间，父母经常探望。

犯罪动机：自我显示，经济利益。

其次，过分概括化。过分概括化是一种以偏概全的不合理的思维方式，就好像以一本书的封面来判定它的好坏一样。它是个体对自己或别人的不合理的评价，其典型特征是以某一件或某几件事来评价自身或他人的整体价值。例如，有些青少年罪犯认为“穿得太暴露就是为了引诱别人”、“亲戚都见钱眼开”、“自己赚到钱就可以赢得他人尊重”等。

最后，后果严重化。糟糕至极是一种把事物的可能后果想象、推论得非常可怕、非常糟糕，甚至是灾难的非理性信念。当青少年坚持这样的信念，遇到了他认为糟糕透顶的事情发生时，就会陷入极度的负性情绪体验中，从而诱发极端行为。例如，有的青少年特别担心被他人遗弃，有的青少年认为如果没有钱就没办法面对家人等。在下面这个案例中，这名盗窃犯在17岁时就认为“依赖妈妈是非常丢人的事”、“必须挣大钱，才能解决困境”、“如果挣不到钱，处境立刻就会非常悲惨”等。青少年独自闯世界时，常常会遇到一些挫折和困难，如果不能正确看待甚至产生糟糕至极的想法，就会使他们铤而走险，实施犯罪。

案例4：18岁男犯的自白

年龄：18岁

受教育程度：中专

籍贯：×省×市

第一次罪名：17岁，抢劫，看守所服刑10个月

第二次罪名：诈骗，2年6个月

第三次罪名：盗窃（职务侵占）3年10个月

家庭背景：关系很复杂，两岁时父母均再婚，跟养父一起生活。12岁后与养父关系不好常被养父打。与母亲关系较好。养父工作不稳定，靠母亲给生活费。

经历：中专毕业后找工作，但一直不适合，也再不想依赖母亲。17岁时交了一些酒肉朋友，都是单亲家庭，这些朋友中有一个进过监狱。在没有经济来源（认为自己晚上就有可能住桥洞）的情况下，独自一人抢了一部手机，第二天找同伙实施抢劫被抓住。在看守所服刑10个月，出来之后玩了两个月，想从事一个正当的职业，但遭到父母反对。开始实施网上诈骗（3万元），诈骗手段是跟看守所的同伴学的。后被警方发现，主动投案自首。被释放后和朋友合伙开了一家俱乐部。借了高利贷，在被对方逼急的情况下，将俱乐部的东西自行变卖，合伙人报警，定罪为盗窃。

服刑期间，母亲经常来看望。

犯罪动机：生活，经济来源。

合理情绪疗法是心理矫治人员最常用的方法，也是最普及的方法，它可以帮助青少年罪犯客观地分析现实，进行合理的思维，帮助青少年罪犯改变不切实际的想法，使青少年罪犯意识到对待自己、他人和世界都要宽容，能够容纳别人，从而形成较实际、较开阔和合理的人生哲学。在访谈中，我们发现很多青少年罪犯都不甘于过平淡的生活，在追求上好高骛远，非常渴望能高人一等，甚至为了所谓的远大目标而不惜犯罪。例如，有的青少年罪犯偷窃的目的是和自己的女朋友合伙开一家美容店，有的青少年罪犯为了来钱快去贩卖毒品或者进行网上诈骗，这都与他们的不合理要求密切相关。

4. 采用行为主义的矫正原理，帮助青少年罪犯养成良好的习惯

行为主义矫正技术也是心理矫治中最常用的技术。它根据行为强化的原理，通过建立一系列的惩罚和奖励措施，来规范青少年罪犯的日常行为。在监狱机关，最常用到的奖惩措施是代币制。当青少年罪犯做出良好的行为时，就会得到小红旗或工分票等，作为一种奖励，从而进一步获得居住、生活条件的改善乃至假释或减刑的机会。但是，如果表现不好，也会有一些相应的惩罚，如高度强制甚至延长刑期等。

目前，与精神分析法和认知—理性疗法相比，行为主义疗法在监狱机关的适用性较强，主要用于矫正青少年罪犯的一些不良行为习惯，如抽烟、不讲卫生、爱说脏话等。但是，由于很难建立起一套行之有效的、科学的惩罚奖励系统，再加上管理人员的时间和精力成本较高等，使该方法的应用存在一定局限性，尤其在涉及青少年罪犯的心理层面时，效果不太显著。

5. 通过举办心理健康讲座、制作心理健康小报、购置心理健康书籍等方式帮助青少年罪犯树立健康意识，提高对挫折的心理适应能力

心理健康教育具有可操作性强、见效快、普及面广、适用人群广泛等特点。相对于个体的心理咨询和治疗而言，以广大罪犯为对象的心理健康教育更受到监狱机关的重视。针对青少年罪犯中的一些突出问题，监狱系统进一步加大了心理健康教育的力度，强化对青少年罪犯的心理健康知识教育，努力提高其应对挫折的心理适应能力。在教育形式上，监狱机关更加注重心理健康教育的知识性和趣味性，采用上心理健康教育课、订阅《心理与健康》杂志、自编“心理保健操”、举办心理健康知识图片展、创作心理情景小品和系列心理游戏等方式，寓教于乐。与此同时，各省监狱机关自行制作心理健康教育电视专题片，开展系列心理矫治专题教育，取得了一定成效。

6. 采用团体咨询的方法，帮助青少年罪犯认识自己和提高人际交往能力

团体心理咨询具有互相支持、集思广益、治疗效率高、疗效易巩固的特点，

特别适于人际关系适应不良的人。近年来，监狱机关正在逐步探索将团体咨询引入到心理矫治活动中①。团体心理咨询（含训练）是心理咨询的主要形式之一，是一种在团体情境中提供心理学帮助与指导的重要方式。团体心理咨询和治疗为参加者提供了一种良好的社会活动场所，通过创造一种信任的、温暖的、支持的团体气氛和相应的主题活动，使成员可以以他人为镜，反省自己，深化认识，同时也成为他人的社会支持力量。

团体心理咨询面向对象广泛，主要是针对人的不良行为习惯、不良心态、不良人格特点等进行有针对性的心理素质方面的训练，如社交恐惧症、成瘾行为、反社会行为、抑郁症、焦虑症等。根据埃里克森的“自我发展理论”，少年及青年时期，在个体心理发展规律的作用下，同辈群体的影响远远大于父母以及老师的影响。因此，在青少年罪犯中开展团体咨询活动，效果会更明显。目前，已有一些监狱尝试采用这种方式，但适用对象仅局限于一些偶犯、初犯。相对于其他咨询方式，团体心理咨询的操作会更加复杂。在这种活动中，咨询员没有足够的时间深入处理青少年罪犯的深层的和实质性的问题。此外，受监狱内已经存在的等级关系和犯罪亚文化的影响，在团体内创造一个“温暖而真诚的”氛围会更加困难。

7. 采取社区矫正模式，扩展青少年罪犯心理矫治的范围

在本次调查中，我们发现，很多监狱民警对于青少年罪犯出狱后的心理矫治存在很大担忧。许多青少年罪犯由于在监狱里受到严格的管理，与民警的关系较好，表现得很顺从、听话，也初步建立起正确的世界观和是非观念。但是，一旦他们走出监狱，在复杂的社会环境中，面对多种文化和不良诱惑的冲击，刚刚建立起来的价值观就会受到质疑，并产生动摇，很容易重新犯罪。目前，监狱机关对青少年罪犯减刑、假释的条件比较宽，有些恶习较深的青少年罪犯具有一定风险性，再加上一些青少年罪犯的精神疾病问题没有得到足够重视，一旦他们走向社会，将带来很大的安全隐患。此次调查表明，青少年罪犯出狱后，1—2 年内是再犯罪的高峰期，27.5%的青少年罪犯在缓刑、假释乃至社区矫正期间，再次实施犯罪行为。由此可以看出，仅仅依靠监狱机关来对青少年罪犯实施心理矫治是远远不够的。青少年罪犯重新回归社会后的心理矫治问题应该受到足够的重视。

目前，监狱机关在促进青少年罪犯重新社会化的过程中做了大量工作，包括定期回访、解决生活困难等，其中最难的问题之一是青少年罪犯出狱后与地方政府在继续教育上的衔接。对于这一点，存在很大的区域性差异。有些地方政府对青少年罪犯的教育工作没有足够的重视，甚至把接收工作当作包袱，不利于青少

① 马立骥、杨国强、潘华春、张敏：《团体心理咨询在青少年罪犯心理矫治中的应用初探》，载《青少年犯罪问题研究》2007 年第 7 期，第 50 页。

年罪犯的重新社会化，也为他们的重新犯罪埋下了隐患。有些地方政府比较重视青少年罪犯的回归问题，尝试采用社区干预的方式，投入了大量的人力、物力，帮助青少年罪犯解决现实困难，排除心理困扰，取得了较好效果。因此，开展社区矫正的模式，会为青少年罪犯重新适应社会提供切实有效的帮助。但是，这一模式在制度的衔接、组织结构的协调上还要做进一步调整。例如，在调查中我们发现，2008 年缓刑、保全假释的青少年罪犯会由派出所转到司法所接受社区矫正，已出狱的服刑人员则直接到派出所报到，不再接受司法所的管理，不去报到也就不会纳入社区矫正的管辖范围内。

三、青少年罪犯的心理矫治存在的问题及完善

（一）青少年罪犯的心理矫治存在的问题

综上所述，近年来，我国针对青少年罪犯的心理矫治工作取得了一定成效，但是与青少年罪犯的实际需要还存在一定差距，存在的主要问题有以下几个方面。

1. 罪犯心理矫治定位不明确

虽然在理论和制度设计上，我国已将罪犯心理矫治纳为监狱改造的重要内容，但是在实践过程中，罪犯心理矫治的定位很模糊，认识不到位，重视程度不够。主要存在以下几个方面的原因：第一，改造理念的影响。监狱管理机关内部人员大都树立了传统的监狱改造理念，认为监狱作为行刑机关，主要发挥着惩罚、报复和威慑的作用，罪犯来监狱机关主要是接受劳动改造和思想教育，衡量他们改造好坏的标准是劳动态度和具体工作量，还没有从思想上转变认识，因而具有排斥心理。第二，一些民警认为心理矫治成本高、见效慢、效率非常低，因此会主动避免使用该手段，从而阻碍了矫治工作的开展。第三，罪犯本身对心理矫治认识不足，容易将其与精神病治疗联系起来，拒绝接受心理治疗，从而极大影响了罪犯心理矫治的推广和普及。在上述因素的影响下，罪犯心理矫治工作没有得到足够的重视，发展缓慢，成效不明显。

2. 组织机构和规章制度的设置存在漏洞

我国罪犯心理矫治的机构基本上存在四层，从省、监狱、监区到罪犯内部小组逐一展开，这样的机构设置看似很完整，却与实践相脱节。首先，大部分心理矫治机构隶属于监狱，缺少专门的心理矫治部门，矫治工作与监狱工作混同杂乱，不利于负责心理矫治人员的专心研究和悉心工作。其次，机构的组织成员身份定位模糊。他们大都具有双重身份，既是管教者，又是心理矫治者，很难独立开展工作，这就使得罪犯在咨询中出于自我保护心理，免得以后被控制，而对个人信息进行隐瞒、掩饰，不利于形成良好的咨访关系，也就达不到矫治的目的。最后，缺乏系统的规章制度。我国监狱罪犯心理矫治工作基本上是在司法部下发相关文件的指示下纷纷开始的，到目前为止，涉及罪犯心理矫治的国家统一文件

只有几部，内容设计极为笼统，没有实施方法和措施的具体规定，执行面临无法可依的困境。

3. 缺乏高素质的专业心理矫治人员

首先，目前从事心理矫治工作的人员，很大一部分是原来从事管教工作的民警，大都半路出家，自身心理学的知识技术水平很难适应心理矫治工作。同时，长期形成的人民警察的职业角色定位，容易使罪犯对他们产生畏惧和抵触情绪，不敢表露心声，出现治疗困境。其次，矫治力量单一薄弱，罪犯心理矫治任务的繁重使得他们在工作中处于应付和走形式的局面，很难继续深入。

4. 实施方面缺乏规范性

实施方面的缺陷主要有以下几点：首先，在实施内容设计上，缺乏系统性、连续性和针对性。心理矫治是一个长期的过程，但是由于当前监狱矫治机构任务繁重，矫治人员的多重身份使他们常常会顾此失彼，中断矫治，严重影响罪犯的身心健康和心理状态的调整连续性。此外，咨询次数少、咨询时间短、咨询深度浅，咨询中对罪犯教育的成分多，对罪犯倾听了解的成分少，也使咨询的效率不高。其次，在实施手段方面比较单一，流于形式。虽然监狱设置了多种心理咨询和治疗方法，但是基本上仅有面谈、读书、看报、电话咨询、举办讲座等方式，缺乏有效的双向互动。再次，在实施方法上，虽然采用了认知疗法、合理情绪疗法、满灌疗法、厌恶疗法、模仿疗法、放松疗法、思维阻断疗法、心理分析疗法等多种形式，但是各个疗法应用的频率不是很高，基本上沿袭了针对病态人格的咨询模式。最后，在实施技术标准方面存在很大差距。矫治人员由于缺乏系统的专业训练，在罪犯的心理测量、实验乃至心理评估方面，都容易出现偏差，从而对罪犯的心理问题认识不清，导致相应的对策缺乏科学依据，影响矫治效果。

（二）我国青少年罪犯的心理矫治发展完善的对策

1. 进一步明确罪犯心理矫治的重要地位和理论发展模式

目前，监狱机关已经将心理矫治作为改造罪犯的重要手段，并付诸实施。但是，在实际应用过程中，心理矫治的地位并没有显著提高。根据我们的调查发现，对于青少年罪犯的改造主要分为两部分：基础学习和劳动改造。在这两部分内容中，心理矫治所占的时间和内容都非常少，没有起到应有的作用。相对于青少年罪犯的心理健康而言，监狱机关更关注青少年罪犯回归社会后的就业问题，在培训内容上，除了上文化课和进行电脑技能培训，还结合当地生产企业的特点，进行职业技术培训。通过劳动改造的方式对青少年罪犯进行矫正的效果并不理想，在带有典型强制性的劳动中，青少年罪犯处于被动服从的地位，主要通过挣工分等外在表现形式来获得减刑、假释的机会，思想问题没有暴露出来，内心深处的矛盾也没有得到解决。因此，监狱机关还要进一步改变传统的改造理念，充分重视心理矫治的重要作用，加大对基础设施和人力、物力等方面的投入，关注青少年罪犯的内心需求，挖掘青少年罪犯的心理潜力，以心理辅导和思想教育为主导，将心理咨询、法制教育、思想教育融为一体，促进改造的针对性和有效性，同时也应将青少年罪犯的心理矫治结果列入减刑、假释等的考核指标，促使青少年罪犯早日回归社会。

2. 建立健全完善罪犯心理矫治组织机构和规章制度

建立健全完善罪犯心理矫治组织机构和规章制度，使青少年罪犯矫治工作具备一定的独立性，对于实践操作将起到指导作用，有利于各级各部门认识自己的责任，分清权利和义务，提高青少年罪犯心理矫治工作的效率。首先，在组织结构上，应将监狱民警和心理矫治者的身份区别开来，警察的双重身份给青少年罪犯最直观的印象是自己处在管理与被管理的关系中，一旦袒露自己的心声就有可能被记录在案，个人利益有可能受损，对警察地位和权力的恐惧感，使他们很难与矫治人员形成良好的咨访关系，甚至拒绝接受心理矫治，这对于那些已产生犯罪悔意并寻求指导帮助的青少年罪犯来讲，尤为不利。其次，在规章制度上，应本着本地化、全面性、确定性的原则，建立一套系统完整的罪犯心理矫治规章制度，明确罪犯心理矫治的工作规范，制定统一的标准，使心理矫治工作在工作程序、工作内容以及具体实践技能上都能有法可依，更加科学化和规范化。

3. 加快监狱专业性队伍建设，提高队伍素质

心理矫治专业队伍的建设，是一项长期而艰巨的工作，也是做好矫治工作的根本出发点。监狱系统心理矫治人员的队伍建设分为三个部分：一是利用现有的监狱中懂得心理学理论的工作人员进行培训，参加心理咨询师的资格考试，取得心理矫治的主体资格，成为心理矫治的主要责任人；二是聘请社会上的心理学专业人士负责心理矫治的主体工作，监狱内警察通过观摩学习，提高自己的实践能力；三是利用社会矫正社工进行辅助、协助工作，加大与心理志愿者组织的联系，为青少年罪犯提供更多了解社会和接近社会的机会。监狱机关通过对民警的心理学理论培训以及外界资源的引入，可以逐步提高矫治工作队伍的整体素质和业务能力，从而在青少年罪犯的心理测量、诊断、评估和干预上提供科学的依据，也能为青少年罪犯的改造质量评估提供一定的指导和借鉴。

（撰稿：许永勤）

第六章　青少年罪犯的社区矫正问题

一、青少年罪犯的社区矫正的现状、特点和社会效果

青少年作为一个特殊的群体，主要是指处于14—25岁年龄段的群体，包括一部分成年人和一部分未成年人。从犯罪学和社会学的角度来说，这一群体属于未定型的群体，其可塑性和易变性都较为突出。① 因此对于这一年龄段的罪犯，实施有效的矫治手段，使其不再走上犯罪道路，是十分必要也是完全可能的。在历来的罪犯矫治政策中，青少年罪犯的矫治政策一直是重中之重。

社区矫正又称社区矫治，是指不使罪犯与社会相隔离，并充分利用社会资源来教育改造罪犯的一种矫正方法，是所有在社区环境中教育改造罪犯的方式的总称。② 最高人民法院、最高人民检察院、公安部、司法部于2003年7月共同发布了《关于开展社区矫正试点工作的通知》明确指出："社区矫正是与监禁矫正相对的行刑方式，是指将符合社区矫正条件的罪犯置于社区内，由专门的国家机关在相关社会团体和民间组织以及社会志愿者的协助下，在判决、裁定或决定确定的期限内，矫正其犯罪心理和行为恶习，并促进其顺利回归社会的非监禁刑罚执行活动……"社区矫正最大的优点在于，使罪犯不脱离社会而继续矫治工作，这样一方面罪犯与社会保持接触，能够适应社会的发展，不至于出现与社会隔离过久而致无法复归于社会，最后重新走向犯罪道路的结果；另一方面罪犯在所在社区接受矫治工作，避免了交叉感染，同时也能取得较好的矫治效果。社区矫正制度有利于防止服刑人员交叉感染、防止罪犯形成监狱化人格，对青少年罪犯具有特殊意义。因此，青少年罪犯是社区矫正的重点对象之一，构建一个合理、有效的青少年罪犯社区矫正体系对预防青少年罪犯重新犯罪、实现对青少年罪犯的监管和矫正具有重要意义。

（一）我国青少年罪犯社区矫正的现状

我国从2002年初开始，积极加快社区矫正本土化进程。随着2000年上海成为第一个实施社区矫正的城市之后，北京市于2002年也开始组织开展社区矫正试点工作。2002年初，司法部组成了社区矫正制度研究课题组，对国内外的经

---

① 田国秀：《社会工作理念在社区矫正未成年人罪犯中的运用》，载《中国青年研究》2004年第11期。

② 邓蓉：《青少年犯罪社区矫正刍议》，载《重庆工商大学学报》2008年第2期。

验和做法进行了大量的深入研究，同年 8 月形成了《关于改革和完善我国社区矫正制度的研究报告》，较为全面地介绍了国外社区矫正的情况，对建立和完善我国的社区矫正制度提出了初步构想。2003 年，社区矫正试点工作成为司法部司法行政工作六项改革措施之一，司法部与最高人民法院、最高人民检察院、公安部联合印发了《关于开展社区矫正试点工作的通知》，把北京、上海、天津、山东、江苏、浙江六个省市作为试点，标志着社区矫正在我国正式运行。2004 年，司法部制定了《司法行政机关社区矫正工作暂行办法》，对社区矫正工作的机构、人员及其职责，服刑人员的接收，矫正措施，矫正终止等内容作了相关规定，加强了社区矫正试点工作的制度化、法律化建设，提高对社区服刑人员的教育改造质量。2005 年，最高人民法院、最高人民检察院、公安部、司法部联合下发了《关于扩大社区矫正试点范围的通知》，社区矫正试点由原来的 6 个省（自治区、直辖市）扩大到 18 个，实现了由东部地区向中西部地区的推进，实现了向深度和广度的发展。总的来说，我国的社区矫正起步虽然较晚，但发展迅速，呈现良好的发展态势。

在立法方面，目前，我国关于社区矫正的法律法规主要是《刑法修正案（八）》和《社区矫正实施办法》。2011 年 5 月 1 日实施的《刑法修正案（八）》第 2 条第 2 款规定："原第二款作为第三款，修改为：'对判处管制的犯罪分子，依法实行社区矫正。'"第 13 条规定："……对宣告缓刑的犯罪分子，在缓刑考验期限内，依法实行社区矫正……"第 17 条规定："……对假释的犯罪分子，在假释考验期限内，依法实行社区矫正……"这一规定更是从《刑法》的高度确定了社区矫正作为与监禁并存的另一种执行方式。并且《刑法修正案（八）》不再将未成年犯罪人纳入累犯的主体范畴，这也为多次犯罪的未成年犯罪人适用缓刑，实现对其教育矫正提供了法律上的依据。此外，还对未成年犯罪人的前科报告义务作出了限制性规定，对于犯罪的时候不满 18 周岁被判处五年有期徒刑以下刑罚的人免除前科报告义务，这对未成年犯罪人回归社会，正常学习、工作和生活具有积极的意义，有利于未成年人社区矫正活动的开展。2012 年 3 月 14 日通过的《刑事诉讼法》立足于我国长期的少年司法实践经验和成果基础，在"特别程序"一编中专门规定了未成年人刑事案件诉讼程序，以法律的形式明确规定了未成年人犯罪的审理原则，这也为未成年犯罪人社区矫正活动确立了"教育为主，惩罚为辅"的指导原则。而法律援助制度、合适成年人在场制度和附条件不起诉制度的法定化也是对少年司法实践经验的肯定，有力地配合了社区矫正的进行和开展。其中的社会调查程序使得对未成年犯罪人定罪量刑更加规范化，犯罪记录封存制度则和《刑法修正案（八）》中的免除前科报告义务相一致，有效地实现了实体法和程序法的对接，保障了未成年犯罪人的合法权益，使其能够更好地进行社区矫正，从而尽快回归社会。

当然，《刑法修正案（八）》中有关"依法实行社区矫正"的规定只是解决社区矫正的法律依据问题，其内容相当原则。在司法实践中，依然存在许多制约社区矫正发展的法律性和制度性的障碍，有必要制定一部专门的社区矫正法，对社区矫正的法律性质、适用范围、监督管理措施、保障体系、工作程序以及社区矫正机构和人员的设置、职责、权利和义务，执法监督，法律责任等作出明确规定，为社区矫正工作的健康顺利发展奠定更好的法制基础。

2012 年 3 月 1 日，最高人民法院、最高人民检察院、公安部、司法部联合制定的《社区矫正实施办法》开始实行。《社区矫正实施办法》是根据中央司法体制机制改革的任务要求，贯彻《刑法修正案（八)》，总结提炼社区矫正试点试行成功经验，制定的规范统一全国社区矫正工作的规范性文件。它完善审前调查评估、矫正小组、分类管理、个别教育、个案矫正等一系列行之有效的矫正措施，统一规范接收、监管、处罚、收监等主要执法环节，是一个程序操作办法，对社区矫正工作体制、制度和工作程序作出了全面规范。《社区矫正实施办法》对未成年人社区矫正进行了原则性规定，促进了未成年人社区矫正工作的开展。

（二）我国青少年罪犯社区矫正的特点

1. 现阶段，青少年罪犯社区矫正特别是未成年人的社区矫正在各地“踊跃”试点，地方色彩浓重

例如，广州市采取社会教育、感化、挽救违法犯罪青少年“金不换”工程，采用符合青少年身心特点的审判方式，形成了矫治和预防的功能体系。该体系中缓刑帮教制度最具特色，该制度规定在判决生效后，法庭对每个缓刑少年犯建立考察追踪档案，指派两名陪审员跟踪帮教，并将少年犯的表现写成书面报告呈报主审法官。法官、陪审员与少年犯的家庭、辖区民警、街道居委会、村委会、学校等帮教小组须保持经常性联系，定期回访考察，帮助其解决就学、就业困难，使帮教措施见实效。此外，“金不换”工程从 1995 年起开通了“羊城青年热线”，由少年法庭法官与团市委干部、资深执业律师、心理学专家等当场解答青少年的心理、生理和法律问题。①

河北省石家庄市长安区人民法院提出了“未成年人前科消灭”的实施办法。对已满 14 周岁未满 18 周岁的被判刑人员由原审人民法院对犯罪人在服刑期间、服刑期满后的悔过表现是否达到了遵纪守法不致再犯新罪等进行考核、调查，人民法院审查通过后，为申请人出具前科消灭证明书。获得证明书的人员的前科归于消灭，视为未曾犯罪，并依法恢复先前的法律地位。相关部门以适当方式处置其前科材料，其刑事处罚、法律文书不再记入其户籍及人事档案。该制度解决了前科对未成年罪犯将来继续学业、安排就业等方面的不利影响，受到了罪犯家属的欢迎。《刑法修正案（八)》的未成年犯罪人前科免除报告义务出台，从积极的方面来看是对“前科消灭制度”的肯定。

① 姜祖帧主编：《社区矫正理论与实务》，法律出版社 2010 年版，第 115 页。

上海市构建了未成年人考察教育制度。对于构成犯罪的未成年人在审查起诉阶段实行“诉前考察”制度。人民检察院对侦查终结移送审查起诉的未成年人，经审查认为确已构成犯罪，但情节较轻，又有明显悔罪表现且有条件落实帮教措施的，可以结合案件的实际情况采取取保候审，进行3—6个月的诉前考察教育。在审判阶段实行“社会服务令”制度。人民法院在审理未成年人刑事案件中，对尚不具备免刑或者缓刑条件的未成年人可暂缓判决，并以《司法建议书》的形式，要求其在社区或者指定的场所完成1—3个月的社会公益性服务，进行考察教育。①

北京市司法局将加强对未成年社区矫正人员的管理服务作为一项重要课题，积极发挥矫正帮教协调委的作用，公、检、法、司、民政、共青团、教育等多个部门齐抓共管，有效促进未成年社区矫正人员健康成长和融入社会。

浙江省由省综治办、高级人民法院、浙江省人民检察院、浙江省公安厅、浙江省司法厅和团省委等10家单位在全省启动实施了以未成年人社区矫正工作为重点的“社区矫正阳光志愿者行动”，省、市、县三级成立了“社区矫正阳光志愿者”总队、支队和大队，共同做好未成年人社区矫正工作。

2. 已经形成了以司法行政机关为主导，以社会力量参与为辅，依托公、检、法专门机关的联动支持与协调，具体开展对青少年罪犯的教育改造和监督考察的工作机制

从总体来看，为未成年社区矫正人员提供特色服务和全新关怀成为各地做好未成年人社区矫正工作的重要内容。在试点试行工作中，人民法院、人民检察院、公安机关和司法行政等有关部门认真履行职责，相互支持配合。各地普遍建立完善了党委政府统一领导，司法行政部门牵头组织，相关部门协调配合，社会力量广泛参与的社区矫正领导体制和工作机制，全面落实对社区矫正人员的监督管理、教育矫正、帮困扶助三项工作任务，积累了宝贵的实践经验。总体而言，各地区大胆创新、勇于探索，推出了各具特色的矫正措施。例如，强调社会力量的广泛参与、注重对青少年罪犯的特殊保护、积极探索青少年罪犯社区矫正的方式、方法等。但社会矫正工作作为一项系统性工作，缺乏统一的标准，实践中出现了很多问题，并没有真正对青少年罪犯的社区矫正工作进行深入调研，制度设计往往比较粗糙，形式往往大过实质。② 诚然，在社区矫正的试点阶段，只要有利于工作的开展，在制度设计上不必苛求统一或一致，但须强调指出的是，青少年罪犯社区矫正是一项系统工程，是神圣性、规范性、全局性的统一。随着社区矫正工作的深入开展、全面推进，特别是规模和覆盖面的迅速扩大，社区矫正人员的大幅增长，全国社区矫正工作面临着新的挑战，对统一、规范社区矫正活动，提高矫正质量，提出了新的要求。

① 舒洪水：《未成年犯罪人之社区矫正》，载《青少年犯罪问题》2012年第4期。

② 贾宇：《未成年犯罪社区矫正研究》，载《人民检察》2011年第5期。

(三)我国青少年罪犯社区矫正的效果

根据司法部基层工作指导司的统计，截至2007年6月底，社区矫正试点工作已经在全国25个省区市的123个市州、517个县展开，分别占全国省、市、县建制的78.1%、36.9%、18.1%。由此可以看出，社区矫正工作在我国的起步虽然较晚，但其发展速度极快，也有相当乐观的发展前景。目前，我国的社区矫正工作已经全面铺开，从中央到地方，各级机关都在积极努力地推进这项工作。有些试点地区，在经过了几年的实践探索之后，已经开始建立起符合自己地方特色的社区矫正的具体规定与措施。

我国社区矫正工作不仅积极借鉴国外经验，而且紧密联系中国国情，在建立健全组织机构，制定相关的法律和制度，完善矫正方案和措施，确定矫正项目内容等方面为我国青少年社区矫正制度的建立积累了宝贵的实践经验。在全国各地的社区矫正试点实践中，形成了众多有益制度：①考核奖惩制度；②科学的判决前人格调查制度；③志愿者参与制度；④心理咨询与辅导制度；⑤档案管理及信息收集反馈制度；⑥监督制度；等等。

各地适应社区矫正工作性质要求，建立了以司法行政机关执法工作者为核心、社会工作者为辅助、社会志愿者为补充的“三位一体”的社区矫正工作队伍。2003年，作为第一批试点地区的上海市就提出“政府主导推动、社团自主运作、社会多方参与”的总体工作思路。上海市的每个区、县司法局专职从事社区矫正工作的人员一般是两人，每个街镇（乡镇）司法所都有一名专职干部负责社区矫正工作。同时，通过政府购买服务方式，培育各类社会组织参与社区矫正工作，成立了民办非企业的社工组织机构。政府出资向社工组织机构购买服务，按照与社区矫正人员1∶50的比例配备社工，派到司法所从事社区矫正工作。此外，上海市还成立了社会帮教志愿者协会，吸纳企业、个人等会员为社区矫正人员提供帮扶。江苏省努力提高社区矫正工作的社会参与度，全省招聘了2100名专职工作者，这支队伍主要来源于大学毕业生、“四五十岁人员”、企业下岗人员、退休后的村支书、村（居）委会主任，他们协助司法所对社区矫正人员进行教育帮扶、心理矫正等；同时招募了5万多名有一定法律政策水平和专业知识，热心社区矫正工作的社会志愿者，经司法行政部门和志愿者组织登记，自愿协助开展社区矫正工作。各地通过不断探索，逐步建立了一支由司法行政部门执法工作者、一定比例的具有必要的教育背景、良好的专业素质的社会工作者、社会志愿者的社区矫正工作人员队伍，共同担当社区矫正的工作任务，较好地满足了当前工作需要，也为事业的长远发展提供了人才保障。

二、青少年罪犯的社区矫正措施

(一)国外主要国家及地区青少年罪犯社区矫正制度及我国之借鉴

在世界范围内，许多国家及地区对青少年罪犯的社区矫正项目研究已具有相当长的历史，制定了专门适用于青少年罪犯的社区矫正项目，值得我国借鉴、吸收，进一步完善我国的青少年罪犯社区矫正制度。

1. 国外主要国家及地区青少年罪犯社区矫正制度

（1）美国的未成年犯社区矫正制度。美国的社区矫正项目种类繁多，变化也大。美国各州对社区矫正的法律规定不一，总的来说，主要包括转向、缓刑、中间的惩罚、早期的释放和假释。一些州还制定了专门适用于未成年犯的社区矫正项目：①对未成年犯的释放安置：对未成年犯在从监禁机构释放后的安置，类似成人的假释；②养育之家：未成年人法院或家庭法院将儿童从他们自己的家中安置到一个替代的养育家庭；③日矫正项目：罪犯在白天参加矫正项目，而晚上返回自己家中，这一形式曾被广泛地适用于未成年人的社区矫正；④小组之家：为年龄较小的未成年犯提供的以小组为单位进行管理和照料的住所；⑤争取生存的项目：参加者的主要活动包括负重在高山上行走、在高山上野营、锻炼独立生活的能力等。

（2）英国的未成年犯社区矫正制度。英国的未成年犯社区矫正项目主要包括：缓刑、假释、保护观察、社区服务、宵禁、护理中心、监督、行动计划、结合矫正、毒品治疗和检测和补偿。其中，比较有代表性的是社区服务和宵禁。法官可以判处未成年犯进行无偿的社区劳动，以弥补因其犯罪给社会或个人造成的损害。而宵禁是指限定未成年犯在宵禁令指定的时间段里，必须待在特定的地方，如家里或学校，或者在此期间内不得进入酒吧、舞厅等特定场所。随着电子监控措施的利用，保护观察官可以根据宵禁令的指定，让犯人在手上戴上电子标签，以监控犯人的行动。

（3）日本的未成年犯社区矫正制度。日本的未成年犯社区矫正项目比较简单，主要包括：缓刑监督、假释、释放后的安置服务、保护观察和更生保护。对未成年犯的社区矫正处遇主要从事两项活动：一是为预防未成年犯违反条件和重新犯罪而进行的监督；二是为促进未成年犯复归社会的过程和提高未成年犯的福利而提供的帮助。日本的矫正措施主要包括缓刑、假释、罚金、社区服务令、损害赔偿令、保护观察等。

（4）我国港澳台地区未成年犯社区矫正制度。我国香港特区未成年犯矫正的工作机构主要有社会福利署和惩教署。社会福利署通过社区矫正项目的执行，帮助未成年犯改过自新；矫正措施主要有感化令、住院训练、社会服务令。澳门地区法院对违法的未成年人采取以下教育措施：①训诫；②命令作出某些行为或履行某些义务；③教育上的跟进；④半收容；⑤收容。我国台湾地区未成年犯矫正措施有训诫、交付保护管束并命为劳动服务、交付安置于适当之福利或教养机构辅导、入感化教育处所施以感化教育，等等。训诫由少年法院交付少年保护官于假日实施，训诫时通知少年犯的法定代理人或现在保护少年犯的人及辅佐人到场，对少年施以个别或群体品德教育，辅导其学业或其他作业，并可要求其进行劳动服务，使其养成勤勉习惯及守法精神。

2. 外国青少年社区矫正制度对我国的借鉴

我国从实际出发，借鉴、吸收了国外的经验和做法，对青少年罪犯采取了教育为主、惩罚为辅的方针，并通过多种渠道、多项措施，使之得到落实和完善。

（1）社区服务。社区服务可以避免短期自由刑的弊端，减少未成年犯在监狱内交叉感染和增强犯罪意识的机会；可以让青少年罪犯不脱离原有的家庭、学校等其熟悉的环境，保持原有的生活、学习状态，防止其与生活脱节，不需要在刑期届满后重新生活化；还可以减轻青少年罪犯被贴上犯罪标签而带来的心理负担。该刑种符合国际社会对未成年犯非监禁的原则，与联合国倡导的未成年犯处遇一致。我国目前刑事制度中尚无“社区服务令”这种刑罚方法，但在具体的实践中，已经取得良好的效果。例如，上海市长宁区人民法院向部分青少年罪犯发出“社会服务令”，规定了2周至3个月不等的期限到长宁区红十字老年护理医院或居住地所在的社区提供各种公益性服务劳动。我国司法实践也进行了社区服务的有益尝试，如上海、河北、安徽、山东等地实行了社区服务。2012年3月施行的《社区矫正实施办法》明确将社区服务作为一种矫正方法，其第16条明确规定：“有劳动能力的社区矫正人员应当参加社区服务，修复社会关系，培养社会责任感、集体观念和纪律意识。社区矫正人员每月参加社区服务时间不少于八小时。”

在安排未成年犯从事公益劳动过程中，应注意以下几点：一是选择既有劳动内容又有教育意义的工作，如在敬老院、公园、医院做义工等。二是控制劳动强度并做好保密工作，避免其服刑人员身份公之于众。三是促进矫正对象“自省意识”的萌发。在组织公益劳动的过程中，各地根据矫正对象的特点，对公益劳动的形式进行了积极探索。例如，江苏省在试点中探索出四种公益劳动的形式：集中式（由司法所统一组织公益劳动）、基地式（落实劳动基地，定期参加公益劳动）、特长式（根据社区矫正的特长，由社区安排和落实劳动性劳动）、自助式（有固定工作单位或外出务工的，社区落实劳动时间，社区矫正对象自主完成，责任人定期考核）。[①] 这种根据社区矫正对象的个人情况和社会生活状态安排的特长式和自助式的公益劳动形式尤其值得在青少年罪犯中推广，因为这两种方式充分体现了对矫正对象的尊重与信任，因而对于培养其自省意识，积极进行自我矫正发挥了积极的作用。[②]

（2）家庭监禁。家庭监禁在我国也在逐步探索适用。家庭监禁作为一种中间制裁形式，通过维持矫正对象的主要社会关系和社会支持网络的方式，有利于

---

① 周国强：《社区矫正制度研究》，中国检察出版社2006年版，第266页。

② 崔会如：《论未成年人社区矫正制度的完善》，载《中国犯罪学学会第十八届学术研讨会论文集》（上册）。

重塑矫正对象的健康人格，实现刑罚个别化，避免家庭破裂，有效阻断常规监禁环境中的交叉感染，并能降低改造罪犯的成本。有学者主张，视青少年罪犯的具体情况，家庭监禁可以分为宵禁、家中限制和家中监禁等不同层次。对于一些罪行轻微的青少年罪犯，可以采用宵禁。对于违反宵禁规定的青少年罪犯或者其他罪行较重的未成年犯，可以采取限制上网、限制使用电话等方式限制其与外界的沟通。对于一再违反规定的青少年罪犯和其他有不良行为的青少年罪犯，可以适用家中监禁，即不能走出家门、不能与外界进行沟通，等等。为了更好地对青少年罪犯的情况进行监督，国外通常将家庭监禁和电子监禁相结合。在我国青少年罪犯家庭监禁的过程中，除利用传统的人力资源以外，还可以根据当地的条件，辅之以现代科技手段。近年来，苏州沧浪区按照“教育为主、管理为善、成效为旨”的工作思路，自主研发首创社区矫正移动信息管理平台，通过 GPS 手机定位对矫正对象进行实时跟踪，收到良好的效果。鉴于手机作为一种通信工具在我国已经基本得到普及，这种做法值得推广。

（3）养育家庭制度。在现实生活中，有一部分父母因为种种原因，不适宜或无力承担起对犯罪未成年人的教养责任。尽管按照联合国有关文件的规定“不应使少年部分或完全地离开父母的监管”，但是在特定情况下，应当允许规则的变通。从我国的国情来看，除问题家庭以外，在我国至少还有来自下列两类家庭的未成年犯很难获得必要的、稳定的家庭环境。一是留守儿童。据统计，我国农村 16 岁以下的未成年人中，留守儿童已超过 1000 万，占整个农村 6—16 周岁义务教育阶段儿童总数的 48%。由于家长的缺位、教育的缺失，大量留守儿童的存在，一方面使得农村未成年人犯罪率有所上升，另一方面给这一部分未成年人中的犯罪人员适用社会化刑罚带来了困难。二是服刑人员子女。据司法部预防犯罪研究所对全国 31 个省的抽样调查显示，截至 2005 年底，在我国监狱服刑的 156 万名在押犯中，有未成年子女的服刑人员近 46 万人，占在押犯总数的 30% 左右，服刑人员未成年子女总数逾 60 万人。调查还显示，监狱服刑人员未成年子女犯罪占这一群体总数的 1.2%，远远高于全社会未成年人犯罪率。《联合国预防少年犯罪准则》第 14 条规定：“如缺乏稳定和安定的家庭环境，而社区在这方面向父母提供帮助的努力又归于失败，同时不能依靠大家庭其他成员发挥这种作用的情况下，则应考虑采取其他的安置办法，包括寄养和收养……”确实，对于那些犯罪情节不是非常严重的未成年犯来说，一个稳定的家庭，也许就是对其最好的矫治。养育家庭对于那些必须从他们自己家中出来的未成年犯来说无疑是必需的。最好的养育家庭能够为未成年犯提供类似他们自己家庭的环境，能对他们提供特别的关心、爱护并营造真正的家庭环境的氛围和情感，从而使他们形成亲社会的价值观念和行为方式。就养育父母而言，应该是具备法学、社会学、心理学、教育学知识的成年人，且热心青少年教育工作，有较强的责任心，能够以自身的言行举止去影响未成年犯，帮助他们学会适应社会生活。[①]

（二）青少年罪犯的社区矫正措施

在“宽严相济”刑事政策的指引下，我国针对青少年犯罪应当采取“宽缓为主，严厉为辅”的具体刑事政策，并相应地建立起符合青少年罪犯特点的社区矫正措施。结合外国社区矫正的实践经验和相关研究成果来看，青少年罪犯社区矫正要实现其作用必须兼顾两个方面：一是必须使矫正对象受到一定程度的惩罚，二是为矫正对象回归社会创造条件。当前实践中，我国未成年人社区矫正的主要项目有公益劳动、思想教育、法制教育、社会公德教育、技能培训、心理矫正以及就业指导、生活指导等。针对我国青少年犯罪的实际情况，笔者认为，应当侧重以下措施的贯彻实施：

1. 坚持个案矫正

青少年矫正对象之所以走上违法犯罪的道路，与他们的成长环境有着密切关系。因此，社区矫正工作人员在对未成年矫正对象开展矫正工作时，应全面调查未成年矫正对象的成长经历、家庭背景、亲朋关系等，根据调查情况，结合他们的个性特征、犯罪性质，分析其不良行为的原因，查找其犯罪根源，有针对性地制定个案矫正措施、明确矫正工作目标，帮助其增强法律意识，确保有效矫正，使其能早日回归社会。

在实际操作中，应建立青少年罪犯的危险评估机制。危险性评估是根据服刑人员各种变量因素来进行综合打分，如罪犯的犯罪性质、犯罪的历史、个人特点、家庭状况及环境等。根据事先对适用对象的社区矫正风险评估，可将社区矫正的对象划分为三级，即安全级、重点关注级、高危控制级。社区矫正工作人员在评估的基础上形成针对该未成年罪犯的全面评估报告。其中人格调查是危险性评估的核心内容。所谓人格调查，是指对矫正对象在决定实施社区矫正前，由社区矫正机构的专门人员，对矫正对象的犯罪背景、一贯表现、素质和生活环境等，进行专门调查，并对其人身危险性和再犯罪可能性进行系统评估，作出科学分析的制度。一方面社区矫正人员通过人格调查，评估未成年犯的社会危害性程度，判断对其是否适合社区矫正，并提出相关建议。另一方面可以对适合进行社区矫正的未成年犯根据人格调查的结果开展有针对性的矫正，提高矫正的效果。[②]

对此，《社区矫正实施办法》第4条做出了明确规定：“人民法院、人民检察院、公安机关、监狱对拟适用社区矫正的被告人、罪犯，需要调查其对所居住社区影响的，可以委托县级司法行政机关进行调查评估。受委托的司法行政机关

① 崔会如：《论未成年人社区矫正制度的完善》，载《中国犯罪学学会第十八届学术研讨会论文集》（上册）。

② 吴志宏：《建立和完善未成年犯社区矫正制度》，载《社会科学家》2010年第2期。

应当根据委托机关的要求，对被告人或者罪犯的居所情况、家庭和社会关系、一贯表现、犯罪行为的后果和影响、居住地村（居）民委员会和被害人意见、拟禁止的事项等进行调查了解，形成评估意见，及时提交委托机关。”第9条规定：“司法所应当为社区矫正人员制定矫正方案，在对社区矫正人员被判处的刑罚种类、犯罪情况、悔罪表现、个性特征和生活环境等情况进行综合评估的基础上，制定有针对性的监管、教育和帮助措施。根据矫正方案的实施效果，适时予以调整。”

实践证明，对拟适用社区矫正的被告人、罪犯开展的调查评估，能有效地对社区矫正人员是否适用社区矫正进行评估，提高风险预见性，真正把严了社区矫正“入口关”。同时，通过开展适用前调查评估，有利于确定社区矫正人员的居住地，进一步加强和规范司法行政机关同有关职能部门之间的有效衔接，从源头上避免社区矫正人员脱管、漏管情况的发生。社区矫正机构根据评估报告，确定对每一个青少年罪犯采取个性化的监管、矫治计划及实施方案，以达到矫正其犯罪心理与犯罪行为的目的，使其能够更好地回归社会。

2. 加强思想矫正

针对青少年矫正对象易于感化的特点，在对青少年矫正对象进行矫正时，除定期汇报思想和活动、限制权利、公益劳动等措施切实落实外，应侧重于教育感化，加强思想矫正。集中教育每月一次，有授课、座谈、讨论、咨询、参观等形式。个别教育每月两次，形式为个别谈话、家庭走访和电话访谈等。内容包括法制教育、思想道德教育、社会保障政策教育、生活辅导、行为矫治教育和思想文化教育等。青少年矫正对象存在逆反心理，在对其进行思想矫正时，一味地进行说教有时并不能取得预期的效果，反而会适得其反，因此，矫正工作者除了采取主动的谈话教育、课堂教育之外，还应开展形式多样的互动教育，提高他们的思想认识，激发、增强他们参与矫正活动的积极性，真心实意地接受改造。

3. 注重心理矫正

青少年违法犯罪有其复杂心理上的原因，为达到矫正的目的，必须首先消除未成年矫正对象违法犯罪的心理原因。重塑其健全的心理和人格，是矫正成功的关键。心理救济由于专业性较强，应组织心理专家或心理医生进行，内容包括心理健康教育、心理测验、心理咨询，严重的还要进行心理疾病治疗以及建立心理档案。开展心理辅导前首先应当对未成年矫正对象进行心理测评，以便能够深入全面地了解未成年矫正对象的心理特点和潜在心理困扰，进而有针对性地给予他们帮助。更重要的是，通过心理测评，可以增强心理矫正的可操作性、具体性和针对性，提高心理矫正的质量。值得注意的是，青少年罪犯最担心的是被同龄人所抛弃，因而由社区矫正机构组织青少年罪犯与普通同龄人之间的集体活动，加强青少年罪犯与其他未成年人之间的交流，有助于青少年罪犯重新树立生活的信心。

4. 完善家庭矫正

青少年犯罪表明青少年犯罪人在社会化进程中存在某种偏差和障碍，而对这种不良与瑕疵的产生，其监护人应负有不可推卸的责任。监护人要切实履行法定的监护义务，不断加强自身的道德修养，采取科学的教育方法，促进青少年罪犯树立良好的世界观、人生观、价值观。司法行政机关应督促未成年社区矫正人员的监护人履行监护职责，承担抚养、管教等义务，强制监护人能动地参与到青少年罪犯社区矫正之中，推行合适成年人制度。对于那些对青少年罪犯产生严重不良影响的家庭，社区矫正除要求其监护人自我矫正之外，在特殊情况下，还可以剥夺其监护权，为未成年犯另寻更加合适的监护人。这些人应该是具备教育、心理、社会和法律知识的成年人且热心青少年教育工作，有较强的责任心，他们可以是志愿工作者，也可以是专业矫正工作者，通过他们的言行去影响未成年犯，使其能够更好地适应社会生活。[①]

5. 实行就业指导

从对青少年违法犯罪的调查来看，未成年矫正对象主要来自闲散未成年人。青少年罪犯原来多处于“三失”状态，文化水平较低，职业技能缺乏，在对其进行社区矫正的时候应大力开展文化和职业技能方面的救济，一方面有利于对其改造，重塑健康的人格；另一方面可以为其回归社会做好准备，使其具备适应社会生活的基本素质。[②] 按照社区矫正工作实施意见，对青少年矫正对象没有完成国家规定的义务教育内容的，司法行政机关应当协调相关部门并督促其法定监护人，帮助其接受并完成义务教育内容。此外，对于青少年矫正对象还要加大劳动观念和劳动技能的教育与培训，以便他们在回归社会后，尽快融入社会。司法行政机关协调有关部门为未成年社区矫正人员就学、就业等提供帮助；通过为未成年犯安排就学的地方或者为他们提供职业培训、就业咨询服务和安置工作，可以促进他们重归社会，从而降低他们的重新犯罪率。

三、青少年罪犯的社区矫正存在的问题及完善

社区矫正制度对青少年罪犯的矫治有重大的意义，但是，目前我国青少年社区矫正还处在一个探索的过程，传统的社区矫正模式在矫正理念、矫正方式和矫正机构设置方面均存在问题，还需要一个较长的发展过程。例如，青少年社区矫正面临“合法性”危机、社区矫正项目单一、社区矫正内容虚无、区分专门青少年社区矫正的执行结构等，这些问题的存在，严重影响着青少年罪犯社区矫正的深入进行。

---

① 舒洪水：《未成年犯罪人之社区矫正》，载《青少年犯罪问题》2012 年第 4 期。

② 吴志宏：《建立和完善未成年犯社区矫正制度》，载《社会科学家》2010 年第 2 期。

（一）现阶段青少年罪犯的社区矫正中存在的问题

1. 目前，我国关于青少年罪犯社区矫正的立法还不够完善，难以完全应对青少年罪犯社区矫正的难点问题

在司法实践中，经常适用的法律规范主要是《未成年人保护法》、《预防未成年人犯罪法》、《最高人民法院关于审理未成年人刑事案件的若干规定》、《最高人民法院关于审理未成年人刑事案件具体应用法律若干问题的解释》、《最高人民检察院办理未成年人刑事案件的规定》、《公安机关办理未成年人违法犯罪案件的规定》等法律法规。由于《社区矫正法》尚未出台，对社区矫正的具体执行尚无统一的、法定的范式，青少年罪犯的处理规定分散于各法律和司法解释中，没有形成一个相对稳定、完整、独立的专用性法律体系。特别是对于已满18周岁不满25周岁的青年，存在立法空白。《社区矫正实施办法》也只是在第33条规定了对未成年人实施社区矫正应当遵循的方针和具体执行规则，对于已满18周岁不满25周岁的青年的社区矫正，依然没有专门规定。

另外，在未成年犯社区矫正试点工作中，各主体从各自的角度出发制订方案、进行工作，没有形成统一的规范，容易导致执法的功利性和随意性，使社区矫正背离法治道路，贬抑刑事司法的价值关怀，可能使人们对司法的公正性产生怀疑。

2. 缺乏独立的青少年罪犯社区矫正制度

当前，我国在对罪犯进行社区矫正的试点工作当中，因为青少年罪犯相比较而言更少，总的比例也很低，所以我国在对其的管理上并没有与成年罪犯区分开来。而综观世界各国在社区矫正的工作，我们却看到许多国家均采取了专门适用于青少年的社区矫正的系统管理制度和模式，由专门的管理机构和不同于成年人的专业化管理人员进行矫正。当然，国外青少年社区矫正的实践也经历了从无特别的司法程序、无专门的执法机构，到逐渐摸索形成一整套区别于成年人的社区矫正制度的过程。

虽然，我国的青少年罪犯社区矫正试点地区在实际工作中也采取了一些具体的区别于成年犯的专门的项目，如组织未成年犯进行公益劳动；对其思想教育、法制教育和社会公德教育；组织他们进行技能的培训，以及进行就业指导和生活指导等。这些项目虽然对于预防未成年犯重新犯罪起到了一定的作用，但仍然存在或多或少的不足。青少年罪犯社区矫正项目的设置存在以下几个问题：①没有对未成年矫正对象形成足够的约束力，使社区矫正面临虚化的危险。②矫正项目缺乏针对性。多数矫正项目缺乏对于具体的、特殊的矫正对象的针对性，不能切合青少年的特点且缺乏准确评估机制，矫正效果的认定标准主观随意化严重。而有的项目甚至存在无法准确对其结果进行评估、无法确定该项目所取得效果的大小等问题。而且，这些矫正项目是分开进行、各自为战的，缺乏适用上的程序性规定，如适用的先后次序、项目的组合原则、项目之间的替代规则等。从长远来

看，应当将青少年罪犯的社区矫正和其他人员的社区矫正区分开来，而不应混同操作。①

在矫正对象方面，非本地户籍未成年人社区矫正的适用率低。调查发现，近年来，随着社会经济的发展，生产、生活方式的变革，人口流动成为全国各地非常普遍的现象。非本地户籍青少年罪犯的人数逐年增长，但是由于没有固定的住所等原因，与本地户籍未成年被告人相比，非本地户籍的青少年罪犯管制、缓刑适用率低、社区矫正适用率低，这体现了刑罚适用中的不公平性。实践中，非本地户籍未成年罪犯经常居住地与实际居住地不一致或由于变换居住地导致不能接受社区矫正的情况比较普遍。

另外，由于管理手段的现代化程度不高，科学的再犯预测和监控机制尚未形成，对罪犯分类、分级处遇仍停留在粗浅阶段，以及社区功能尚不完善、社区发育尚不成熟，矫正专业社会团体和社会志愿者队伍相对弱小等，青少年罪犯社区矫正工作的推进障碍重重。

3. 缺乏青少年罪犯社区矫正的专业人员

在青少年罪犯的社区矫正中，为了实现矫正目的，不论是政府部门还是民间自治部门，都要求从事青少年罪犯观察保护的人员具有专门性、职业性和技术性。社区矫正工作是一项专业性要求较高的工作，其工作人员一方面要对矫治对象进行监督和评估，另一方面要对矫治对象进行教育和帮助，需要具备相当的专业水平。而我国现有的工作人员一般是由公安机关的人员或司法行政机关的人员兼任，虽然这些机关的工作人员对案件比较熟悉，与犯罪人接触较多，但是由于其身份的特殊性，往往使得青少年罪犯产生抵触心理，不配合矫正工作，给矫正带来极大困难。为了解决这一问题，许多地区将在校大学生、心理医生等纳入帮教人员中，试图通过这些人员的加入改进未成年犯社区矫正工作。但是，由于这些人并非专业人员，对于社区矫正制度的了解并不深入，加之帮教者的责任心不同，很多帮教者并没有真正尽到帮教义务，使得帮教活动只是“看上去很美”，并不能完全实现社区矫正的目的。②

4. 志愿者难以招募且水平亟待提高

社区矫正是一项复杂而长期的工作，待矫正的对象数量多，单凭社区矫正的工作人员肯定无法满足工作的需要，必须向社会招募一定数量的志愿者从事社区矫正工作。但目前志愿者的招募成为社区矫正工作的一大难题，原因在于志愿者属无偿劳动，一般均为兼职，而志愿者工作费时费力，还要求有相当的专业素质和知识水平，因此很少有人愿意从事这一工作。

---

① 熊佳：《关于和谐社会青少年犯罪社会矫正工作的思考》，载《高校讲坛》2008 年第 13 期。

② 贾宇：《未成年犯罪社区矫正研究》，载《人民检察》2011 年第 5 期。

5. 社会关注度不够，缺乏系统的支持

社区矫正是将矫正对象置于社会当中，因此必须充分地利用社会资源，需要社区、群众、单位、学校等的集体参与，政府等国家公权力机关也要给予足够的支持。目前社区矫正的理念还未深入人心，社会各组织对于社区矫正中自己应承担的责任还认识不够。以学校为例，青少年罪犯的社区矫正工作必然要了解其在学校中的表现和行为，要求学校与社区矫正组织相互联系和配合，但是这二者往往难以沟通。此外，政府等相关政府部门对社区矫正的支持也不够，片面认为社区矫正只是司法行政部门或基层社区组织的事，而对其缺乏了解和支持，参与的积极性也不高。①

（二）我国青少年罪犯社区矫正的完善建议

我国的青少年社区矫正体系应当是一个较为封闭的系统，矫正人员来源固定，矫正模式统一，与我国的刑罚执行制度相配套，以矫治那些被判处刑罚但又未执行监禁的青少年犯罪人，弥补当前非监禁刑罚执行措施形同虚设的缺陷。目前，我国青少年罪犯的社区矫正制度还处于试点阶段，从理论上构建一套较为完善的青少年社区矫正制度，为实践工作提供方向上的指引，并在实践中不断修正十分重要。根据我国社区矫正工作的试点实践经验，结合国外的社区矫正的经验和教训，提出如下对青少年社区矫正制度的初步构想。

1. 加强青少年罪犯社区矫正工作的专项立法

众所周知，由于青少年特殊的生理、心理特点，非监禁化是青少年罪犯处遇的重要原则。1980 年第 6 届联合国预防犯罪和罪犯处遇大会作了《制定青少年罪犯审判和司法最低限度标准》的决议，倡导严格限制对青少年罪犯的监禁刑适用。国外常用于青少年罪犯的矫正方式包括缓刑、安置释放、社区服务、家中监禁、转换项目等，无一不是将对矫正对象的刑罚、监管与他们的社会适应紧密且有机地结合在一起，只有这样才能使社区矫正工作的主旨有效达成。

青少年罪犯社区矫正的重要性和特殊性，各国在立法上都有所反映，许多国家的青少年罪犯社区矫正立法都具有相对的独立性，立法机构根据各自国家的情况以少年审判所、少年法庭，或者少年法院、家庭裁判所等形式，针对未成年人生理、心理等特点，以及少年犯罪的特殊性而建立起独立的少年审判机构，并不断地根据非监禁刑的特点进行相应机构的衔接和完善，以开展非监禁刑的执行工作。对青少年罪犯的社区矫正工作，我国刑事司法中没有前例和经验可循，应根据未成年人的身心特点、生长环境等实际情况，具体探讨较为普遍适用的对青少年罪犯合适的矫正项目与措施，探索经验，及时总结经验，上升到理论高度，再回归时间进行检验，未成年犯社区矫正的良好效果才能显现。可在借鉴国外先进

① 皮勇、黄琰：《青少年罪犯社区矫正初探》，载《中国犯罪学学会第十八届学术研讨会论文集》（上册）。

的社区矫正工作方法基础上，探索出具有中国特色的青少年罪犯社区矫正方式，并将其以立法形式确定下来，将矫正与修复、支持性措施相结合，促进矫正对象真正地回归社会。

就目前而言，笔者认为，应当在相关法律中设立“青少年社区矫正”专章，在专章中分为“未成年人、25岁以下青少年”。在立法中，贯彻“教育、感化、挽救”方针和坚持“教育为主、惩罚为辅”原则，合理地确定青少年罪犯社区矫正的适用范围，并做好与《刑法》、《刑事诉讼法》、《未成年人保护法》、《预防未成年人犯罪法》等法律的衔接，从而建立科学合理的青少年罪犯社区矫正法律体系，并在此基础上加快我国青少年罪犯社区矫正的立法步伐。因此，为了早日实现这个目标，我们可以考虑根据现有相关法律的实际情况，使之具体化、细则化，使已有的规章制度更加细致明确，使之在实践中更容易操作与实现。这样，才能最终建立起具有中国特色的青少年罪犯社区矫正的法律规范体系，才能为青少年罪犯社区矫正工作提供必要的法律依据。

2. 建立独立的、适合我国国情的青少年罪法社区矫正制度

总的来说，国外在青少年罪法社区矫正方面已形成各自独特的矫正模式，运作机制协调、有序，而在我国，如何建立适合我国国情的青少年罪犯社区矫正制度，是亟待解决的问题。对待青少年罪犯，其矫治工作必须以教育和引导为主，而不应伴随有强迫和责罚，应注重对青少年罪犯的保护性、（社会）回归性、恢复性矫正，因此从事公益劳动不是对青少年罪犯有效的矫治方法。对青少年罪犯的矫治工作不仅应当矫治其犯罪心理，更重要的是使其能够复归社会，这就需要对青少年罪犯进行培训和教育，为其提供一定的学习条件或就业上的帮助，使其在社会上能够自食其力，否则青少年罪犯在回归社会时还是无法谋生，只能再次走向犯罪道路。这需要不断地发展社区矫正制度，通过对青少年罪犯的矫治和教育，改变社会对青少年罪犯的形象认知，从而使其摆脱社会边缘地位。可见，青少年罪犯的社区矫正工作必须紧密结合青少年的特点，而不能和其他人员采用相同的矫治方法。

从现阶段的社区矫正看，未成年人与成年人仍混合在一起接受社区矫正。由于这些活动都是公开进行的，并且是在专职人员的监督下开展的，不仅不利于保护青少年罪犯的名誉和隐私，而且对他们日后的发展带来许多负面的影响。将青少年矫正对象与成年矫正对象共同管理，忽视了对青少年罪犯应区别对待的特殊保护原则。对此，《社区矫正实施办法》第33条作了专门规定：“……对未成年人的社区矫正应当与成年人分开进行；对未成年社区矫正人员给予身份保护，其矫正宣告不公开进行，其矫正档案应当保密”。因此，应当针对青少年罪犯的心理和生理特点，建立独立的社区矫正制度，配备专门的社区矫正人员，尽一切可能减小因公开矫正而给他们今后学习、工作、生活带来的负面影响，同时避免与成年人共同参加社区矫正产生的交叉感染。只有根据青少年的特点进行社区矫正

工作，才能有效地实现社区矫治制度的目标。建立独立的青少年罪犯社区矫正体系，包括独立的青少年罪犯社区矫正机构、社区矫正场所、社区矫正人员、社区矫正方法等，独立的社区矫正体系能够根据青少年的特点进行相应的矫正工作，从而有效地保证矫正的效果。

例如，针对不同的青少年矫正对象，应当在不同的场所开展矫治工作，即建立多样化的社区矫正场所：(1) 对无家可归的青少年矫治对象建立专门的青少年罪犯社区矫正教育基地，社区矫正教育基地是一个综合性的矫正场所，青少年罪犯可以在其中接受矫正和教育，教育基地还可以为这部分青少年罪犯提供居住场所和学习场所，以帮助他们复归社会。(2) 对于有居住场所的青少年矫治对象，则以其所在社区为矫治场所，这是社区矫治的个别化场所，青少年罪犯在其熟悉的场所接受矫治，同时生活在相对安定的环境之中，有助于其接受矫治和复归社会。(3) 在特殊的场所中也可以开展社区矫正工作，如在戒毒所中，可以对正在戒毒的青少年罪犯开展矫正工作。(4) 建立专门的教育和培训机构，青少年罪犯矫治的重点在于帮助青少年罪犯解决失学和就业问题上遇到的困难，应当为青少年矫正人员建立一定的技能培训机构，增强他们的能力，使其能够尽快地复归于社会。这些培训机构可以与一定的政府机关合作开办，也可以与大中专院校、职业技术学校等协商办学，总之尽可能地提高青少年罪犯的知识水平和综合能力，使其具有一技之长，能够自食其力。

另外，对青少年罪犯进行社区矫正时，有必要建立以下制度，实现对青少年罪犯的有针对性矫正：(1) 矫正前的调查制度。要求在实施矫正前，矫正工作人员应当对矫正对象的具体信息、犯罪原因、家庭环境、成长背景、性格特征等相关情况进行详细调查，以便能因人而异，实施矫正。(2) 对每一位被判处社区矫正的青少年罪犯，先由矫正中心的专家根据青少年罪犯的犯罪行为、心理精神状态、家庭环境等特点，为其量身定做一份“社区矫正计划”。(3) 矫正时的反馈、调整制度。在计划实施的过程中，矫正工作人员应当定期掌握矫正对象的思想和行为动态，根据矫正对象的情况变化所需，调整矫正计划和矫正内容。(4) 详细的备案制度。真正落实个案矫正，一人一案，独立建档，资料完整，有据可查。[①] 以上制度强调，青少年罪犯社区矫正宜以个案工作为重点，一人一案，专人负责。具体过程一般有接案、建立专业关系、收集资料、问题诊断、制订服务计划、介入、结案、评估及跟进阶段。个案管理是社区矫正的基础工作。要做好个案管理，首先需要做好风险评估和需要评估。风险评估是根据服刑人员各种变量因素进行综合打分，如犯罪性质、犯罪历史、个人特点、家庭状况及环境等。需要结构的评估则包括个人生理、心理以及受教育、工作等方面的需要，从而确定对罪犯的监管、矫治计划及实施方案。然后，根据风险评估和需要评估

① 涂龙科：《未成年人社区矫正若干立法问题研究》，载《矫正研究》2008 年第 4 期。

的结果，在社区矫正中对服刑人员做到监督个别化、教育矫治个别化、奖惩个别化和帮助服务个别化。此外，作为一项系统性工程，青少年罪犯社区矫正必须走专业化和社会化相结合的道路。司法、学校、家庭、社会等要素发挥合力，齐抓共管，做好心理健康治疗、戒除网瘾、职业技能培训等工作项目；对跨区域青少年罪犯矫治应建立相应的通报、移送制度；外来青少年罪犯所在社区可以通过设立观护站、收养院等给予帮助和矫治，提高非本地户籍未成年人社区矫正的适用率，切实保障外来青少年罪犯司法处遇的平等性。

有学者在借鉴英美等国家的社区矫正制度后，提出了具体的构想。具体是根据未成年人违法犯罪情节的轻重，构建一个梯形结构的未成年人违法犯罪社区矫正项目体系：第一阶梯是教育性和非监管性的社区矫正项目，主要包括训诫、赔礼道歉、赔偿、社区服务、父母管教等；第二阶梯是不限制人身自由的监管性的社区矫正项目，如定期报告、参加各种类型的学习和工作技能的培训、寄养之家项目、心理矫正项目、集体活动项目、促进就学和就业项目等；第三阶梯是在一定时间内限制人身自由的社区矫正项目，包括家中监禁和电子监控，宵禁、参加特定的职业技术学校等。[①] 笔者认为，该构想可以作为将来完善我国未成年人社区矫正项目的参考。

3. 完善社区矫正的运作机制，建立贯穿侦查、起诉、审判、执行整个刑事诉讼体系的青少年罪犯社区矫正制度

青少年罪犯社区矫正是一个庞大社会系统工程，一方面需要建设相应的社区矫正体系，另一方面也需要相关政府部门的通力合作，才能有效地保障社区矫正制度顺利地实施。对此，《社区矫正实施办法》第 2 条明确作了规定：“司法行政机关负责指导管理、组织实施社区矫正工作。人民法院对符合社区矫正适用条件的被告人、罪犯依法作出判决、裁定或者决定。人民检察院对社区矫正各执法环节依法实行法律监督。公安机关对违反治安管理规定和重新犯罪的社区矫正人员及时依法处理。”第 3 条规定：“县级司法行政机关社区矫正机构对社区矫正人员进行监督管理和教育帮助。司法所承担社区矫正日常工作。社会工作者和志愿者在社区矫正机构的组织指导下参与社区矫正工作。有关部门、村（居）民委员会、社区矫正人员所在单位、就读学校、家庭成员或者监护人、保证人等协助社区矫正机构进行社区矫正。”

《社区矫正实施办法》第 35 条第 3 款还规定：“司法行政机关和公安机关、人民检察院、人民法院建立社区矫正人员的信息交换平台，实现社区矫正工作动态数据共享。”第 39 条规定：“各级人民法院、人民检察院、公安机关、司法行政机关应当切实加强对社区矫正工作的组织领导，健全工作机制，明确工作机

---

① 王顺安、甄宏：《试论我国未成年犯社区矫正项目体系之构建》，载《青少年犯罪问题》2005 年第 1 期。

构，配备工作人员，落实工作经费，保障社区矫正工作的顺利开展。”县级司法行政机关社区矫正机构其主要职能是管理该范围内的社区矫正工作，具体包括管理该范围内的社区矫正工作人员和志愿者，同时对该范围内的青少年矫治对象的矫治状况进行监督和评估，统筹安排社区矫正资源的分配等等。

例如，在司法衔接方面，通过公、检、法委托司法局社区矫正部门对涉罪未成年人进行社会调查，对社区矫正可行性进行动态评估；通过宣判时通知罪犯列管地派出所、司法所到庭当场办理相关交接手续，保证非监禁刑与社区矫正在司法环节实现有效衔接。在帮教衔接方面，通过矫正社工担任适合成年人参与诉讼并开展社会调查，以青少年事务社工担任帮教老师、矫正社工担任陪审员的方式，促使观护帮教与矫正帮教在审判阶段实现全面衔接，从而有效解决观护对象被判处非监禁刑后帮教脱节问题。

可见，青少年罪犯的社区矫正以经法律授权的社区矫正专门机构为主，以社会力量的参与为辅，并依托公、检、法专门机关的联动支持与协调，具体开展对青少年罪犯的教育改造和监督考察，在具体工作中，应有效调动社团组织、居委会以及社会志愿者等社会力量，监督并参与社区矫正工作，发动社会成员根据自己的意愿参与到社区矫正中来，成为社区矫正机制的有机组成部分。

当然，要想对青少年罪犯进行完善的、有效的社区矫正，离不开经济的支持。没有持续稳定的资金投入，没有建立起青少年罪犯社区矫正专项拯救基金长期运转机制，是不可能将该项矫正方式有效开展下去的。有学者主张，该基金的筹集，可以是多渠道的。一是政府财政的专项支出，二是通过公益募捐，另外，对未成年犯罪人判处的罚金，也可部分或全部用于社区矫正的实施。[①] 其中，政府财政强有力的支持是最重要的。

由于青少年社区服刑人员复学或就业时，大多不愿意让周围同学、同事知道其服刑人员的身份。因此，从有利于未成年人成长出发，各级矫正组织既要注意保密范围、讲究工作方法，又要防止服刑人员因读书、就业发生脱管、漏管现象。实践中，可采用“异地矫正”模式，即不在辖区内公开未成年社区服刑人员的身份，把矫正活动的开展与其所在的社区分离。这也是与免除前科报告义务和犯罪记录封存制度相协调的。[②] 针对社区矫正对象的流动性问题，明确社区矫正的管辖问题，可采用以经常居住地管辖为主、户籍地管辖为辅的原则，对于更换实际居住地的矫正对象，应当加以约束、限制，避免以变换住所来躲避监管的现象。

4. 完善处置措施，加大考验力度

从国外针对未成年犯的立法来看，在对青少年罪犯进行保护的同时，严格约

---

① 朱文娟：《未成年犯罪人社区矫正若干问题简析》，载《法制与社会》2011 年第 4 期。

② 舒洪水：《未成年犯罪人之社区矫正》，载《青少年犯罪问题》2012 年第 4 期。

束其行为，以维护公共安全，促使其形成良好的社会生活方式。主要是从两个角度来规范在社区服刑的青少年罪犯。一是以命令的方式要求他们积极作出某些行为，如报告自己的有关行为、固定居住、参加社会训练，等等；二是以禁令的方式规定其不得作出某些行为，如不与有犯罪倾向者交往、不许持有特定物品，等等。从我国刑法的有关规定来看，虽然以列举的方式对包括未成年人在内的社区矫正对象如何进行监督管理作出了规定，但是内容失之于粗疏、简单，仅仅以命令的方式规定了常规的考察，缺乏一些禁止性的条款，以进一步规范他们的行为，防止重新犯罪的发生。基于此，在我国未来的刑法立法中，除了保留、充实命令性规定以外，应当增加一些禁止性的要求，以保证矫正对象摆脱不良环境的影响，防止重新犯罪的发生。

在各地的试点中，针对社区服刑的青少年罪犯还没有建立起统一考量标准，司法实践中由于考核指标少而且操作不规范，还不能真实反映社区服刑人员的矫正效果。为确保未成年罪犯社区矫正的成效，有必要建立相应的监督考核机制，以此检验矫正工作的情况和质量。具体而言，各个执行机构应建立监督考评工作组作为日常监督考核的主体。监督考核工作组根据社区矫正的期限，对青少年罪犯进行月考察、季考察、年考察，并根据考察的情况随时调整矫正的方案和内容，进而科学确定考核的法律标准、道德标准、心理标准、文化标准、劳动技能标准等。监督考核工作组应通过观察法、数据分析评定法、考试考查法、访问法、调查法等监督考核方法，对矫正对象进行综合的、全方位的、持续的、质与量相结合的、客观的、实事求是的评价，总结青少年罪犯社区矫正的成败得失，不断加强矫正工作，提高矫正质量，巩固矫正成果。

当然，对青少年罪犯社区矫正效果的考量，又需要以建立、完善矫正评估制度和评估标准为前提。矫正评估制度应当包括四个阶段：矫正前评估、矫正过程评估、矫正结束评估和矫正后评估。行为危害性和人身危险性是矫正评估的两个重要标准。矫正评估制度应当依这两个标准予以建立，当然这两个标准在不同评估阶段侧重点也有不同，矫正前评估，侧重于行为危害性，之后则侧重于评估人身危险性。同时，应当针对不同犯罪类型的犯罪人制定不同的人格评估标准，如可分为暴力型犯罪和非暴力型犯罪，从而保证评估的科学性。[①] 一方面社区矫正人员通过人格调查，评估未成年犯的社会危害性程度，判断对其是否适合社区矫正，并提出相关建议。另一方面可以对适合进行社区矫正的未成年犯根据人格调查的结果开展有针对性的矫正，提高矫正的效果。[②] 对此，《社区矫正实施办法》第4条做出了明确规定："人民法院、人民检察院、公安机关、监狱对拟适用社区矫正的被告人、罪犯，需要调查其对所居住社区影响的，可以委托县级司法行

① 贾宇：《未成年犯罪社区矫正研究》，载《人民检察》2011年第5期。

② 吴志宏：《建立和完善未成年犯社区矫正制度》，载《社会科学家》2010年第2期。

政机关进行调查评估。受委托的司法行政机关应当根据委托机关的要求，对被告人或者罪犯的居所情况、家庭和社会关系、一贯表现、犯罪行为的后果和影响、居住地村（居）民委员会和被害人意见、拟禁止的事项等进行调查了解，形成评估意见，及时提交委托机关。”司法所应当为社区矫正人员制定矫正方案，在对社区矫正人员被判处的刑罚种类、犯罪情况、悔罪表现、个性特征和生活环境等情况进行综合评估的基础上，制定有针对性的监管、教育和帮助措施。根据矫正方案的实施效果，适时予以调整。

实践证明，对拟适用社区矫正的被告人、罪犯开展的调查评估，能有效地对社区矫正人员是否适用社区矫正进行评估，提高风险预见性，真正把严了社区矫正“入口关”。同时，通过开展适用前调查评估，有利于确定社区矫正人员的居住地，进一步加强和规范司法行政机关同有关职能部门之间的有效衔接，从源头上避免社区矫正人员脱管、漏管情况的发生。

5. 建立一套高专业水平、协同合作的社区矫正队伍

社区矫正工作人员是社区矫正的主导工作力量，既要执行监管，又要开展矫治工作。与一般的社区矫正工作人员相比，国际社会对于青少年罪犯社区矫正工作者提出了更高的要求。《联合国保护被剥夺自由少年规则》第 81 条规定：“管理人员应具适当的条件并包括足够数量的专家，例如教育人员、职业教导员、辅导人员、社会工作者、精神病专家和心理学家。这些专家及其他的专门人员一般应长期聘用……”第 82 条规定：“管理当局应认真挑选和聘用各级和各类的工作人员，因为各拘留所是否管理得好，全靠他们的品德、人道、处理少年的能力和专业才能以及个人对工作的适应性。”

基于此，我国在具体的矫正人员配备上，也要适当提高门槛，有严格的准入与考核制度。一是应通过内部调剂、公务员招录的形式，选拔一批政治坚定、业务熟练、作风优良、纪律严明的公务员担任社区矫正执法人员，依法履行刑罚执行职责，承担矫正接收、事项审批、调查取证等执法工作，对社区矫正人员进行监督管理，组织开展教育帮助活动。二是要建立社会工作者队伍。联合或委托人力资源和社会保障部门，采取政府购买服务的方式，面向社会公开招聘具有社工资质的人员担任社区矫正社会工作者，在社区矫正执法工作者的指导下，承担联系沟通社区矫正人员、开展“一对一”或“多对一”的谈话教育、心理矫正、社会适应性帮扶等专业化工作。三是要建立社区矫正工作志愿者队伍。联合团委、志愿者协会面向社会招募热心社区矫正工作，具有教育学、心理学、社会学等专业知识的人员担任社区矫正工作志愿者，与社区矫正社会工作者一起，协助开展工作。四是进一步健全完善社区矫正工作者和志愿者的聘用、管理、培训和考核、激励机制，提高社区矫正工作人员的业务能力，对社区矫正人员提供多元化教育，帮助其改变心理认知，变被动矫正为积极矫正、主动矫正，有效促进其向社会的回归，成为守法公民。

社区矫正工作人员除了具有法学、社会学、心理学等专业知识以外，还要适合青少年罪犯矫正工作，如性情温和、细致，擅长和青少年进行交流，具有良好的个人道德修养等。在专门机构建立的基础上，要充分发挥社会力量的作用，尤其是家庭、学校、社区组织、社会志愿者的作用。

司法行政机关应定期对基层法律服务工作者开展犯罪学、教育学、心理学、精神科学、行为科学等知识和技能培训，以保证他们能胜任未成年犯矫正工作。在我国开展的社区矫正试点工作中，已经有部分地区采取了引进社会工作者参与社区矫正工作的制度，广泛吸收法律专家、心理学家、离退休干部、高等院校学生等参与社会矫正工作，并通过制定法规，明确志愿者资格评定制度和社会保障制度、社会工作机构的资质等，及时对志愿者进行表彰奖励，充分调动他们的积极性、责任心，有效配合专门机构的矫正工作。

为解决社区矫正人员匮乏的问题，很多学者提出了非常有建设性的建议。有学者提出，在在校大学生中建立社区矫正志愿者的长期参与项目是一个比较好的选择，在校大学生属于高素质人才，所学的理论知识需要得到实践的运用，而志愿者参与项目则给予了大学生这样的机会，大学生有较多空余时间，也有精力参与社区矫正项目，数量众多的大学生也能保证志愿者的数量要求。因此在大学生中建立长期的志愿者遴选项目是志愿者选拔的重要途径。当前志愿者主要是无偿服务，且耗费精力时间也较多，因此可以考虑给予志愿者一定补助和政策上的优惠，以吸引更多的人参与到志愿者项目当中。有学者认为，对于这一问题可以通过两方面措施来缓解：一是全额报销志愿者工作费用如交通费、午餐费等；二是给予志愿者必要的精神、荣誉奖励，如发放志愿者工作时间证明、给予工作时间超过一定时间的以及优秀的志愿者颁发荣誉证书等，吸引更多的人参与到志愿者工作中来，在招募到志愿者之后对志愿者进行业务培训，为志愿者提供提升业务能力的机会。① 还有学者提出，在司法警官院校设立青少年社区矫正司法所可以发挥机构和专有优势，由司法警官院校的有关专家、教授负责制定矫正方案并具体指导，院校在校学生可利用每年的专业实习时间在这里实践、做义工，负责日常管理及方案的实施，也使学生增强社会责任意识，有条件针对不同的服刑对象制定一对一的心理矫正方案，对服刑人员进行心理矫治、心理健康教育，还可以定期为矫正对象做矫治测试，这也为学院专业课教学的实践性教学活动提供了实践场所。②

在实践中，有的地方司法机关已经和高校建立合作，进行了积极的探索。例如，西安雁塔区人民检察院与西北政法大学建立了未成年人犯罪社区矫正合作项

---

① 皮勇、黄琰：《青少年罪犯社区矫正初探》，载《中国犯罪学学会第十八届学术研讨会论文集》（上册）。

② 魏荣艳、孔祥海：《论司法警官院校设立青少年社区矫正司法所的可行性》，载《黑龙江省政法管理干部学院学报》2009 年第 5 期。

目。在社区矫正工作中利用法学专业研究生作为志愿者进行帮教，并对帮教项目志愿者进行了培训，培训内容涉及未成年人社区矫正实务、审前调查技巧、志愿者职责等。志愿者除了来自西北政法大学的研究生以及西北大学社会工作专业的大学生，还有热心未成年人司法保护的律师等。[①] 2004 年 10 月，北京市海淀区人民法院与北京市社区矫正工作领导小组办公室、中国人民大学青年志愿者协会共同签署了《关于共同开展对未成年人社区矫正及帮教工作的协议》。海淀区人民法院将部分未成年人矫正对象移交给中国人民大学青年志愿者协会，由大学生志愿者与他们开展结对帮教。

总之，青少年社区矫正在我国还没有形成一个完整的制度，需要不断完善、发展和创新。然而，其中还有一些问题没有得到很好的解决，如对农村青少年罪犯的相关矫正情况还有待思考。另外，实施社区矫正资金的来源，相关基金、社会组织的建立，以及制度的设计实施问题的解决方案还有待进一步探讨研究。在对待青少年犯罪问题上，最好的刑事政策是刑罚的宽严或犯罪后的再教育问题；但更重要的是预防重新犯罪，在青少年再次走上犯罪道路之前的矫治和扶助，选择最好的社会政策必将大大降低青少年再犯罪的概率，从而节约大量的社会资本。笔者希望我们能广泛运用社会工作的理论，基于“以人为本”的原则，探索出一套适合中国国情的青少年罪犯社区矫正工作原则、工作方法、矫正资源、矫正工作人员及青少年罪犯社区矫正机构的整合模式，以期更好地促进青少年罪犯社区矫正工作的开展，使青少年罪犯顺利地融入社会中。

（撰稿：张冬霞）

① 《西安启动未成年人犯罪社区矫正　有外国专家参与》，载中国网，http：//www. china. com. cn/news/edu/2009－05/21/content_17809594. htm。

第七章 国外青少年重新犯罪的现状、原因及预防

一、国外青少年重新犯罪的概况

（一）国外青少年法规中对青少年概念的规定不一致

（1）对青年、少年或青少年只规定上限年龄。例如，《日本少年法》第2条规定："本法所谓少年，是指未满20岁的人；成人是指20岁以上的人。"《印度1960年中央少年法》在第一章序言中规定："少年，是指未满16周岁的少年和未满18周岁的少女。"《英国青少年法》第1条第5款规定："本条所称'少年'是指未满18岁者。"《埃及青少年法》规定："本法所称青少年是指那些违法犯罪时不满18周岁的人。"《美国青少年犯教养法》第40章规定："本章所称'少年'是指不满18周岁的人。"

（2）对"儿童"、"少年"、"未成年人"、"青年"分别予以规定：《日本儿童福利法》第4条规定："本法所称儿童是指未满18周岁者。"《新加坡儿童与少年法》第3条规定：所谓"少年"一般是指14岁而未满16岁的人员；所谓少年犯罪者，是指限于法律上没有反证，法院判断7岁以上未满16岁的男女；关于雇用或者使之从事劳动与参加公开表演者，"少年"是指未满16岁而未满18岁的人员。《奥地利共和国青少年法院法》第1条规定，本法适用范围："儿童"指年龄在14周岁以下的人。青少年是指14周岁以上16周岁以下的人。

（3）对青少年的上下限年龄不做规定，而只根据某些重要特征作较为笼统表述。例如，《匈牙利青少年法》第29条规定："本法所称的青少年是指在学习阶段及就其年龄是参加社会劳动和开始建立独立生活条件的青少年。"

《联合国少年司法最低限度标准规则》没有对"少年"概念做规定，只是一般性的规定："少年系指按照各国法律制度，对违法行为可以以不同于成年人的方式进行处理的儿童或少年人。"①

（二）就全世界而论，无论是在发达的资本主义国家，还是在发展中国家，大多面临着青少年犯罪迅速增多，犯罪率日益攀升的严重状况

1. 美国青少年重新犯罪概况

早在1967年，美国总统委任的考察团作出一份调查报告指出："美国缓解犯

① 康树华主编：《犯罪学通论》，北京大学出版社1996年版，第202—204页。

罪的最好的指望就是减少少年和青年犯罪。”几十年过去了，尽管美国有关部门做了种种努力，犯罪尤其是未成年人的犯罪始终是困扰美国社会的一大难题，被视为“我们时代最为重要的社会问题之一”。据美国联邦调查局统计，从1989年到1993年，14—17岁男性少年所犯杀人罪增加了165%；每10万名10—15岁的少年儿童中，有156人进了少年犯管教所或再教育中心；被称为“犯罪之州”的佛罗里达州，1992年有70多万人次因犯罪遭监禁，其中包括8.7万名青少年。据美国司法部1996年3月7日发布的报告，1994年因凶杀、强奸、抢劫等暴力犯罪被捕的青少年超过15万人，创历史最高纪录。青少年杀人犯的数量比10年前增加了2倍，因暴力犯罪而被捕的青少年人数增加了50%。[①]

美国少年犯的重新犯罪率很高。据美国犯罪与违法问题全国委员会所作的调查，有50%—70%的少年犯在12个月内“二进宫”；从华盛顿少管所获释的少年犯中，75%的人重新犯罪。美国犯罪学者指出，1992年美国18岁以下的被捕人犯在整个人犯中的比例是：刑事谋杀为14.8%，暴力强奸为16.1%，抢劫为26.4%，重伤害为14.7%，盗窃为33.9%，盗窃汽车为44%，纵火为48.4%；全年少年犯罪案件超过150万件；从1984年以来，每年送往矫正机构的少年人数持续上升，由每年的40万人达到1990年的69万人。

2. 英国青少年犯罪概况

在英国，1985年到1991年，英格兰警察部门登记的青少年犯罪案件增加了10倍，1991年刑事立案达530万起。

数据显示，总计有65.8%的犯罪分子在2003年第一季度出狱后两年内再度入狱，其中在18—20岁的年轻男性中，这个数字更是超过75%。而更令人咋舌和担忧的是，在因毒品而入狱的犯罪分子中，有高达86%的人在接受过监内的救治和教育后仍不知悔改，在出狱后两年之内便重新参与涉毒犯罪；同样，另一撮惯犯人群——公交扒手在出狱两年内的重复犯罪率也达85%；入室盗窃和街头抢劫的犯罪分子的重复犯罪率分别为73%和57%。[②]

3. 日本青少年犯罪概况

第二次世界大战后，日本于1946年制定了《日本国宪法》。受战败影响，日本的犯罪激增，1945—1950年是战后混乱时期，以财产犯罪为主要类型。1950—1955年有所缓解。但从1955年以后，是犯罪暴增时代，1965年维持高的犯罪率。这一段时期被称为“粗暴犯猖獗的时代”。其中，青少年犯罪是其中的主要方面。为了应对青少年犯罪泛滥的局面，日本于1948年7月15日颁布了《少年法》，对青少年犯罪制定了有针对性的对策，体现了对青少年的关怀。《少年法》规定18岁以下的犯罪由少年审判所审判，并且规定废止死刑，采用不定

① 康树华：《国外青少年犯罪与我国的比较》，载《江苏警官学院学报》2005年第5期。

② 《英国重复犯罪率高　六成出狱者两年内“二进宫”》，载《法制日报》2006年11月13日。

期刑，将少年监狱名称改为少年服务所等。这时期所采取的刑事政策是将新出现的犯罪刑法化，即犯罪化。20 世纪 70 年代以后，日本犯罪率稳定在一个平衡状态。1975 年有所涨幅，到 1985 年涨幅停止。20 世纪 80 年代被称为日本历史上治安形势最好的时期。20 世纪 70 年代以来，长达二十年的股票、债券、房地产价格持续上升，在疯狂投机的刺激下，使日本经济成为神话。而进入 20 世纪 90 年代之后，日本经济出现减退，发生了经济泡沫的大破灭，使得日本经济遭受重创，几千亿日元的银行坏账，数以千计的企业倒闭，失业率和自杀率不断被刷新。在此背景下，东京又发生了奥姆真理教地铁毒气杀人案等一系列暴力案件，人们为生存而抢劫、盗窃、诈骗、伤害。犯罪主体呈现扩大趋势，未成年人、失业者、家庭主妇、警察、老年人等开始成为特定类型犯罪的主体。社会两极分化加剧，企业终身雇佣制度解体，很多失业者处于盲目流动之中，没有任何经济来源，没有缓解经济压力的渠道，于是失业者产生了仇恨情绪，同时为了生存走上了犯罪之路。这些触目惊心的事件似乎是前所未有的。几十年来，日本紧密交织的家庭关系、儒家传统和均衡的族人社会，使得日本成为世界上最稳定和最少暴力的国家之一，其暴力犯罪仅为美国的 1/5，英国的 1/9，德国的 1/8，法国的 1/6。尽管各国对犯罪案件的范围、内容所做的规定有所不同，难以直接比较，但是显而易见，与其他各国相比，日本的犯罪发生率是极低的。但时代脚步进入 90 年代，日本的社会风气开始逆转下降。曾经一度哀叹某些西方国家堕落的日本当局，现在已变得忧心忡忡，日本不良少年犯罪的最大特点是不计后果，犯罪动机极为简单，没有犯罪的意识，相反视犯罪为儿戏，感觉过瘾，是一种变相享受。①

1992—2002 年，日本校园暴力案件增加了 5 倍，达到 29300 起。这使《每日新闻》警告说，日本校园就要变成"战场"。暴力的低龄化现象尤其突出。2003 年，14 岁以下少年的暴力犯罪比一年前增加了 47%。一项研究发现，多达 30% 的中学生至少每月经历一次暴怒。2001 年，为了应付青少年犯罪的急剧增加，日本把刑事起诉年龄从 16 岁降至 14 岁。2001 年 7 月，日本政府发表的《青少年犯罪白皮书》指出，许多日本青少年自我中心意识太强，当欲望得不到满足或心理矛盾无法解决时，容易引发冲动型重大犯罪。这种犯罪的特点是动机具有多样性、以特定人员为危害对象、显示自我，等等。②

据日本学者藤本哲野介绍，在日本，20 岁以下为未成年人。日本的青少年概念分为年少少年，即 14—15 岁；年中少年，即 16—17 岁；年长少年，即 18—20 岁。日本曾经同荷兰、爱尔兰和瑞典 3 个国家并列为世界上犯罪最少、最安全的 4 个国家。现在，日本的安全神话被打破。近十年来，日本各地发生了动机

① 升平：《日本少年犯罪剧增》，载《群言》1999 年第 12 期。

② 升平：《日本青少年犯罪激增》，载《群言》1999 年第 12 期。

不明、令人心寒的重大少年犯罪案件，同时，还有专门针对手无寸铁的女孩子进行强奸、杀害的成年人性犯罪在增加。以上案件引起日本国民的愤怒和不安，也引起政府的高度重视。①

2004 年 6 月，日本内阁府组织召集了警察厅、法务省、文部科学省、厚生劳动省和最高裁判所、家庭裁判所六个国家机构和学者们共同成立了“预防少年犯罪的调查分析委员会”，预备从全方位出发，综合性地把制定预防日本青少年犯罪的对策作为重要的课题研究解决。该组织经过调查，2004 年日本少年犯罪状况为：（1）2004 年日本少年刑事犯的检举人数是 138852 人，比 2003 年减少 6. 6%，但是按照人口比例看，未成年人是 16. 8%，比成年人刑事犯的检举数 2. 5% 要高出 6. 7 倍。（2）2004 年日本少年重大刑事犯的检举人数是 1588 人（日本少年重大刑事犯是指杀人、抢劫、强奸、纵火），比 2003 年减少 28. 2%，相当于 1996 年的水平。（3）2004 年日本 14 岁未满的犯罪少年（触法少年）是 20198 人，比 2003 年减少了 6. 2%。但是，其中重大犯罪少年是 219 人，比 2003 年增加 3. 3%，居 1987 年（262 人）以来的第二位；其中少年纵火犯有 179 人，占总数的 81. 7%。

日本法务省 2011 年 11 月 11 日推出年度《犯罪白皮书》，一组数字表明 20 岁以下的少年犯从“少年院”出来以后，大约有 40% 的人还会重新犯罪。迄今为止，这是日本第一次调查少年犯“二进宫”的情况，而这个“零”的突破，则从侧面印证了少年犯“二进宫”问题的日益严重。日本法务省的研究机构对 2004 年 1 月到 3 月期间出狱的 644 名少年犯进行了追踪调查。他们年龄都为 18 岁、19 岁。结果他们当中有 248 人，在到 25 岁期间重新犯罪，接受了科处罚金以上的刑罚。其中有 97 人被判处实刑，有 98 人判刑后缓期执行，有 53 人被罚款。从“二进宫”的原因来看，盗窃者有 73 人，数量最多，伤害者有 54 人，吸毒者有 25 人，驾车伤人者等有 22 人。这里面还有一些人是“三进宫”、“四进宫”的。在日本，成年人的标准年龄是 20 岁，此前都算是“少年”，中国则 18 岁就算成年了。日本的少年犯走出监狱——少年院以后，一直到成年的 20 岁，原则上必须与“保护司”等机构保持联系，接受“保护观察”。②

4. 其他国家青少年犯罪概况

俄罗斯有 20 多万少年因违法犯罪被判刑或劳教，其中少年女子占多数；1995 年 1 月至 7 月，少年犯罪呈上升趋势，已占整个犯罪案件的 10%。③

在马来西亚，少年法庭受理的案件，1981 年为 3851 件，1984 年为 3995 件，

① ［日］藤本哲野著：《日本预防青少年犯罪的新国策》，俞建平译，载《青少年犯罪问题》2006 年第 6 期。

② 《少年犯再次犯罪率高达 40%》，载日本新闻网，http：//www. ribenxinwen. com/html/a/201111/11 - 11101. html。

③ 康树华：《国外青少年犯罪与我国的比较》，载《江苏警官学院学报》2005 年第 5 期。

1987 年为 4409 件。1981 年以来，少年犯罪一直是增长的发展趋势。另据马来西亚警察局的统计，1995 年，马来西亚共有 4192 名少年因涉案而被捕，1996 年共逮捕了 4601 名的犯罪少年，其中有 173 名是 10—12 岁的小学生。①

二、国外青少年重新犯罪的原因分析

（一）美国青少年重新犯罪的原因分析

统计数据表明青少年阶段是一个人犯罪的高发阶段，犯罪的可能性随年龄而增长，到 18 岁达到高峰，过了 18 岁则呈明显下降趋势；同其他 25 个工业化的发达国家相比，美国的 15 岁以下儿童因持枪凶杀案件被杀的死亡率是其他国家的 16 倍；美国的青少年人口在过去数年中有了显著增加，1993 年为 1300 万人，到 2000 年已经是 1570 万人，预计到 2007 年将达到顶峰约 1730 万人；但同时已经被过去的经验证明的与青少年犯罪问题有密切联系的许多消极因素仍然广泛存在，如儿童受虐待或受忽视、逃学辍学、不良少年团伙、父母教育和与子女沟通的技巧不足等。②

美国学者谢利认为，在发达国家，少年犯罪有增长的趋势。在美国，被捕的人中间有 40% 是少年罪犯，少年实施了许多较为严重的犯罪和暴力犯罪。在发达国家，少年犯罪分为中等阶级少年犯罪和下层阶级少年犯罪两个分支。出生于较低社会地位的少年罪犯通常实施更严重的暴力行为。中等阶级的少年犯罪，他们更倾向于财产犯罪。同时，深受同龄人影响从事集体活动的少年的趋势，使得少年团伙成为全世界发达国家的普遍现象。对这种现象的解释，可以从每个罪犯的个人情况以及当代社会的一般社会经济条件这两方面来解释。青春期的气质和城市环境的家庭生活的性质，很容易促使少年走上犯罪道路。在现代社会，少年更容易流动，剥夺了少年和其大家族甚至与他们生长在其中的社会的牢固关系。周围环境的非人情关系以及少年主要和同龄人进行社交活动的倾向助长了少年的偶像崇拜，其结果就是减弱了对少年行为的控制。这种控制的减弱更推动了犯罪的日益增长。在发达国家，不良的教育和贫困对少年犯罪的影响更深。在高度技术进步的国家，教育是提高社会地位的关键，那些学历很差的人被剥夺许多提高社会地位的合法机会。由于发达国家已经达到了全面富裕的水平，这就使得那些缺乏具体成功标志的社会成员更有可能采取非法手段去获得它们。③

（二）日本青少年重新犯罪的原因分析

在日本，社会学学家、犯罪学专家及舆论普遍认为，青少年犯罪和重新犯罪的原因包括：

---

① 康树华：《国外青少年犯罪与我国的比较》，载《江苏警官学院学报》2005 年第 5 期。

② 汤继荣编译：《美国少年犯罪与少年司法状况》，载《青少年犯罪问题》2003 年第 1 期。

③ 谢利著：《犯罪与现代化》，中信出版社 2003 年版，第 120—127 页。

1. 日本家庭的分离，双职工家庭日渐增多，家庭对孩子缺乏关心与教育

多少年来，日本是个农业国家，开枝散叶般的一家老小常常生活在一个屋檐下，祖母、伯叔婶、堂兄姐均帮助教养孩子。但今天，出现越来越多的小家庭，特别是父母双职工家庭，养育孩子的时间相对少了。一个单位某年对1500名儿童的调结果显示，在10—14岁的儿童中，有1/3说他们空闲时间大部分独自在房间内度过，或玩玩游戏机。然而，并非所有的孩子都乖乖地留在家中，无聊时就要找寻新的刺激，从吸毒到搞性爱乃至加入黑社会犯罪组织等无所不有。据白皮书透露，日本青少年黑帮的数目破天荒地超过1000个。其他人则担忧，那些为了偿还抵押借款而拼命工作的父母亲，可能并不知道他们的儿子已是一个小恶棍，他们的女儿已沦落为妓女。东京大学教育专家佐都学夫说："世界其他地方都为日本的经济危机而恼。但对于日本来说，解决这一影响到少年儿童的危机，更是重要得多。整整一代人的前途处于危险之中。"

2. 刻板的教育制度使孩子无心向学，学校缺乏有效管理

日本大多数学童对未来是不屑一顾的。由于推行金字塔式的教育制度，上大学或大专，非顺利通过层层考试不可。因此，在日本学生中，有约80%到了15岁便成了失败者。这意味着他们进入较好的大学并从事高雅的白领事业的梦想过早破灭。由于今天日本经济萎缩，年轻人的失业率高达10%，因此，许多学业成绩平平的学生前途一片渺茫。另外，学校缺乏有效的管理，欺负弱小的事件在日本校园里不断发生，许多孤立无援的学童为避免欺压，不得不用小刀武装自己。这些带刀上学的青少年，本来都是循规蹈矩、胆小怕事的学生，一旦被激怒，按捺许久的委屈、愤怒、仇恨便如火山爆发，不可收拾，拿起刀子便刺，最后酿成悲剧。日本把这类少年称为"断裂少年"，他们的特征是：情绪不稳，行为怪异。小学生普遍变得"无法自我控制"，高中生则"丧失活力和责任感"。这导致小学生都倾向于"不顺心便哭泣、惊慌，甚至使用暴力"；中学生则"不能保持镇定，不能面对困难"，同时"不顾他人感受，容易自我伤害"。去年，美国全国医学会公布了有史以来最大的一次有关青春期危险行为调查报告。调查结果表明，青少年从父母、老师那里得到的关怀、理解和爱越多，出现酗酒、吸毒、吸烟、自杀和性乱等高度危险行为的概率就越小。这再一次说明了家庭和学校的教育是避免青少年犯罪的关键。

美国普林斯顿大学一位政治学和公共事务学教授警告说："那些无缘得到父母、老师、社会的关怀爱护、是非不明、美丑不分的'道德贫困'儿童，很可能会成为新一代'超级掠夺者'。"日本教育评论家能重真作，在分析青少年犯罪原因时认为，逮捕一两名少年犯不能从根本上刹住少年犯罪之风，学校和家庭应当教育学生自我控制，包括青春期少年对于金钱的欲望以及对于暴力的冲动等，但是学校和家庭都未能尽力，只是一味地抓学习或强制性地让他们放学后去私塾补习功课。这种状况如果不改变，很难保证今后不再发生类似案件。

3. 过分宣传暴力的影视文化难逃其咎

从暴力事件的增幅和暴力性来看，日本学生的犯罪问题和美国相比，绝对不少，分别只在于美国学生用枪，日本学生用刀，但其杀伤力和破坏性及最后带给社会的不良影响是一样的。枪、刀杀伤案件的增多，舆论普遍认为与影视文化不无关系。近年来，社会上过分宣传的暴力文化，鼓励孩子不惜一切代价去追求名誉和虚荣，电视、电影、音乐、卡通无一例外。去年6月警方在调查11岁的长谷须被一名14岁的男童肢解一案时，从凶手家中搜出了大量描写暴力恐怖事件的影碟和描写谋杀案件的书籍。受其影响，为了能在同学中引起注意，为了有资格在同伴中赢得钦佩，男孩子挥拳打架，玩弄枪刀，加入帮派，有的抢劫或吸毒。女孩子往往过早吸烟，乱交男友，还有的甚至去跳脱衣舞或卖淫。这种道德堕落、追求物质享受和虚荣的社会倾向的日趋严重，无疑是产生暴力事件的温床之一。

例如，日本学生用来犯罪的凶器是一种能够折叠的“蝴蝶小刀”，而这“蝴蝶小刀”恰恰是深受青少年喜爱与效仿的电视连续剧《礼物》中主人公的扮演者、帅哥木村拓哉把玩的物件，从最初的千方百计要搞到“蝴蝶小刀”演变成小男生出门必备的“装饰品”，单单在琦玉县19万名中学生当中，就有6000人有这样的小刀。这种容易携带的工具，遇到青少年情绪失控，便容易成为残暴的凶器。东京大学佐藤教授分析说，“蝴蝶小刀”的盛行，是日本泡沫经济破裂后的事，情况跟海湾战争后的美国少年带枪，每年有近万人丧命枪下，有相同的时代和社会背景。

4. 量刑过轻犯罪者置若罔闻

根据日本法律，14岁以下的少年杀了人后，最高刑罚不过是送入少年改造中心服刑两年。像组织少年帮派打斗杀人的只需服刑一年。15岁以下的少年如犯了严重罪行只在地区家庭法院受审。国家检察官不会出席聆听，而被告可请律师为之辩护。至于女孩子更是在保护妇女法律的大伞遮掩下有恃无恐，以致警方落入捉了又放、放了又捉的尴尬处境。难怪日本青少年犯罪不计后果，视其为小菜一碟，一犯再犯，不能痛改前非。对青少年犯罪的宽大量刑，也说明日本政府对少年犯罪活动熟视无睹，毫不重视。①

5. 刑满释放后没有职业

在“二进宫”的人当中，没有职业的占48%。原因主要是经济低迷，全社会失业率都在增加，“好孩子”就业都不是一件容易的事情，“坏孩子”就更不容易就业了。其次，日本少年犯入狱期间的亲属探亲次数与其是否“二进宫”有直接的关系。如何改善社会环境，让少年犯出狱后在社会能够有“立足之地”，如何改善家庭关系，让少年犯能够获得家人的理解与接纳，这已成为防止

① 升平：《日本青少年犯罪激增》，载《群言》1999年第12期。

"二进宫"的根源。①

另有机构也对青少年犯罪的原因进行了调查研究。2005 年 6 月，由日本内阁政府组织召集由警察厅、法务省、文部科学省、厚生劳动省和最高裁判所、家庭裁判所六个国家级机关和学者共同成立了"预防少年犯罪的调查分析委员会"。该组织经过调查后认为青少年犯罪的原因不应局限于家庭教育、学校、社区等不理想的环境。他们从专门性、科学性（包括医学、精神科）视点出发，认为青少年这个特定年龄层次的社会群体所引起的犯罪要素有三种：②

（1）儿童虐待。内阁府的研究认为走向犯罪的少年中大多数有过被虐待的经历。这种虐待，不只是局限于家庭中从小受到父母或亲戚的虐待（包括性虐待），还从家庭扩大到学校、社区和社会。因为受到外界重大的心理或身体上的压迫感，会深刻地影响大脑的健全发育。

（2）发育障碍症。幼儿期有多动症、自闭症等各种障碍，如果得不到及时的关心、帮助和理解，会对孩子的人格产生很大的影响。精神科专家认为这也可能是有些孩子容易走向犯罪的重要原因。特别是患有发育期间障碍症、多动症的孩子，本身对父母不善于表现出亲近的感情。如果这个期间，家庭环境中有对孩子歧视、虐待的行为，或者在学校有被冷落的言语和行为，就容易刺激他们走向极端。而且，精神医学专家认为，具有发育期间障碍症的儿童，他们容易染上不良习惯以致发展到犯罪。当然，这种观点也受到质疑。具有多动症的孩子也不是全部走向犯罪，少数孩子之所以走上犯罪道路同他所处的家庭、学校和社区及朋友等各种因素有关。

（3）有害环境。有害环境包括媒体环境和社会中的有害环境。媒体对少年这个特殊的不成熟的年龄层次来说，是容易刺激、促使少年采取模仿，引起犯罪的社会背景。另一个环境是社会有害环境，有害环境对未成年人的大脑神经系统的正常发育产生不可否认的影响。例如，援助交际就是通过电脑或手机发出各种不利于少年健康成长的信息，诱发未成年人发生不良行为，成为犯罪的温床。

三、国外青少年重新犯罪预防的理论和实践

（一）国外青少年犯罪预防的理论

第二次世界大战后，犯罪问题尤其是青少年犯罪问题日益引起各国重视，关于犯罪预防的思想和理论，也摆脱了单纯的理论探讨，开始注意切实可行的效果，提出环境预防论的观点。

所谓环境预防论，指的是从研究犯罪产生的原因或条件出发，在环境设计上

① 《少年犯再次犯罪率高达 40%》，载日本新闻网，http://www.ribenxinwen.com/html/a/201111/11-11101.html。

② ［日］藤本哲野著：《日本预防青少年犯罪的新国策》，俞建平译，载《青少年犯罪问题》2006 年第 6 期。

堵塞犯罪的可能，或者创造一种不能实施犯罪的环境，从而消除或限制犯罪者作案的原因或条件，以达到预防犯罪的目的。倡导者为杰弗瑞和纽曼。环境预防的主要内容包括如下三个方面：

（1）制造作案障碍。其中，又可以分为三项：目标加固，包括门窗加固、安置报警系统；目标转移，包括以信用卡代替现金使用等；控制作案工具，如控制武器、炸药；等等。

（2）制造犯罪“得不偿失”的条件，增加犯罪分子被抓、被判刑的可能性，使其感受到惩罚的威慑，以增大得不偿失的方面。而威慑作用的最大发挥，不在于刑罚的严厉性，而在于刑罚的必定性。

（3）加强正规的警察和司法成员与非正规（居民、邻里、亲友）的监视巡逻，使犯罪人不敢轻举妄动，包括社区预防、邻里守望等。此外，还包括通道控制和监察系统控制。

TAP 理论，是警察达到现场所需的时间的英文简称。持该理论的学者认为警察到达现场的时间快慢对预防犯罪具有重要意义，警察到达现场的速度快，控制犯罪的功能大，预防犯罪的能力大；反之，预防犯罪的能力就弱。警察到达现场的时间包括：

（1）发现犯罪的时间，即从犯罪开始被人觉察的时间；

（2）警察机构人员获悉犯罪的时间；

（3）警方做出反应并到达犯罪现场的时间。这是一种事后的防范措施。

美国学者科菲在《青少年犯罪预防》一书中提到，司法系统包括警察、法院、矫正机构等只能控制犯罪的一部分，而不能控制犯罪的全部。有相当一部分犯罪需要预防。需要取得公众的理解和支持，取得社区的参与非常重要。他认为获得社区支持和参与的方法是使他们意识到每个人都是犯罪直接和间接的受害者，有责任改变这种状况。

威廉·希里夫妇对青少年犯罪个体的研究结果表明，要理解青少年犯罪的根源，就要深入理解个人的经历，对病态行为进行精神分析。他们认为，应通过对青少年进行心理治疗来预防犯罪。治疗的方法是：满足儿童时期的基本要求，保持稳定的家庭环境和生活条件，对儿童进行合理的管教，提供正常的娱乐机会，家长守法，邻居善良，避免儿童心理遭到挫折。

（二）国外青少年犯罪预防的实践

1. 美国青少年犯罪的预防措施

1817 年，美国马塞诸塞州制定《习惯犯罪者法》。该法规定，对于累犯、习惯犯的处罚要重于一般犯人。以后，其他州也制定了《习惯犯罪者法》。现在美国大部分州都是按《习惯犯罪者法》处理重新犯罪问题。就全美国而言，各州比较一致的有几点：（1）犯过重罪的，又二次、三次被定为有罪，一律加重处罚，也有的三次犯罪即判处无期徒刑。例如，印第安纳州 1967 年的《习惯犯罪者法》规定，两次因犯重罪而受有罪宣告及执行为习惯犯罪者，并对三次犯罪者处以无期徒刑。（2）犯过重罪的，又四次被定为有罪者，可处以无期徒刑。（3）对重新犯罪者，限制缓刑或假释的适用。在刑罚执行方面，早期美国有著名的宾夕法尼亚制和奥本制。前者也称为独居制，强调对服刑者的独居关押；后者也称为沉默制，严格限制服刑者说话。在1870年之后，美国强调对服刑人的矫正，建立了罪犯教养所、罪犯矫正所、拘禁营地、慈善收养所、嗜赌者治疗机构等一系列矫正机构，广泛采用缓刑和假释制度。第二次世界大战后，美国又出现了各种行刑模式：康复模式，主张监狱的主要职责是促使犯人得到康复；重新结合模式，主要以社区为基础，在社会中管理罪犯，帮助罪犯把自己结合到社会生活中去；新古典模式，强调对罪犯的关押，关押的时间更长。20世纪60年代以来，美国强调社区矫正，包括审前释放和转处方案、判刑前的调查、缓刑适用、居住治疗、赔偿和社区服务、假释、工作假释和重返社会训练所等。但这些方法也受到了社会公众和学者的质疑和批评，认为这些并没有降低累犯率，没有减少监狱开支。

美国也是世界上最早颁布《少年法》和建立少年司法制度的国家，它的青少年预防犯罪体系，有自己的特色。第二次世界大战后，预防青少年犯罪活动，主要在法律结构以外进行。少年审判不是法律正规程序，而是拯救、保护性收容。少年诉讼程序也不是正规的。对控告的犯罪少年没有规定合法的程序，只是由社会福利工作者寻求将迷途的青少年引向正道的新方法。其结果是许多违法犯罪青少年虽然经过慈父般法官和社会福利工作者给予规劝和教导，却不接受拯救，并继续进行犯社会活动。20世纪50年代以后更为厉害。经过论辩之后，美国少年审判制度逐渐稳步地变为类似成年刑事法庭的诉讼程序。其目的是预防犯罪。其预防体系包括警察、法院、矫治机构。70年代以后，美国认识到少年司法体系存在侵犯少年权益、矫治效果不佳、重新犯罪率高的弊端，提出了以脱离少年司法体系和非教养化为核心、广泛利用社会力量矫治青少年司法体系的变革计划，以及广泛利用社区资源预防犯罪的计划，使美国预防青少年犯罪的体系发生了根本性变化，从消极转变为积极。转向的措施包括：①劝说措施；②医疗性措施；③教育措施；④行为矫正，适用奖惩，鼓励正当行为。另外，还帮助少年调节人际关系，强制戒毒、戒酒等措施。70年代以后，矫正机构也进行了改革，一些州的教养院、训练学校关闭，广泛利用社区资源，开发以社区为基础的矫治，推行重返社会的训练计划。具体包括的措施有：①工作释放；②学习释放；③探亲休假；④重返社会训练所；⑤以社区为基础的帮助方案。

此外，还包括其他措施：①改善环境；②邻里防卫策略；③警察社区策略；④警察街道治安徒步巡逻队；⑤向中小学生教授法律课。

2. 英国青少年犯罪的预防措施

在英国，把重新犯罪人称为固执犯罪人。历史上，英国对这种固执犯罪人曾经采用流刑、重刑主义的强制劳动和禁锢、二元主义的刑罚和警察监视、二元主义的刑罚和保安处分、一元主义的预防拘禁、矫治训练和保安处分等法律制度。因效果不佳，1967 年的《刑事审判法修正案》废止了预防拘禁和矫治训练法律制度，对固执犯罪人采取重刑长期拘禁制度。具体是，凡被判处两年以上拘禁刑的罪犯又符合下列条件之一者，法院根据犯人过去素行和将来再犯的可能性，认为与社会隔离可以避免再犯时，便可以处以重刑：（1）判决后 3 年以内，或受拘禁刑、矫治训练或预防拘禁被释放后 3 年内又犯罪的；（2）21 岁以后，3 次因有罪被判处拘禁刑又犯罪的；（3）在上述（1）和（2）所受拘禁刑、矫治训练及预防拘禁时间合计 5 年以上者，其中至少有一次宣告预防拘禁或至少有两次受拘禁刑，或宣告矫治训练中至少有一次为 3 年以上拘禁或两次各 2 年以上拘禁刑又犯罪的。具体加重刑期的规定是，法定最高刑为 5 年者不得超过 5 年；法定刑为 5 年以上 10 年以下者不得超过 10 年；法定刑为 10 年以上者不得超过最高刑的范围。在英国，国会要求 21 岁以下的少年犯都应在监狱外执行刑罚。具体羁押少年犯的机构包括监狱、少年感化机构和拘留中心。

3. 德国青少年犯罪的预防措施

在德国，有专门的青少年刑法，其处罚措施包括训诫、赔礼道歉、赔偿损失、强制性义务、业余时间监禁、短期禁闭和长期禁闭。严重犯罪者可判处 6 个月以上 5 年以下徒刑；最严重的犯罪判刑也不得超过 10 年。法官还可决定判不定期刑。对判处 1 年以下的少年犯，有条件的可以适用缓刑，并确定考验期，接受管教和强制义务。不适用缓刑的送进少年监狱。德国关押未成年人的监狱设施先进，装有全方位电子监视设备。每个未成年犯监舍，为 8 人 1 组，每组由谈话人员、社会工作者、心理学家、技工师傅组成的监狱工作人员管理教育。监狱对犯人的教育包括以下几个方面：入监教育，然后根据社会工作者和心理学家的调查报告，分配到相应的小组；文化教育，犯人监房内桌椅、书架、文具，供学习用；技艺劳作，主要技艺有工艺品、木工、绘画、汽车修理等；宗教信仰自由，监狱内牧师传教，也有小教堂，供犯人定期不定期地祈祷；出监前过渡，即半出监的犯人移居到监狱内的“村庄”，即散落在为农田、森林所环抱的房舍，犯人可在这里自由活动，学会适应社会生活。德国的未成年监狱分为封闭式监狱和开放式监狱两种。在封闭式监狱中，只准在监狱内进行活动。开放式监狱就是自己可以到监狱外活动。在德国，未成年监狱的最大特点是对少年犯不进行思想教育，也不进行严格的集体生活训练。

德国预防少年重新犯罪，是与少年司法运动同步的。[①] 19 世纪，德国有关少年犯罪的问题，都规定在刑法中。在 1871 年德意志帝国建立及《帝国刑法典》制定之前，德国各州都制定有各自的刑法典，其中与少年犯罪有关的，主要是关

① 刘灿华：《德国、日本少年司法制度的变迁及其启示》，载《时代法学》2011 年第 6 期。

于刑事责任能力的规定。这个时期各州的刑法，基本上都受到1810年《法国刑法典》的很大影响并以之为立法蓝本。根据当时法国刑法典的规定，年满16周岁的人具有刑事责任能力；16周岁以下的人是否具有刑事责任能力，要根据其是否有识别力而做出判断。1871年，德国《帝国刑法典》生效，该刑法典主要从刑事责任能力与刑罚的适用两个方面对少年犯罪问题做出特别规定。根据《帝国刑法典》，不满12周岁的人没有刑事责任能力。而已满12周岁不满18周岁的人具有相对刑事责任能力——如果他们在行为时具备智力上的认识能力，就具有刑事责任能力；否则，就不具有刑事责任能力。对于不具有刑事责任能力或辨别能力而不构成犯罪的未成年人，不能给予刑事处罚，但可以将他们移送至感化教育场所或矫治处分场所进行教育、矫治。对于要负刑事责任的未成年人，该刑法典并没有针对少年犯规定特别的处罚措施，而只规定在量刑上必须减轻处罚，而且与成年罪犯一样，他们将在普通的刑事司法程序中接受审判。基于这种制度设置，大量少年犯在司法实践中被判处短期有期徒刑。但实践表明，短期有期徒刑不但没有矫正少年的品格，反而促使少年犯与重刑犯接触，出狱后无法更生，导致少年犯的再犯率高于成年犯。因此，这种只强调“减轻处罚”的制度安排遭到学者们的批评。

19世纪末，少年司法改革运动开始在德国蓬勃发展。这是基于以下方面的认识：

（1）理念基础。少年观念之转变：在传统刑事司法中，少年被视为“小大人”，因此对少年犯的规制，着眼于比照成年人从轻处罚。19世纪末，受瑞典教育家伦凯的著作《儿童之世纪》等的影响，人们逐渐认识到，儿童和少年并非“小大人”，他们本身具有“优越的社会地位”。在刑罚领域，人们也逐渐认识到，比照成年罪犯对少年罪犯进行减轻处罚并非明智。

（2）理论资源。国际刑事学协会及刑事近代学派的理论贡献伴随着少年观念的转变，人们逐渐发现传统刑事司法中的不足，但观念最终需要制度来实现。在制度的形成过程中，德国理论界发挥了重要作用。1891年在哈雷举行的国际刑事学协会德国分会第二次会议则被认为是德国少年司法改革运动的开端。该会议的主题是“少年犯于现行刑法规定之下应循何种途径改变其处遇”。其中，德国检察官阿培留斯在会议中发表的《少年犯与失教儿童之处理》一文产生了重要影响。该文针对当时少年犯罪问题，提出许多启发性的改革建议，其中包括：①刑事责任年龄应减至14周岁；②对于儿童犯罪人应当由国家实施家庭式或监所式的“监督教育”而非监禁；③根据身心成熟程度来判断少年的“识别力”；④废除短期监禁刑；⑤轻刑犯的最低刑度应为1个月，重刑犯的最低刑度应为1年；⑥设立刑罚免除执行的方式，以国家监督的教育措施来代替；⑦少年犯出狱后交付辅导；⑧科处刑罚之外，合并实施教育措施，或以教育措施代替刑罚；⑨要顾及少年的人格，促进少年犯的家庭关系；⑩审理不公开；等等。该文对少年司法改革实践发挥了重要作用，其中的许多建议日后被立法机关采用。

此外，德国的刑事社会学派的理论对少年司法产生推动作用。该学派的代表人物李斯特认为，惩罚一个犯罪的少年会提高该少年再次犯罪的可能性；相反，如果国家不惩罚该犯罪少年，他很可能不会再次犯罪。这个观念在少年司法领域，其主张的刑罚特别预防、刑罚个别化及教育功能等观点，逐渐居于领导地位并成为少年司法改革的重要指导思想。

(3) 少年司法改革运动的核心内容：少年法院运动。在德国，实务界发起了一场德国式的少年法院运动。这场改革运动的主要推动者是法律职业家，特别是法官。他们主张，少年司法中应该强调的不是惩罚而是少年的矫正与复归，应该将少年从成年人司法系统中转移出来并且应该为少年罪犯提供专业的、专门的教育和帮助措施。少年法院运动的第一个成果是 1908 年法兰克福成立了第一个专门审理少年犯罪案件的法庭。此后不久，少年案件的侦查与起诉权被授予给特定的检察官，“少年检察官制度”因此也产生。与此同时，法律的改革被提上议程，司法部向议会提交了关于少年司法改革的草案，但由于第一次世界大战的爆发，该草案并没有获得通过。第一次世界大战期间及战后，德国少年犯罪情况越来越严重，这种局面促使政府于 1919 年向议会递交了关于少年罪犯特别处遇的法律草案；此后，为了与《少年福利法》（草案）相协调，该草案经过修改后于 192 年被提交议会并于 1923 年通过，德国《少年法院法》及少年司法制度即告诞生。

1923 年《少年法院法》主要有以下几方面的创新：

首先，教育原则的确立及教育处分措施的设置。《少年法院法》以教育原则为其立法宗旨，希望通过教育而非刑罚（特别是自由刑）来对少年犯进行教育与矫正。为此目的，《少年法院法》规定了若干种教育处分措施，作为刑罚的替代措施，因此法官可以对犯罪少年判处教育处分措施而不判处刑罚。

其次，法定起诉主义的放弃。根据当时的刑事诉讼法，德国在起诉上实行严格的法定主义，即检察官对于符合法定起诉条件的案件必须起诉，而没有决定是否起诉的裁量权。《少年法院法》则赋予了检察官是否及如何起诉的权力以及是否终止某些轻微案件程序的权力。

最后，少年法院的设置。“少年法院”事实上是地方法院或州法院的内部机构，在形式上属于上述法院中的“特别法庭”。在德国，“少年法院”只是一个概括性的概念，它有以下三种形式：

①由独任的少年法官组成的少年法院：在地方法院，只由一名职业法官组成，负责情节轻微的可罚行为的一审审判。

②少年参审法院：由一名职业法官（由其担任审判长）与两名参审法官组成的少年法院，设置在地方法院，负责情节比较严重的可罚行为的一审审判。

③州少年法院：设置在州法院内，有小少年审判庭与大审判庭两种。小少年

审判庭由一名职业法官（由其担任审判长）和两名参审法官组成，负责审理对独任法官判决不服的上诉。大审判庭由三名职业法官和两名参审法官组成，负责审理对于少年参审法院判决不服的上诉。

（4）德国少年司法制度的改革。从制定至今，伴随着《少年法院法》的多次修改，德国少年司法制度处于不断改革当中，其中对少年司法制度的一些重要改革如下：

第二次世界大战时期，在国社党的操纵下，德国《少年法院法》于1943年被修改为《帝国少年法院法》。总体来说，《帝国少年法院法》对少年犯采取更为严厉的刑事政策。其中最重要的一个修改，是设置了“惩戒处分”这种新的制裁措施，惩戒处分中包含了剥夺短期自由的“少年禁闭”。与此同时，三个月以下的短期自由刑被废除，少年自由刑的最低期限为三个月。此外，该法将刑事责任年龄从14周岁修改为12周岁，且排斥缓刑的适用，而且还规定触犯重罪的16周岁以上的未成年人可以被移送至普通刑事法审判等，这些修改都被学者视为立法的退步。但是，该法确立了前科消灭制度，允许法官以裁判的方式消除少年犯的前科记录，以及废除罚金等刑罚种类，使少年刑罚只剩下自由刑一种等新的做法，则被视为是立法的进步。

第二次世界大战结束后，《帝国少年法院法》于1953年又被重新修订为《少年法院法》，《帝国少年法院法》中的一些不合理做法得到修正，如刑事责任年龄恢复为14周岁，缓刑制度得以重新确立。然而，1953年《少年法院法》最重要的创新是将少年法院法扩展适用于甫成年人（已满18周岁不满21周岁的成年）。此外，少年自由刑的最低期限由三个月改为六个月。

1990年8月，德国通过了《少年法院法之第一修正法》，废除了不定期刑，同时对少年司法制度进行许多细节性修正，如扩大转处程序与刑事和解的适用、限制审前羁押的适用等。同时根据两德统一条约，新修订的少年法院法于1990年10月3日适用于原东德地区。

4. 日本青少年犯罪的预防措施

2003年12月，日本政府专门召开了“犯罪对策的内阁会议”，制定了“与犯罪行为坚决对抗的行动计划”。目的是恢复日本过去的“世界上最安全的国家之一的声誉”。日本的“青少年育成推进本部”也积极制定了“日本青少年育成施策大纲”。日本警察厅为贯彻以上精神，于2004年4月制定了具体的“预防青少年犯罪推进综合保护政策纲要”，开始认识到预防青少年犯罪必须重视综合保护。①

日本每年出版《犯罪白皮书》。日本的《少年法》规定了将“犯罪少年”、

① ［日］藤本哲野著：《日本预防青少年犯罪的新国策》，俞建平译，载《青少年犯罪问题》2006年第6期。

"触法少年"和"虞法少年"作为少年司法体系管辖、处理的对象。犯罪少年即14岁以上触犯刑罚法令的少年；触法少年是指未满14岁触犯了刑罚法令的儿童；虞法少年是根据其性格和环境，将来有犯罪或触犯刑罚法令可能的未成年人。目的是通过对他们"采取改造品性和整顿环境的保护处分"，并且保证少年福利，"以促使少年健康成长"。日本少年司法的各机构分别是警察、检察厅、家庭裁判所。其中警察负责对违法犯罪少年进行侦查和调查，向检察官、家庭裁判所、儿童商谈所报告或解送，并对少年进行警告和劝导，与少年家庭和学校取得联系，进行预防犯罪的街头辅导和有关制止少年违法犯罪的商谈。检察厅对警察解送的少年即自己发现认定的犯罪少年，综合研究犯罪的轻重、犯罪情况、少年品质及境遇、社会防卫及国民一般正义感等之后，提出对少年犯的处理意见，解送家庭裁判所，由家庭裁判所先议。对家庭裁判所解送的需要给予刑事处罚的少年，则向刑事裁判所起诉。家庭裁判所是基于日本裁判所而设置的下级裁判所的一种，是日本少年司法工作的中心机关。它具有审判少年保护案件的职权，并且管辖家庭内一切纠纷和冲突。家庭裁判所审理少年案件之前负责违反犯罪少年队调查，依据少年的人格、经历、环境、素质等，参与少年鉴别所的鉴别结果，给少年以恰当的待遇。家庭裁判所审判后可以作出处理，给予保护处分，包括监护观察、解送教养院、解送少年院、解送儿童商谈所、解送检察官、不开始审判及不处分。

青少年矫治机构包括少年鉴定所、少年院、少年刑务所（少年监狱）三个机构。以上3个机构的措施包括：鉴别和商谈；生活指导；职业辅导和训练；教育；体育和文娱活动；特修科；地方更生保护委员会；保护观察所；儿童商谈所；养护设施；教养院。

日本的少年教养院关押的主要是家庭裁判所送来的罪错少年，是一种教育机构，分三等：初等少年院，收容身心没有明显障碍，14岁以上未满16岁的人；中等少年院，收容身心没有明显障碍，16岁以上未满20岁的人；特别少年院，收容犯罪倾向很明显的16岁以上未满23岁的人。除上述分类外，在各矫正管区中还有更详细的分类：A级，收容初等少年院的对象；B级，收容中等少年院的对象；C级，收容特别少年院的对象；D级，收容医疗少年院的对象。对入院少年主要是慈爱的教育而不是惩罚，所以，少年院的气氛和环境要比监狱欢快、宽松得多，教员和少年犯关系密切。少年犯入院后，导致经过分类设施、累进出遇、学科教育、职业辅导、生活训导、生活关心、奖惩、出院等。

此外，还有民间性的社会组织、民间组织所进行预防青少年犯罪的活动，如暴力少年辅导中心；防范协会；保护司；母亲会和妇女更生保护会；学校与警察联络协议会；兄姐会；等等。

日本的青少年犯罪预防体系是比较完整的，基本上是一个从上到下，从官方到民间的综合性预防体系。过去，日本的少年犯罪对策，限定在以家庭裁判所为中心，由警察厅专门担当少年犯罪案件的少年警察官和监察厅少年检察科的少年检察官，连同法务省的矫正部所属的少年鉴别所、少年院、保护观察所、少年刑务所（少年监狱）等相关机构共同合作，开展完成日本少年司法制度中的保护处分和刑事处分的各个环节的工作。日本的少年司法制度及时通过小范围内的相互配合，保障了犯罪少年人的人权和调整改善他们的生活环境，促使他们走上健全发育成长的道路，以此实现日本少年法第一条规定的宗旨。

但是，今天针对日本社会中频繁发生的少年犯罪案件，日本现行的少年司法制度对策的偏向性已经引起了各方面的批评和指责。日本法务省认识到，预防青少年犯罪的对策，不但是少年司法和刑事政策的职责，也是日本国家全体社会的共同责任，只有全日本国民和各方面的社会力量共同携手联合起来，才是预防少年犯罪、保护少年人身安全的最有力的政策。

因此，日本已经着手分三个阶段来制定对策，预防少年犯罪和保护少年的生命安全。第一阶段：家庭、学校、企业雇佣单位、娱乐场所、媒体宣传机构和社会保障机构等各方面联合起来，为预防少年犯罪创造良好的、健全的、丰富多彩的文化生活环境。第二阶段：由警察机关、少年福利事业互相配合，及时指导，援助少年摆脱越轨行为，把可能犯罪的苗子提早摘掉。第三阶段：正确有效地运转刑事司法部门，采取正确、有效、适当的多样性措施，保障少年犯罪案件在揭发阶段，灵活、慎重地运用少年司法制度，保障未成年人在设施内的处分和社会上的处分具有多样性和针对性，促使他们早日回归社会和消除再犯罪的可能性。日本政府认识到，第一阶段是预防少年犯罪、保障少年人身安全、预防再犯的重要基础。

日本法务省在《2005 年犯罪白皮书》中这样说："少年犯罪是家庭、学校、地区、社会等各方面存在问题的综合反映，特别是少年的父母或者保护者，把自己没有实现的愿望和理想全部押注在孩子身上，有的大人则利用孩子作为自己犯罪的工具，事实上走向犯罪的大多数少年是成绩不理想或者是受到家庭、学校虐待、欺侮、逃避学校生活，又不能适应社会的失落者，他们往往很快找到与自己有同等遭遇的小伙伴，立刻结成牢固的同盟。这是他们犯罪的主要原因。"

在今天，处身于越来越复杂化、高速化发展的社会生活中，还没有发育成熟、不能理智地判断是非的社会弱者——未成年人，他们对我们成人所造成的社会阴暗面，最容易接受和模仿，这个事实已经被大量的少年犯罪案件所证实了。另外，现代社会中的手机、电脑、电视、报刊等千变万化，泛滥的情报不可避免地为孩子提供了不健康的文化环境，在这一部分不健全的社会日常生活环境中，怎样去指导、培养、训练孩子学会运用自卫的手段来保护自己，使其能健康成长是这个时代提出的一个严肃课题。

正因为如此，成年人首先应当检查自己，在反省的同时必须重视青少年在社会中的地位，同时认真思考怎样阻止他们走向犯罪的方法和措施。成年人还要认识到预防少年犯罪和对少年的矫正，单靠刑事司法领域努力是不够的。犯罪少年在刑事司法中的矫正活动，只是教育他们怎样认识和摆脱过去，走向新起点的第一步，他们早晚要重新回到自己的家庭和居住区。返回原地后只靠自己的努力和力量去克服、抵制旧习是不够的，要防止他们再犯，在地区中重新找到适合自己的新位置，还要靠社区的力量。这是社区里每个人都必须认识到的最基本的出发点。要完成这个过程，就需要依靠社会各个团体、机关和企业部门，有目的地携手联合起来，共同推进实施，预防少年犯罪和消灭他们再犯罪的不利因素。这位日本学者提出，要重视少年在社会日常生活中的五个空间：家庭空间、学校空间、社区生活空间、信息空间、聚合空间。在第四个信息空间中存在不少我们成人不了解的有害环境。孩子们只要轻轻地按一下键，就能轻易地获得不少有害的情报和影像。

（撰稿：汪勇）

附件1：青少年重新犯罪状况及预防模式研究报告

近年来，青少年重新犯罪问题严重。为深入了解我国青少年重新犯罪的状况及特点，为进一步加强青少年重新犯罪预防工作提出有针对性的对策建议，团中央权益部（中央综治委预防办）与中国青少年研究中心合作开展了“预防青少年重新犯罪的路径和模式”课题研究。2011年8月至11月，课题组先后赴广东、江苏、河南、湖北、四川五个省，对青少年重新犯罪问题进行深入调研。

本次调查采用定性研究和定量研究相结合的方法，课题组深入五个省进行问卷调查和个案访谈，共计发放调查问卷3100份，回收3043份，回收率为98.2%，访谈重新犯罪的青少年罪犯、监狱警官和社区矫正工作人员等共200余人。

在本报告中，重新犯罪是广义的概念，是指曾因犯罪被免予刑事处罚、被判处管制、拘役、有期徒刑、无期徒刑或者单独适用附加刑的，刑罚执行期间或者刑罚执行结束后又实施故意或过失犯罪行为。

一、青少年重新犯罪的状况和特征

（一）本次调查的青少年罪犯中，重新犯罪的比例是13.1%，重新犯罪年龄主要集中在16—20周岁

从犯罪规模看，在本次调查的青少年罪犯中，重新犯罪的比例是13.1%；未成年犯中重新犯罪的比例为12.5%，18—25周岁罪犯中重新犯罪的比例为13.3%；男性罪犯中重新犯罪比例为17.2%，女性罪犯中重新犯罪比例为5.5%。从年龄结构看，青少年重新犯罪的年龄主要集中在16—20周岁，占61.5%；16岁和17岁两个年龄组所占比例较大，分别为16.7%、13.4%。重新犯罪时16岁及以下年龄组人数比例低于初次犯罪时人数比例，而17岁及以上年龄组重新犯罪的人数比例均大于初次犯罪人数比例（如图1所示）。

从重新犯罪与初次犯罪相隔的时间看，出狱后1年是重新犯罪的危险时期，其中，出狱后6个月内重新犯罪的占18.1%，6个月到1年的占22.6%。另外，约27%的重新犯罪是在缓刑期内。

（二）重新犯罪的青少年罪犯的受教育程度偏低，90.1%是初中及以下学历

从受教育程度看，90%的重新犯罪的青少年罪犯是初中及以下学历，其中，初中所占的比例最高，为57.4%；与初犯相比，小学所占的比例较大，为30.3%，超过初犯（20.1%）近10个百分点（如图2所示）。

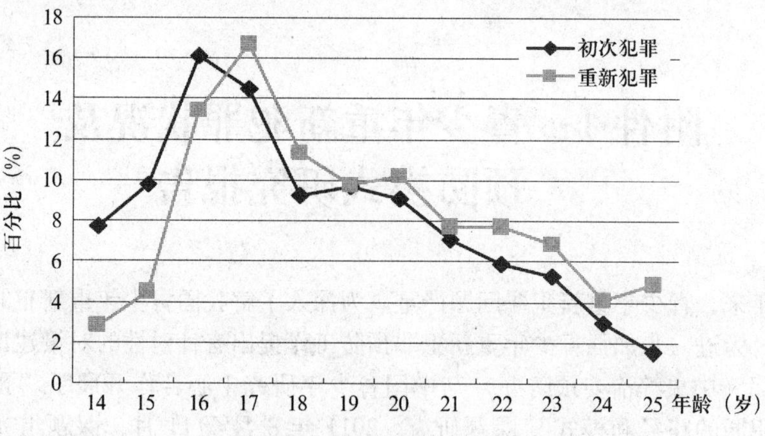

图1　青少年重新犯罪与初次犯罪的犯罪年龄比较

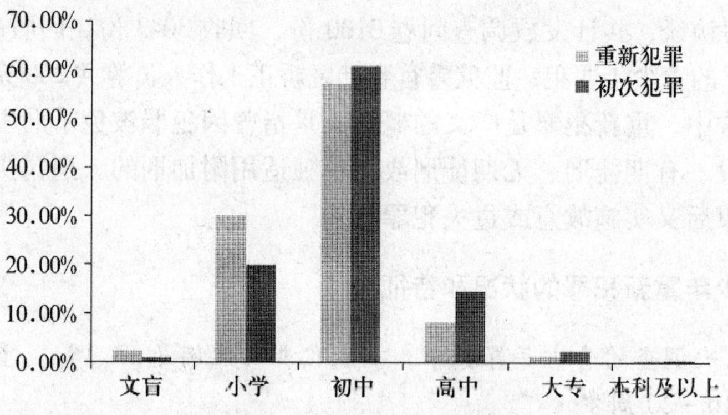

图2　青少年重新犯罪与初次犯罪受教育程度比较

（三）55.6%的青少年重新犯罪是盗窃罪和抢劫罪，犯罪类型因年龄、性别而有所差异

从犯罪类型看，55.6%的青少年重新犯罪是盗窃罪（31.4%）和抢劫罪（24.2%）。重新犯罪与初次犯罪的犯罪类型具有一定的区别（如图3所示）。

犯罪类型因年龄、性别而有所差异，男性罪犯的重新犯罪类型主要是盗窃罪（37.1%）、抢劫罪（27.1%）和故意伤害罪（10.8%），女性罪犯的重新犯罪类型主要是抢劫罪（28.1%）、贩毒罪（21.9%）和盗窃罪（18.8%）。

（四）青少年重新犯罪主要是为了谋取钱财、为了朋友和为了报复、泄愤，与初次犯罪相比重新犯罪目的报复性增强

从犯罪目的看，青少年初次犯罪为了谋取钱财（42.6%）、为了朋友（28.2%）和出于好奇（21.8%）。与初次犯罪相比，重新犯罪目的具有一定的变化，其中，重新犯罪主要是为了谋取钱财（42.4%）、为了朋友（24.6%）和

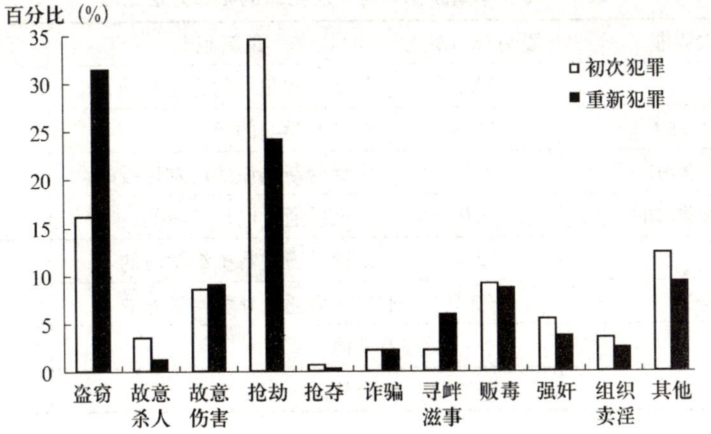

图 3　青少年重新犯罪与初次犯罪的犯罪类型比较

为了泄愤、报复（12.9%）。由此可见，重新犯罪目的报复性增强（如图 4 所示）。

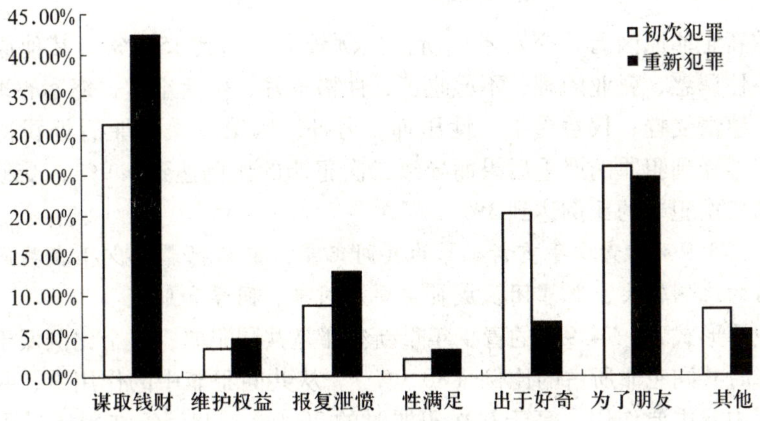

图 4　青少年重新犯罪与初次犯罪的犯罪目的比较

（五）青少年重新犯罪的犯罪方法主要是通过朋友传授、电视和互联网习得

从犯罪方法的习得看，青少年初次犯罪时犯罪方法或手段中有约 59.3% 是朋友传授的，11.4% 是通过电视学习的，5.0% 是通过互联网学习的，1.9% 是通过看报纸学习的。青少年重新犯罪时犯罪方法或手段中，37.9% 是与第一次犯罪的方法相同，10.2% 是跟狱友学习的，27.6% 是出狱后新结识的朋友传授的（如表 1 所示）。

表1　青少年重新犯罪与初次犯罪的犯罪方法比较

初次犯罪	百分比（%）	重新犯罪	百分比（%）
朋友传授的	59.3	与第一次犯罪的方法相同	37.9
通过电视学习的	11.4	跟狱友学习的	10.2
通过看报纸学习的	1.9	出狱后新结识的朋友传授的	27.6
通过互联网学习的	5.0	出狱后通过电视学习的	4.3
其他	22.4	出狱后通过看报纸学习的	3.1
合计	100.0	出狱后通过互联网学习的	3.7
		其他	13.0
		合计	99.8

（六）青少年重新犯罪前处于无业或失学状态的所占比例较大，重新犯罪原因主要是交友不慎

从重新犯罪前的状态看，服刑结束后处于无业、失学状态的青少年重新犯罪的所占比例较大，其中重新犯罪前处于无业状态的占51.7%，处于失学状态的占9.8%。

从重新犯罪原因看，交友不慎所占比例较大，达到15.4%。其他原因依次为抵制不住诱惑、就业困难、不愿吃苦、性格不好、生活空虚、侥幸心理强、受到歧视、感情受挫、权益受损、性压抑。另外，因第一次犯罪后处罚得不够严厉，没有感受到犯罪的严重后果而导致二次犯罪的比例达到5.9%，受狱友影响而导致第二次犯罪的比例达到3%。

（七）74.9%的青少年重新犯罪为共同犯罪，重新犯罪青少年在共同犯罪中主犯所占的比例较大，犯罪团伙成员主要是同事、同学和朋友

从犯罪形式看，74.9%的青少年重新犯罪是共同犯罪，这个比例低于青少年初次犯罪时共同犯罪所占的比例（80.9%）。从共同犯罪中的作用看，44.1%在犯罪过程中起主要作用，高于初次犯罪时的20.9%；48.5%在犯罪过程中起次要或辅助作用（初次犯罪时为63%），3.4%是被胁迫参加犯罪（初次犯罪时为5.3%），3.9%是教唆他人实行犯罪（初次犯罪时为2.1%）（如图5所示）。

从共同犯罪成员看，与初次犯罪相比，重新犯罪青少年的共同犯罪的成员有所变化。青少年重新犯罪时，同事、同学、朋友所占的比例为60.3%（初次犯罪时为62.1%）；同乡、邻居占14.4%（初次犯罪时为19.8%）；网友占6.9%（初次犯罪时为4.2%）；监狱服刑中认识的朋友占4.5%（如图6所示）。

（八）69.1%的青少年重新犯罪地点是街道里巷、宾馆饭店、娱乐场所和网吧

从犯罪地点看，青少年重新犯罪地点以街道里巷最多，占总体的34.7%，高于初次犯罪时的30%；其次是宾馆饭店，比例为14%；发生在KTV等娱乐场所的占10.5%；发生在网吧的占9.9%（如图7所示）。

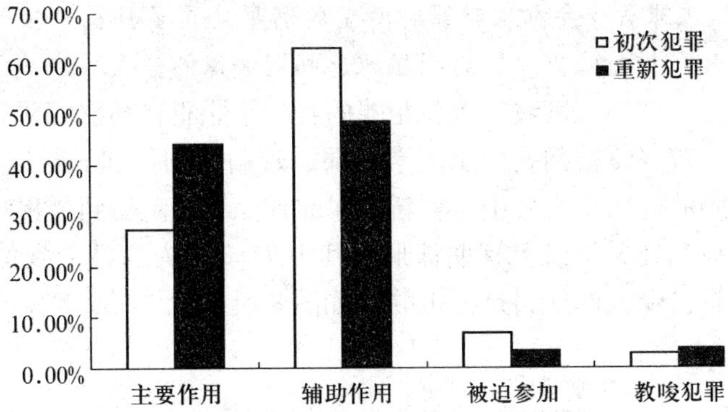

图5　青少年罪犯在共同犯罪中的作用比较

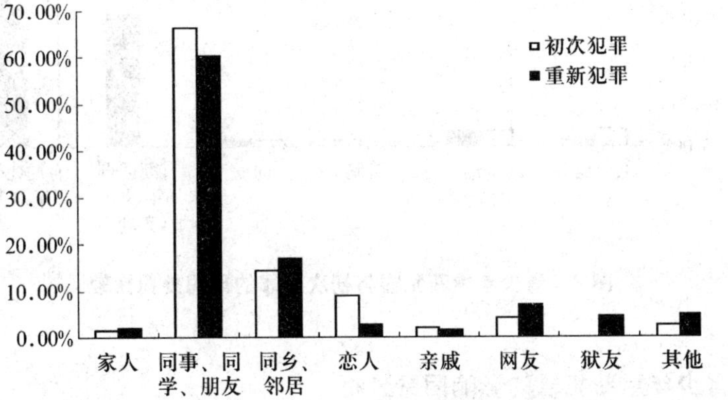

图6　青少年重新犯罪与初次犯罪的共同犯罪成员比较

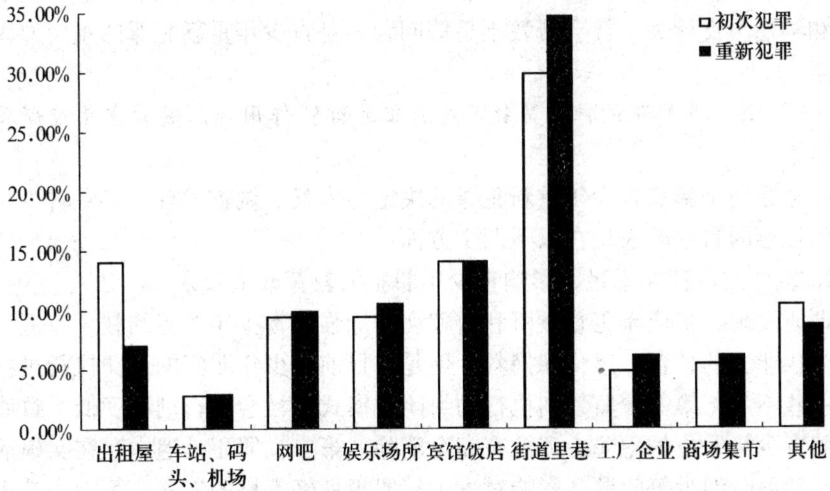

图7　青少年重新犯罪与初次犯罪的犯罪地点比较

（九）重新犯罪青少年初次犯罪时所受的刑事处罚多数属于轻刑，重新犯罪时所受的刑事处罚相对较重，较为明显地感知到法律的惩戒

从刑事处罚的严厉程度看，重新犯罪的青少年罪犯在初次犯罪时所受的刑事处罚较为轻缓，77.4%被判处免予刑事处罚、管制、拘役和3年以下有期徒刑，74.9%认为受到的处罚较为公正。重新犯罪的青少年罪犯受到了相对较重的刑事处罚，60.4%被判处3年以上有期徒刑，其中75%认为自己受到的处罚是严厉的，70%认为自己受到的处罚是公正的（如图8所示）。

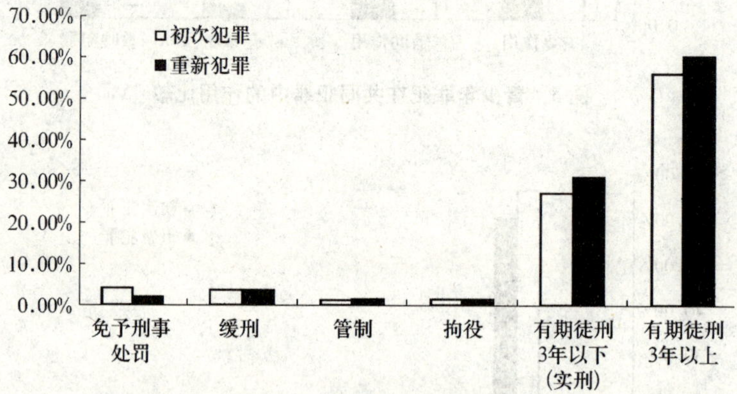

图8　青少年重新犯罪与初次犯罪的刑罚处罚比较

二、青少年重新犯罪的影响因素分析

青少年重新犯罪具有社会原因和个体原因。基于犯罪社会学的视角，通过对问卷调查数据和个案访谈资料的分析，发现家庭和社会的冷淡歧视、价值取向的偏差和早期不良行为、社会帮教不足等问题，是青少年重新犯罪的重要原因和影响因素。

（一）青少年罪犯的社会帮教不足和犯罪标签作用是影响青少年重新犯罪的社会因素

社会原因是影响青少年重新犯罪的决定性因素。调查发现，导致青少年重新犯罪的社会因素主要表现在以下两个方面：

1. 教育改造存在不足，影响青少年罪犯的教育改造效果

调研发现，未成年犯管教所和监狱切实加强对青少年罪犯的教育改造，注重对青少年罪犯的教育、感化和挽救。但是，目前青少年罪犯的刑罚执行过程中还存在一些不足：第一，监禁刑执行的封闭化模式和社会化行刑程度低，致使在服刑期间青少年罪犯的犯罪心理没有完全消除；第二，罪犯处遇中存在文娱活动单一化、学习时间少等问题，影响对青少年罪犯良好人格的培养；第三，基于经费紧张，监狱在解决生产与改造的矛盾时冲击了正常的罪犯改造工作和青少年罪犯

的职业技术培训，调查发现，84%的重新犯罪青少年在第一次服刑期间没有获得专业技术证书；第四，对青少年罪犯进行社会矫正的措施和效果需要进一步加强，禁止令的执行机制亟待完善。

2. 社会帮教不足和“犯罪标签”作用，影响重新犯罪青少年顺利回归社会

第一，社会帮教不足影响重新犯罪青少年顺利回归社会。调查发现，第一次刑满释放回到社会后，69.6%的重新犯罪青少年缺少技能，58.8%无法继续上学，61.1%找不到工作，64.5%缺乏心理辅导，73.4%不知道该干些什么。这表明，由于社会帮教的不足，影响重新犯罪青少年顺利回归社会。

第二，犯罪青少年回到社会后受到“犯罪标签”的影响，在客观上给青少年的求职、交往、恋爱、社区融入等“再社会化”造成障碍，从而使得青少年在回归主流社会被拒的情况下选择了回归“边缘群体”和“亚文化”，重新走上犯罪道路。调查发现，第一次刑满释放回到社会后，56.1%的重新犯罪青少年受到冷遇、歧视，62.6%难以脱离以前的朋友圈子。

（二）青少年罪犯的家庭关系不好和回归社会后家庭的冷淡歧视是影响青少年重新犯罪的家庭因素

调查显示，重新犯罪青少年初次犯罪时家庭关系“很差”和“比较差”的占25.4%；重新犯罪青少年第一次服刑期间“很少有探视”和“没有探视”的占56.4%；重新犯罪青少年第一次出狱后的家庭态度不好，受到“冷淡歧视”的占10.7%，“放任不管”的占17.2%；回归社会后，重新犯罪青少年缺少家庭关爱所占的比例为45.9%，其中，“极度缺少”的为10.0%，“重度缺少”的为9.0%，“中度缺少”的为12.4%，“轻度缺少”的为14.5%，这表明近半数的重新犯罪青少年在回归社会后家庭的关爱不足。由于家庭关系不好和回归社会后家庭的冷淡歧视，影响了家庭的教育、情感依赖、经济支持等功能，致使重新犯罪青少年缺少来自家庭的关爱与约束，容易产生消极情绪，与以前的朋友圈接触，在很大程度上弱化了改造效果，从而重新犯罪。

（三）价值取向偏差和早期不良行为是影响青少年重新犯罪的个体因素

个体原因是影响青少年重新犯罪的主体性因素。调查发现，导致青少年重新犯罪的个体原因主要表现在以下两个方面：

1. 重新犯罪青少年的价值取向存在偏差

如图9所示，与初犯相比，重新犯罪青少年更看重金钱和财物的价值，更赞同享乐，更容易出现偏激和消极的想法：（1）看重物质利益。47.5%的重新犯罪青少年赞同“有钱能使鬼推磨”，47.1%赞同“有钱就是有本事”，45.1%赞同“人为财死，鸟为食亡”。（2）有享乐倾向。37.4%的重新犯罪青少年赞同“活在世上就要及时行乐”的说法。（3）评价标准的偏激和消极。30.3%的重新犯罪青少年认为“别人都不理解我”，29.5%认为“现在这个社会只有狠点儿才能活得好”，16.5%认为“我觉得自己已经没什么希望了”。

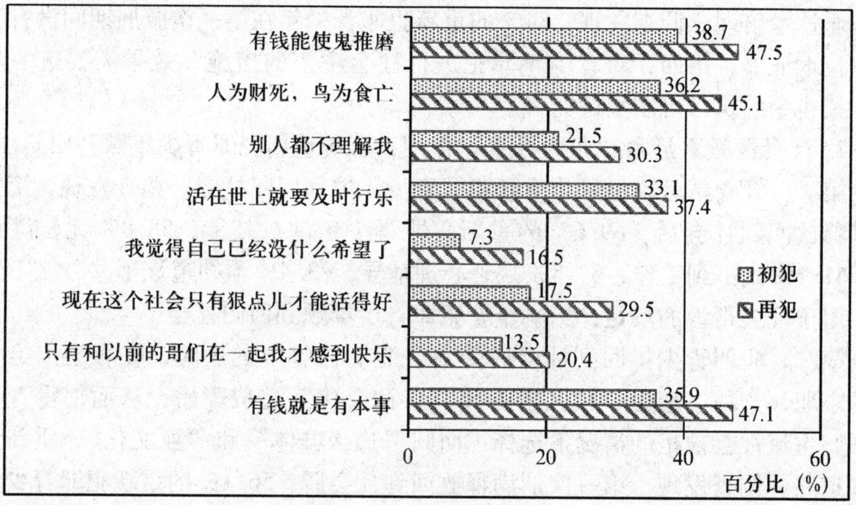

图 9 重新犯罪青少年与初次犯罪青少年的价值取向对比

2. 重新犯罪青少年出现早期不良行为的比例较高

如图 10 所示，与初犯相比，重新犯罪青少年在 16 岁之前出现不良行为的比例更高，不良行为的种类也较多，主要不良行为包括：抽烟（55.6%）、玩网络游戏（46.0%）、逃学（42.6%）、谈恋爱（32.8%）、离家出走（31.7%）、喝酒（27.0%）、说谎（21.2%）、使用武器打伤他人（19.8%）、赌博（18.6%）和故意毁坏他人或公共财物（12.9%）等。

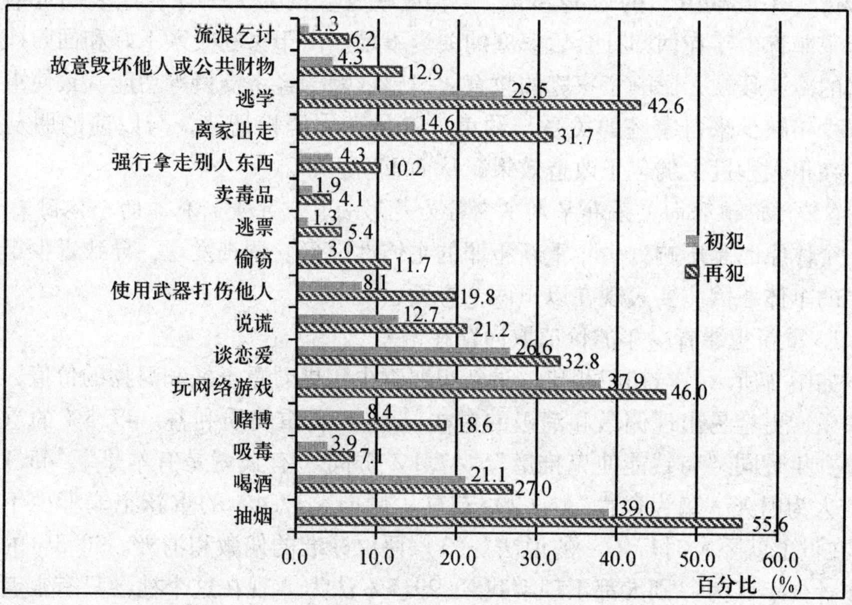

图 10 重新犯罪青少年与初次犯罪青少年的早期不良行为对比

三、预防青少年重新犯罪的路径和模式

青少年重新犯罪是一个综合性的社会问题，涉及社会、家庭以及青少年个体等多层面的因素。因此，预防青少年重新犯罪要坚持综合治理原则，采取综合性措施。针对导致青少年重新犯罪的主要因素和本次调研中发现的主要问题，归纳和总结预防青少年重新犯罪的路径和模式如下：

（一）教育改造模式：运用社会主义核心价值观对青少年罪犯进行思想引导；加强监狱文化建设，塑造健康人格；加强心理矫治，消除犯罪心理

1. 通过社会主义核心价值观的宣传教育，加强对青少年罪犯的思想引导

青少年罪犯正处于生理和心理的成长发育阶段，思想和行为具有较大的可塑性，要全面掌握青少年罪犯的思想行为动态和改造表现，积极利用书刊、网络等有效载体对民族精神、时代精神和社会主义荣辱观等社会主义核心价值观内容进行宣传教育，加强对青少年罪犯的思想引导，通过反省和内化，纠正享乐主义、偏激、消极等价值取向的偏差，提高思想道德水平。

2. 加强监狱文化建设，塑造青少年罪犯的健康人格

在监所范围内营造有利于罪犯改造的文化氛围，通过艺术、时尚的元素劝导服刑人员弃恶扬善，潜移默化地影响服刑人员悔过自新；开展读书写作、文艺表演、书法美术等多样化的文化娱乐活动，有助于安抚青少年服刑人员的情绪，建立自尊、自爱心理，培养良好的情感、正确的信念等健康人格。

3. 开展心理矫治，消除犯罪心理

监所要积极建设专业化队伍，开展罪犯心理矫治工作，心理评估要贯穿于入监甄别、减刑假释推荐、改造效果检验等罪犯改造全过程，指导教育改造工作；对青少年罪犯进行心理测试，开展心理咨询，满足服刑人员的需求，有效化解、疏导服刑人员的不良情绪，引导罪犯正确地认识犯罪、认识自我，增强罪犯自我调节和自我控制的能力；对有不良心理倾向的青少年罪犯进行心理矫治，适时进行危机干预，培养正确的信念和良好的行为习惯，消除犯罪意图、犯罪动机等犯罪心理。

（二）社区矫正模式：提高青少年罪犯社区矫正的适用率，促进行刑社会化；完善社区矫正工作措施；完善禁止令的执行

1. 提高青少年罪犯社区矫正的适用率，促进行刑社会化

社区矫正是与监禁矫正相对应的行刑方式，是行刑社会化的方式，是将符合条件的罪犯置于社区内，利用社区资源进行有针对性的教育改造，矫正犯罪心理和行为恶习，从而预防其重新犯罪。与监禁刑相比，社区矫正有利于避免短期自由刑的弊端，更有利于罪犯回归社会。我国自 2003 年以来开始社区矫正的试点工作，2011 年《刑法修正案（八）》第 2 条第 2 款中明确规定：对判处管制的犯罪分子，依法实行社区矫正。至此，社区矫正制度是由刑事基本法律确定的刑罚

执行制度，在司法实践中，要提高青少年罪犯社区矫正的适用率，促进行刑社会化。

2. 健全社区矫正工作措施

完善监管措施和方法，要求社区服刑人员严格遵守报到、思想汇报、会客、请销假、迁居等有关规定，防止脱管、漏管；完善教育改造措施和方法，通过举办讲座、组织社会活动、心理咨询等形式，对社会服刑人员进行文化教育、道德教育、法制教育和心理健康教育；组织公益劳动或志愿活动，增强社会服刑人员的认罪悔罪意识；注重个案矫正，积极开展帮困扶助，促进社区服刑人员回归社会；注重发挥青少年社区服刑人员的家庭作用，及时进行家访。

3. 完善禁止令的执行

禁止令是我国2011年《刑法修正案（八）》第2条第1款规定的，对执行非监禁刑的监管措施，是人民法院对判处管制、宣告缓刑的犯罪分子，禁止其在管制执行期间、缓刑考验期限内从事特定活动，进入特定区域、场所，接触特定人。目前，禁止令的执行和监督机制需要加强：利用发送定位手机、电子定位装置等科技手段，监控当事人的行踪；通过社会防控体系如电子眼等，对当事人出现在被禁止区域进行严格监控；采取措施促进亲属履行监管责任，签订监督保证书、亲情协议等，强化家庭在禁止令的监督执行中的重要作用。

（三）复归社会模式：开展劳动改造和职业技术培训，矫正好逸恶劳的恶习；加强社会帮教和社会帮扶工作，为青少年罪犯的教育改造和顺利回归社会提供社会支持

1. 开展劳动改造和职业技术培训，矫治好逸恶劳的恶习

监所要正确处理监所生产与罪犯改造的矛盾，把劳动改造作为矫治手段以矫治青少年罪犯的好逸恶劳恶习，将罪犯的劳动逐渐由生产经营型向学习技能型转变，以适应青少年罪犯回归社会后就业的需要；监狱与企业联合开展职业技术培训，使青少年罪犯获取相关职业等级证书。

2. 加强社会帮教和社会帮扶工作，为青少年罪犯的教育改造和顺利回归社会提供社会支持

第一，加强社会帮教工作，关爱正在服刑的青少年罪犯。对正在服刑的青少年罪犯要进行及时探视，亲属无法去探视的，青少年服刑人员住所地的社区干部要前往监狱探视。第二，家庭、社区和政府部门要做好接茬帮教工作。家庭要接纳归正青少年，给予更多的沟通和理解，防止冷淡歧视和放任不管，要通过家庭的亲情和约束来巩固监狱改造的效果；社区要采取有效措施帮助归正青少年解决住房、复学、就业等困难；政府相关部门在企业、村居为归正青少年建立阳光驿站、中途之家，让归正青少年，特别是“三无青少年”（刑满释放后无家可归、无业可就、无亲可投的青少年）及时地感受到社会和政府的关爱，满怀信心地回归社会。第三，建立未成年人犯罪（轻罪）前科消灭制度，明确前科消灭的

条件和具体程序，消除“犯罪标签”的影响，促进其顺利回归社会，有效预防其重新犯罪。第四，加强对青少年罪犯或归正青少年的就业创业的帮扶。将青少年罪犯的职业技术教育纳入当地再就业培训的总体规划，实行免费技能培训，提高青少年罪犯的职业技术教育水平；国家在就业政策方面应加大对归正青少年就业观念和技能等方面的引导和培训，从税收政策方面鼓励更多的企业和经济组织参与归正青少年的就业援助，促进归正青少年的就业。

（撰稿：郭开元　杨江澜）

附件2：青少年重新犯罪调查问卷

编号：□□□□□

朋友：

你好！为了帮助你更好地回归家庭和社会，中央综治委预防办与中国青少年研究中心合作开展调研。本次调查获得的信息仅用于统计分析，无须填写自己的姓名，我们承诺不对外公开你的个人信息。你的真实回答对我们很重要，请根据你的实际情况填写。

请按照每道题目后的要求在所列选项中选出符合你情况的答案（在选项前的“□”上打“√”）；或者在横线上填写数字或文字。

感谢你对本次调研的参与和支持！

中央综治委预防办
中国青少年研究中心
2011年11月

1. 你的性别是：（单选）

（1）□男　（2）□女

2. 你的年龄是：________周岁（请在横线上写上具体数字）。

3. 你初次犯罪时住在哪里？（单选）

（1）□户籍所在地　（2）□非户籍所在地

4. 你初次犯罪时的户口所在地是：（单选）

（1）□农村　（2）□城镇　（3）□没有户口

5. 你初次犯罪前主要与谁生活在一起？（可多选）

（1）□父亲/继父/养父　（2）□母亲/继母/养母　（3）□配偶

（4）□子女　（5）□爷爷/外公　（6）□奶奶/外婆

（7）□兄弟姐妹　（8）□其他亲属　（9）□同学、朋友、邻居等

（10）□自己生活　（11）□其他（请写明）________

6. 你初次犯罪时父母的职业：

a. 父亲	（1）□农民　（2）□公务员　（3）□企事业单位职工 （4）□个体工商户　（5）□无业　（6）□其他（请写明）________
b. 母亲	（1）□农民　（2）□公务员　（3）□企事业单位职工 （4）□个体工商户　（5）□无业　（6）□其他（请写明）________

7. 你初次犯罪时觉得自己的家庭状况是：

a. 家庭经济	（1）□很好 （2）□比较好 （3）□一般 （4）□比较差 （5）□很差
b. 家庭关系	（1）□很好 （2）□比较好 （3）□一般 （4）□比较差 （5）□很差

8. 你的文化程度是：（单选）

（1）□没有上过学 （2）□小学 （3）□初中

（4）□高中/中专/技校 （5）□大专 （6）□大学本科及以上

9. 对以下问题你是否认同？（对于每个小问，请在认可的选项上打“√”）

a. 有钱就是有本事	（1）□认同 （2）□不认同 （3）□不清楚
b. 要是没有那些朋友，我不会一错再错	（1）□认同 （2）□不认同 （3）□不清楚
c. 只有和以前的哥们在一起我才感到快乐	（1）□认同 （2）□不认同 （3）□不清楚
d. 现在这个社会只有狠点儿才能活得好	（1）□认同 （2）□不认同 （3）□不清楚
e. 我觉得自己已经没什么希望了	（1）□认同 （2）□不认同 （3）□不清楚
f. 活在世上就要及时行乐	（1）□认同 （2）□不认同 （3）□不清楚
g. 别人都不理解我	（1）□认同 （2）□不认同 （3）□不清楚
h. 活在世界上，最重要的是亲情	（1）□认同 （2）□不认同 （3）□不清楚
i. 人为财死，鸟为食亡	（1）□认同 （2）□不认同 （3）□不清楚
j. 有钱能使鬼推磨	（1）□认同 （2）□不认同 （3）□不清楚

10. 14 岁以前，你是否有过下列行为？

	经常	偶尔	没有
a. 抽烟	（1）□	（2）□	（3）□
b. 喝酒	（1）□	（2）□	（3）□
c. 吸毒	（1）□	（2）□	（3）□
d. 赌博	（1）□	（2）□	（3）□
e. 玩网络游戏	（1）□	（2）□	（3）□
f. 谈恋爱	（1）□	（2）□	（3）□
g. 说谎	（1）□	（2）□	（3）□
h. 使用武器（如刀子、棍棒等）打伤他人	（1）□	（2）□	（3）□

续表

	经常	偶尔	没有
i. 偷窃	(1) □	(2) □	(3) □
j. 逃票（如火车票、电影票等）	(1) □	(2) □	(3) □
k. 卖毒品（如摇头丸、大麻、海洛因等）	(1) □	(2) □	(3) □
l. 强行拿走别人东西	(1) □	(2) □	(3) □
m. 离家出走	(1) □	(2) □	(3) □
n. 逃学	(1) □	(2) □	(3) □
o. 故意毁坏他人或公共财物	(1) □	(2) □	(3) □
p. 流浪乞讨	(1) □	(2) □	(3) □

11. 此次犯罪被判刑之前，你是否有过被处罚的犯罪行为？（被处罚包括被免予刑事处罚，被判处管制、拘役、有期徒刑）（单选）

（1）□是 （回答此项的，请回答第12题的A、B、C三部分）

（2）□否 （回答此项的请回答第12题的A部分）

12. 请按照第11题的要求回答下列题目：

A. 初次犯罪的情况

1. 你初次犯罪时的年龄是：______周岁；（请把具体数字填在横线上）。
2. 你初次犯罪时处于什么状态？（单选） （1）□上学 （2）□失学 （3）□工作 （4）□无业 （5）□流浪乞讨 （6）□其他（请写明）______
3. 你初次犯罪的类型是：（单选） （1）□盗窃 （2）□故意伤害 （3）□抢劫 （4）□抢夺 （5）□赌博 （6）□猥亵妇女 （7）□诈骗 （8）□敲诈 （9）□寻衅滋事 （10）□贩毒 （11）□强奸 （12）□组织卖淫（13）□其他（请写明）______
4. 你初次犯罪是否有预谋？（单选） （1）□是 （2）□否
5. 你初次犯罪的目的是：（可多选） （1）□为了谋取钱财 （2）□为了维护权益 （3）□为了报复、泄愤 （4）□为了性满足 （5）□出于好奇 （6）□为了朋友 （7）□其他（请写明）______
6. 你认为导致自己犯罪的主要原因是：（可多选） （1）□就业困难 （2）□感情受挫 （3）□性格不好 （4）□交友不慎 （5）□抵制不住诱惑 （6）□生活空虚 （7）□权益受损，无法解决 （8）□性压抑 （9）□其他（请写明）______

续表

7. 初次犯罪前，你的经济状况是：（单选） （1）□良好　（2）□一般　（3）□较差
8. 初次犯罪发生在什么地点？（可多选） （1）□出租屋　（2）□车站、码头、机场　（3）□网吧　（4）□KTV 等娱乐场所 （5）□宾馆、饭店　（6）□街道、里巷　（7）□工厂、企业内部 （8）□商场、集市　（9）□其他（请写明）＿＿＿＿
9. 初次犯罪时你是否有同伙？（单选） （1）□否 （2）□是（请继续填 9.1 题与 9.2 题） （9.1）如果有同伙，你在犯罪中的作用是：（单选） （1）□起主要作用　（2）□起次要或辅助作用 （3）□被胁迫参加犯罪　（4）□教唆他人实行犯罪 （9.2）如果有同伙，他们和你是什么关系？（可多选） （1）□家人　（2）□同学　（3）□同乡　（4）□邻居 （5）□朋友　（6）□同事或工友　（7）□恋人　（8）□亲戚 （9）□网友　（10）□其他（请写明）＿＿＿＿
10. 初次犯罪时你侵害的对象是：（单选） （1）□陌生人　（2）□熟悉的人　（3）□其他（请写明）＿＿＿＿
11. 你在实施犯罪行为时是否意识到是在犯罪？（单选） （1）□没想到　（2）□想到过，但没想到有这么严重 （3）□想到过，而且清楚行为的严重性
12. 初次犯罪受到了什么样的处罚？（单选） （1）□免予刑事处罚　（2）□缓刑　（3）□管制　（4）□拘役 （5）□3 年以下有期徒刑（实刑）　（6）□3 年以上有期徒刑 （7）□其他（请写明）＿＿＿＿
13. 你认为受到的处罚是否严厉？（单选） （1）□是　（2）□否
14. 你认为受到的处罚是否公正？（单选） （1）□是　（2）□否
15. 初次犯罪前，是否曾受到过下列处罚？（可多选） （1）□工读学校教育（2）□治安拘留（如劳动教养）（3）□其他（请写明）＿＿＿＿

续表

16. 当你重新回到社会后，你认为最需要哪些帮助？限选三个选项，请按程度由重到轻排序： __________、__________、__________ （1）□继续回到学校读书　（2）□参加技能培训　（3）□帮助解决婚恋问题 （4）□帮助找工作　（5）□帮助拒绝以前的朋友，并结交新朋友　（6）家庭关爱

B. 第一次服刑和出狱后情况

1. 第一次服刑期间你的通信（包括家人、亲戚、朋友）情况是：（单选） （1）□经常有　（2）□很少有　（3）□没有
2. 第一次服刑期间你的探视情况是：（单选） （1）□经常有　（2）□很少有　（3）□没有
3. 第一次服刑期间你是否被关过禁闭？（单选）　（1）□是　（2）□否
4. 第一次服刑期间你是否被加刑？（单选）　（1）□是　（2）□否
5. 第一次服刑期间你是否被减刑？（单选）　（1）□是　（2）□否
6. 第一次服刑期间你是否获得专业技术证书？（单选）　（1）□是　（2）□否
7. 第一次释放前你的管理级别是：（单选） （1）□一级宽管　（2）□二级宽管　（3）□普通管理 （4）□预进级　（5）□严管　（6）□其他（请写明）__________
8. 第一次犯罪回归社会后的状态：（单选） （1）□上学　（2）□失学　（3）□工作　（4）□偶尔工作 （5）□无业　（6）□流浪乞讨　（7）□其他（请写明）__________
9. 第一次出狱 12 个月后，你的婚姻状况是：（单选） （1）□未婚　（2）□已婚　（3）□丧偶　（4）□离婚
10. 第一次出狱 12 个月内，你的家庭关系如何？（单选） （1）□很好　（2）□较好　（3）□一般　（4）□较差　（5）□很差
11. 第一次出狱 12 个月后，你的家庭的经济状况如何？（单选） （1）□很好　（2）□较好　（3）□一般　（4）□较差　（5）□很差
12. 第一次出狱 12 个月内，你的就业情况是：（单选） （1）□全年有工作　（2）□工作了 6 个月以上，但不到一年 （3）□有时有工作，但有工作时间不到 6 个月　（4）□全年失业

续表

13. 第一次出狱后，你的朋友主要是：（多选） （1）□以前的伙伴　（2）□服刑时的狱友　（3）□同学　（4）□同乡 （5）□工作上的同事　（6）□玩耍时新结识的朋友　（7）□其他（请写明）＿＿＿＿
14. 第一次出狱后的家庭态度是：（单选） （1）□热情帮助　（2）□冷淡歧视　（3）□放任不管　（4）□其他（请写明）＿＿＿＿
15. 回归社会后你遇到的难题程度如何，在每个选项的数字后面“□”上打“√”。

	没有	轻度	中度	重度	极度
a. 缺少技能	（1）□	（2）□	（3）□	（4）□	（5）□
b. 受到冷淡、歧视	（1）□	（2）□	（3）□	（4）□	（5）□
c. 难以脱离以前的朋友圈子	（1）□	（2）□	（3）□	（4）□	（5）□
d. 找不着工作	（1）□	（2）□	（3）□	（4）□	（5）□
e. 缺少家庭关爱	（1）□	（2）□	（3）□	（4）□	（5）□
f. 缺乏心理辅导	（1）□	（2）□	（3）□	（4）□	（5）□
g. 无法继续上学	（1）□	（2）□	（3）□	（4）□	（5）□
h. 不知道该干些什么	（1）□	（2）□	（3）□	（4）□	（5）□

C. 第二次犯罪的情况

1.（1）你有多少次被处罚的犯罪行为？＿＿＿；（2）你第二次犯罪时的年龄是：＿＿周岁； （3）第二次犯罪与第一次犯罪相隔多长时间：＿＿＿＿（请把具体数字填在横线上）。
2. 你第二次犯罪时处于什么状态？（可多选） （1）□缓刑期内　（2）□社区矫正期内　（3）□假释期内 （4）□在监狱服刑期间　（5）□服刑结束 1 年之内　（6）□服刑结束 1 年之后 （7）□其他（请写明）＿＿＿＿
3. 你第二次犯罪的类型是：（可多选） （1）□盗窃　（2）□故意伤害　（3）□抢劫　（4）□抢夺　（5）□赌博 （6）□猥亵妇女　（7）□诈骗　（8）□敲诈　（9）□寻衅滋事　（10）□贩毒 （11）□强奸　（12）□组织卖淫　（13）□其他（请写明）＿＿＿＿
4. 你第二次犯罪是否有预谋？（单选）（1）□是　（2）□否
5. 你第二次犯罪的目的是：（可多选） （1）□为了谋取钱财　（2）□为了维护权益　（3）□为了报复、泄愤 （4）□为了性满足　（5）□出于好奇　（6）□为了朋友 （7）□其他（请写明）＿＿＿＿

续表

6. 你认为导致自己第二次犯罪的主要原因是：（可多选）
（1）□面对诱惑，克制不住内心追求的欲望
（2）□不良朋友和社交圈，受其他人拉拢，经不住劝说
（3）□社会的排斥和不接受，受到歧视
（4）□第一次犯罪后处罚得不够严重，没有感受到犯罪的严重后果
（5）□很难适应社会　（6）□生活困难　（7）□不愿吃苦
（8）□精神空虚　（9）侥幸心理强　（10）□其他（请写明）________

7. 第二次犯罪，你是否有同伙？（单选）
（1）□否
（2）□是（选此项的请继续填写 7.1 题和 7.2 题）
（7.1）如果有同伙，你在犯罪中的作用是：（单选）
（1）□起主要作用　（2）□起次要或辅助作用
（3）□被胁迫参加犯罪　（4）□教唆他人实行犯罪
（7.2）如果有同伙，他们和你是什么关系？（可多选）
（1）□家人　（2）□同事、同学、朋友　（3）□同乡、邻居　（4）□恋人
（5）□亲戚　（6）□网友　（7）监狱服刑中认识的朋友
（8）□其他（请写明）________

8. 第二次犯罪时你侵害的对象是：（单选）
（1）□陌生人　（2）□熟悉的人　（3）□其他人（请写明）________

9. 第二次犯罪发生在什么地点？（可多选）
（1）□出租屋　（2）□车站、码头、机场　（3）□网吧　（4）□KTV 等娱乐场所
（5）□宾馆、饭店　（6）□街道、里巷　（7）□工厂、企业内部
（8）□商场、集市　（9）□其他（请写明）________

10. 第二次犯罪前你结交的朋友主要是：（可多选）
（1）□以前的伙伴　（2）□服刑时的狱友　（3）□同学　（4）□同乡
（5）□工作上的同事　（6）□玩耍时新结识的朋友　（7）□其他（请写明）________

11. 第二次犯罪受到了什么样的处罚？（可多选）
（1）□免予刑事处罚　（2）□缓刑　（3）□管制　（4）□拘役
（5）□有期徒刑 3 年以下（实刑）　（6）□有期徒刑 3 年以上

12. 你认为第二次犯罪后受到的处罚是否严厉？（单选）
（1）□是　（2）□否

13. 你认为第二次犯罪后受到的处罚是否公正？（单选）
（1）□是　（2）□否

续表

14. 你这次受处罚后的心理感受是：（可多选）
（1）□悔恨　（2）□无所谓　（3）□郁闷　（4）□愤怒
（5）□希望有改过自新的机会　（6）□绝望　（7）□其他（请写明）________

（编写：郭开元）

附件3：我国有关青少年重新犯罪的法律法规

一、中华人民共和国预防未成年人犯罪法

（1999年6月28日第九届全国人民代表大会常务委员会第十次会议通过　根据2012年10月26日第十一届全国人民代表大会常务委员会第二十九次会议《关于修改〈中华人民共和国预防未成年人犯罪法〉的决定》修正　主席令第66号）

第一章　总　　则

第一条　为了保障未成年人身心健康，培养未成年人良好品行，有效地预防未成年人犯罪，制定本法。

第二条　预防未成年人犯罪，立足于教育和保护，从小抓起，对未成年人的不良行为及时进行预防和矫治。

第三条　预防未成年人犯罪，在各级人民政府组织领导下，实行综合治理。

政府有关部门、司法机关、人民团体、有关社会团体、学校、家庭、城市居民委员会、农村村民委员会等各方面共同参与，各负其责，做好预防未成年人犯罪工作，为未成年人身心健康发展创造良好的社会环境。

第四条　各级人民政府在预防未成年人犯罪方面的职责是：

（一）制定预防未成年人犯罪工作的规划；

（二）组织、协调公安、教育、文化、新闻出版、广播电影电视、工商、民政、司法行政等政府有关部门和其他社会组织进行预防未成年人犯罪工作；

（三）对本法实施的情况和工作规划的执行情况进行检查；

（四）总结、推广预防未成年人犯罪工作的经验，树立、表彰先进典型。

第五条　预防未成年人犯罪，应当结合未成年人不同年龄的生理、心理特点，加强青春期教育、心理矫治和预防犯罪对策的研究。

第二章　预防未成年人犯罪的教育

第六条　对未成年人应当加强理想、道德、法制和爱国主义、集体主义、社会主义教育。对于达到义务教育年龄的未成年人，在进行上述教育的同时，应当进行预防犯罪的教育。

预防未成年人犯罪的教育的目的，是增强未成年人的法制观念，使未成年人懂得违法和犯罪行为对个人、家庭、社会造成的危害，违法和犯罪行为应当承担的法律责任，树立遵纪守法和防范违法犯罪的意识。

第七条 教育行政部门、学校应当将预防犯罪的教育作为法制教育的内容纳入学校教育教学计划，结合常见多发的未成年人犯罪，对不同年龄的未成年人进行有针对性的预防犯罪教育。

第八条 司法行政部门、教育行政部门、共产主义青年团、少年先锋队应当结合实际，组织、举办展览会、报告会、演讲会等多种形式的预防未成年人犯罪的法制宣传活动。

学校应当结合实际举办以预防未成年人犯罪的教育为主要内容的活动。教育行政部门应当将预防未成年人犯罪教育的工作效果作为考核学校工作的一项重要内容。

第九条 学校应当聘任从事法制教育的专职或者兼职教师。学校根据条件可以聘请校外法律辅导员。

第十条 未成年人的父母或者其他监护人对未成年人的法制教育负有直接责任。学校在对学生进行预防犯罪教育时，应当将教育计划告知未成年人的父母或者其他监护人，未成年人的父母或者其他监护人应当结合学校的计划，针对具体情况进行教育。

第十一条 少年宫、青少年活动中心等校外活动场所应当把预防未成年人犯罪的教育作为一项重要的工作内容，开展多种形式的宣传教育活动。

第十二条 对于已满十六周岁不满十八周岁准备就业的未成年人，职业教育培训机构、用人单位应当将法律知识和预防犯罪教育纳入职业培训的内容。

第十三条 城市居民委员会、农村村民委员会应当积极开展有针对性的预防未成年人犯罪的法制宣传活动。

第三章 对未成年人不良行为的预防

第十四条 未成年人的父母或者其他监护人和学校应当教育未成年人不得有下列不良行为：

（一）旷课、夜不归宿；

（二）携带管制刀具；

（三）打架斗殴、辱骂他人；

（四）强行向他人索要财物；

（五）偷窃、故意毁坏财物；

（六）参与赌博或者变相赌博；

（七）观看、收听色情、淫秽的音像制品、读物等；

（八）进入法律、法规规定未成年人不适宜进入的营业性歌舞厅等场所；

（九）其他严重违背社会公德的不良行为。

第十五条 未成年人的父母或者其他监护人和学校应当教育未成年人不得吸烟、酗酒。任何经营场所不得向未成年人出售烟酒。

第十六条 中小学生旷课的，学校应当及时与其父母或者其他监护人取得联系。

未成年人擅自外出夜不归宿的，其父母或者其他监护人、其所在的寄宿制学校应当及时查找，或者向公安机关请求帮助。收留夜不归宿的未成年人的，应当征得其父母或者其他监护人的同意，或者在二十四小时内及时通知其父母或者其他监护人、所在学校或者及时向公安机关报告。

第十七条 未成年人的父母或者其他监护人和学校发现未成年人组织或者参加实施不良行为的团伙的，应当及时予以制止。发现该团伙有违法犯罪行为的，应当向公安机关报告。

第十八条 未成年人的父母或者其他监护人和学校发现有人教唆、胁迫、引诱未成年人违法犯罪的，应当向公安机关报告。公安机关接到报告后，应当及时依法查处，对未成年人人身安全受到威胁的，应当及时采取有效措施，保护其人身安全。

第十九条 未成年人的父母或者其他监护人，不得让不满十六周岁的未成年人脱离监护单独居住。

第二十条 未成年人的父母或者其他监护人对未成年人不得放任不管，不得迫使其离家出走，放弃监护职责。

未成年人离家出走的，其父母或者其他监护人应当及时查找，或者向公安机关请求帮助。

第二十一条 未成年人的父母离异的，离异双方对子女都有教育的义务，任何一方都不得因离异而不履行教育子女的义务。

第二十二条 继父母、养父母对受其抚养教育的未成年继子女、养子女，应当履行本法规定的父母对未成年子女在预防犯罪方面的职责。

第二十三条 学校对有不良行为的未成年人应当加强教育、管理，不得歧视。

第二十四条 教育行政部门、学校应当举办各种形式的讲座、座谈、培训等活动，针对未成年人不同时期的生理、心理特点，介绍良好有效的教育方法，指导教师、未成年人的父母和其他监护人有效地防止、矫治未成年人的不良行为。

第二十五条 对于教唆、胁迫、引诱未成年人实施不良行为或者品行不良，影响恶劣，不适宜在学校工作的教职员工，教育行政部门、学校应当予以解聘或者辞退；构成犯罪的，依法追究刑事责任。

第二十六条 禁止在中小学校附近开办营业性歌舞厅、营业性电子游戏场所以及其他未成年人不适宜进入的场所。禁止开办上述场所的具体范围由省、自治区、直辖市人民政府规定。

对本法施行前已在中小学校附近开办上述场所的，应当限期迁移或者停业。

第二十七条 公安机关应当加强中小学校周围环境的治安管理，及时制止、处理中小学校周围发生的违法犯罪行为。城市居民委员会、农村村民委员会应当协助公安机关做好维护中小学校周围治安的工作。

第二十八条 公安派出所、城市居民委员会、农村村民委员会应当掌握本辖区内暂住人口中未成年人的就学、就业情况。对于暂住人口中未成年人实施不良行为的，应当督促其父母或者其他监护人进行有效的教育、制止。

第二十九条 任何人不得教唆、胁迫、引诱未成年人实施本法规定的不良行为，或者为未成年人实施不良行为提供条件。

第三十条 以未成年人为对象的出版物，不得含有诱发未成年人违法犯罪的内容，不得含有渲染暴力、色情、赌博、恐怖活动等危害未成年人身心健康的内容。

第三十一条 任何单位和个人不得向未成年人出售、出租含有诱发未成年人违法犯罪以及渲染暴力、色情、赌博、恐怖活动等危害未成年人身心健康内容的读物、音像制品或者电子出版物。

任何单位和个人不得利用通讯、计算机网络等方式提供前款规定的危害未成年人身心健康的内容及其信息。

第三十二条 广播、电影、电视、戏剧节目，不得有渲染暴力、色情、赌博、恐怖活动等危害未成年人身心健康的内容。

广播电影电视行政部门、文化行政部门必须加强对广播、电影、电视、戏剧节目以及各类演播场所的管理。

第三十三条 营业性歌舞厅以及其他未成年人不适宜进入的场所，应当设置明显的未成年人禁止进入标志，不得允许未成年人进入。

营业性电子游戏场所在国家法定节假日外，不得允许未成年人进入，并应当设置明显的未成年人禁止进入标志。

对于难以判明是否已成年的，上述场所的工作人员可以要求其出示身份证件。

第四章 对未成年人严重不良行为的矫治

第三十四条 本法所称“严重不良行为”，是指下列严重危害社会，尚不够刑事处罚的违法行为：

（一）纠集他人结伙滋事，扰乱治安；

（二）携带管制刀具，屡教不改；

（三）多次拦截殴打他人或者强行索要他人财物；

（四）传播淫秽的读物或者音像制品等；

（五）进行淫乱或者色情、卖淫活动；

（六）多次偷窃；

（七）参与赌博，屡教不改；

（八）吸食、注射毒品；

（九）其他严重危害社会的行为。

第三十五条 对未成年人实施本法规定的严重不良行为的，应当及时予以制止。

对有本法规定严重不良行为的未成年人，其父母或者其他监护人和学校应当相互配合，采取措施严加管教，也可以送工读学校进行矫治和接受教育。

对未成年人送工读学校进行矫治和接受教育，应当由其父母或者其他监护人，或者原所在学校提出申请，经教育行政部门批准。

第三十六条 工读学校对就读的未成年人应当严格管理和教育。工读学校除按照义务教育法的要求，在课程设置上与普通学校相同外，应当加强法制教育的内容，针对未成年人严重不良行为产生的原因以及有严重不良行为的未成年人的心理特点，开展矫治工作。

家庭、学校应当关心、爱护在工读学校就读的未成年人，尊重他们的人格尊严，不得体罚、虐待和歧视。工读学校毕业的未成年人在升学、就业等方面，同普通学校毕业的学生享有同等的权利，任何单位和个人不得歧视。

第三十七条 未成年人有本法规定严重不良行为，构成违反治安管理行为的，由公安机关依法予以治安处罚。因不满十四周岁或者情节特别轻微免予处罚的，可以予以训诫。

第三十八条 未成年人因不满十六周岁不予刑事处罚的，责令他的父母或者其他监护人严加管教；在必要的时候，也可以由政府依法收容教养。

第三十九条 未成年人在被收容教养期间，执行机关应当保证其继续接受文化知识、法律知识或者职业技术教育；对没有完成义务教育的未成年人，执行机关应当保证其继续接受义务教育。

解除收容教养、劳动教养的未成年人，在复学、升学、就业等方面与其他未成年人享有同等权利，任何单位和个人不得歧视。

第五章 未成年人对犯罪的自我防范

第四十条 未成年人应当遵守法律、法规及社会公共道德规范，树立自尊、自律、自强意识，增强辨别是非和自我保护的能力，自觉抵制各种不良行为及违法犯罪行为的引诱和侵害。

第四十一条 被父母或者其他监护人遗弃、虐待的未成年人，有权向公安机关、民政部门、共产主义青年团、妇女联合会、未成年人保护组织或者学校、城市居民委员会、农村村民委员会请求保护。被请求的上述部门和组织都应当接受，根据情况需要采取救助措施的，应当先采取救助措施。

第四十二条 未成年人发现任何人对自己或者对其他未成年人实施本法第三章规定不得实施的行为或者犯罪行为，可以通过所在学校、其父母或者其他监护人向公安机关或者政府有关主管部门报告，也可以自己向上述机关报告。受理报告的机关应当及时依法查处。

第四十三条 对同犯罪行为作斗争以及举报犯罪行为的未成年人，司法机关、学校、社会应当加强保护，保障其不受打击报复。

第六章 对未成年人重新犯罪的预防

第四十四条 对犯罪的未成年人追究刑事责任，实行教育、感化、挽救方针，坚持教育为主、惩罚为辅的原则。

司法机关办理未成年人犯罪案件，应当保障未成年人行使其诉讼权利，保障未成年人得到法律帮助，并根据未成年人的生理、心理特点和犯罪的情况，有针对性地进行法制教育。

对于被采取刑事强制措施的未成年学生，在人民法院的判决生效以前，不得取消其学籍。

第四十五条 人民法院审判未成年人犯罪的刑事案件，应当由熟悉未成年人身心特点的审判员或者审判员和人民陪审员依法组成少年法庭进行。

对于审判的时候被告人不满十八周岁的刑事案件，不公开审理。

对未成年人犯罪案件，新闻报道、影视节目、公开出版物不得披露该未成年人的姓名、住所、照片及可能推断出该未成年人的资料。

第四十六条 对被拘留、逮捕和执行刑罚的未成年人与成年人应当分别关押、分别管理、分别教育。未成年犯在被执行刑罚期间，执行机关应当加强对未成年犯的法制教育，对未成年犯进行职业技术教育。对没有完成义务教育的未成年犯，执行机关应当保证其继续接受义务教育。

第四十七条 未成年人的父母或者其他监护人和学校、城市居民委员会、农村村民委员会，对因不满十六周岁而不予刑事处罚、免予刑事处罚的未成年人，或者被判处非监禁刑罚、被判处刑罚宣告缓刑、被假释的未成年人，应当采取有效的帮教措施，协助司法机关做好对未成年人的教育、挽救工作。

城市居民委员会、农村村民委员会可以聘请思想品德优秀，作风正派，热心未成年人教育工作的离退休人员或者其他人员协助做好对前款规定的未成年人的教育、挽救工作。

第四十八条 依法免予刑事处罚、判处非监禁刑罚、判处刑罚宣告缓刑、假释或者刑罚执行完毕的未成年人，在复学、升学、就业等方面与其他未成年人享有同等权利，任何单位和个人不得歧视。

第七章　法律责任

第四十九条　未成年人的父母或者其他监护人不履行监护职责，放任未成年人有本法规定的不良行为或者严重不良行为的，由公安机关对未成年人的父母或者其他监护人予以训诫，责令其严加管教。

第五十条　未成年人的父母或者其他监护人违反本法第十九条的规定，让不满十六周岁的未成年人脱离监护单独居住的，由公安机关对未成年人的父母或者其他监护人予以训诫，责令其立即改正。

第五十一条　公安机关的工作人员违反本法第十八条的规定，接到报告后，不及时查处或者采取有效措施，严重不负责任的，予以行政处分；造成严重后果，构成犯罪的，依法追究刑事责任。

第五十二条　违反本法第三十条的规定，出版含有诱发未成年人违法犯罪以及渲染暴力、色情、赌博、恐怖活动等危害未成年人身心健康内容的出版物的，由出版行政部门没收出版物和违法所得，并处违法所得三倍以上十倍以下罚款；情节严重的，没收出版物和违法所得，并责令停业整顿或者吊销许可证。对直接负责的主管人员和其他直接责任人员处以罚款。

制作、复制宣扬淫秽内容的未成年人出版物，或者向未成年人出售、出租、传播宣扬淫秽内容的出版物的，依法予以治安处罚；构成犯罪的，依法追究刑事责任。

第五十三条　违反本法第三十一条的规定，向未成年人出售、出租含有诱发未成年人违法犯罪以及渲染暴力、色情、赌博、恐怖活动等危害未成年人身心健康内容的读物、音像制品、电子出版物的，或者利用通讯、计算机网络等方式提供上述危害未成年人身心健康内容及其信息的，没收读物、音像制品、电子出版物和违法所得，由政府有关主管部门处以罚款。

单位有前款行为的，没收读物、音像制品、电子出版物和违法所得，处以罚款，并对直接负责的主管人员和其他直接责任人员处以罚款。

第五十四条　影剧院、录像厅等各类演播场所，放映或者演出渲染暴力、色情、赌博、恐怖活动等危害未成年人身心健康的节目的，由政府有关主管部门没收违法播放的音像制品和违法所得，处以罚款，并对直接负责的主管人员和其他直接责任人员处以罚款；情节严重的，责令停业整顿或者由工商行政部门吊销营业执照。

第五十五条　营业性歌舞厅以及其他未成年人不适宜进入的场所、营业性电子游戏场所，违反本法第三十三条的规定，不设置明显的未成年人禁止进入标志，或者允许未成年人进入的，由文化行政部门责令改正、给予警告、责令停业整顿、没收违法所得，处以罚款，并对直接负责的主管人员和其他直接责任人员处以罚款；情节严重的，由工商行政部门吊销营业执照。

第五十六条 教唆、胁迫、引诱未成年人实施本法规定的不良行为、严重不良行为，或者为未成年人实施不良行为、严重不良行为提供条件，构成违反治安管理行为的，由公安机关依法予以治安处罚；构成犯罪的，依法追究刑事责任。

第八章 附 则

第五十七条 本法自1999年11月1日起施行。

二、中华人民共和国刑事诉讼法（节选）

第五编 特别程序

第一章 未成年人刑事案件诉讼程序

第二百六十六条 对犯罪的未成年人实行教育、感化、挽救的方针，坚持教育为主、惩罚为辅的原则。

人民法院、人民检察院和公安机关办理未成年人刑事案件，应当保障未成年人行使其诉讼权利，保障未成年人得到法律帮助，并由熟悉未成年人身心特点的审判人员、检察人员、侦查人员承办。

第二百六十七条 未成年犯罪嫌疑人、被告人没有委托辩护人的，人民法院、人民检察院、公安机关应当通知法律援助机构指派律师为其提供辩护。

第二百六十八条 公安机关、人民检察院、人民法院办理未成年人刑事案件，根据情况可以对未成年犯罪嫌疑人、被告人的成长经历、犯罪原因、监护教育等情况进行调查。

第二百六十九条 对未成年犯罪嫌疑人、被告人应当严格限制适用逮捕措施。人民检察院审查批准逮捕和人民法院决定逮捕，应当讯问未成年犯罪嫌疑人、被告人，听取辩护律师的意见。

对被拘留、逮捕和执行刑罚的未成年人与成年人应当分别关押、分别管理、分别教育。

第二百七十条 对于未成年人刑事案件，在讯问和审判的时候，应当通知未成年犯罪嫌疑人、被告人的法定代理人到场。无法通知、法定代理人不能到场或者法定代理人是共犯的，也可以通知未成年犯罪嫌疑人、被告人的其他成年亲属，所在学校、单位、居住地基层组织或者未成年人保护组织的代表到场，并将有关情况记录在案。到场的法定代理人可以代为行使未成年犯罪嫌疑人、被告人的诉讼权利。

到场的法定代理人或者其他人员认为办案人员在讯问、审判中侵犯未成年人合法权益的，可以提出意见。讯问笔录、法庭笔录应当交给到场的法定代理人或者其他人员阅读或者向他宣读。

讯问女性未成年犯罪嫌疑人，应当有女工作人员在场。

审判未成年人刑事案件，未成年被告人最后陈述后，其法定代理人可以进行补充陈述。

询问未成年被害人、证人，适用第一款、第二款、第三款的规定。

第二百七十一条 对于未成年人涉嫌刑法分则第四章、第五章、第六章规定的犯罪，可能判处一年有期徒刑以下刑罚，符合起诉条件，但有悔罪表现的，人民检察院可以作出附条件不起诉的决定。人民检察院在作出附条件不起诉的决定以前，应当听取公安机关、被害人的意见。

对附条件不起诉的决定，公安机关要求复议、提请复核或者被害人申诉的，适用本法第一百七十五条、第一百七十六条的规定。

未成年犯罪嫌疑人及其法定代理人对人民检察院决定附条件不起诉有异议的，人民检察院应当作出起诉的决定。

第二百七十二条 在附条件不起诉的考验期内，由人民检察院对被附条件不起诉的未成年犯罪嫌疑人进行监督考察。未成年犯罪嫌疑人的监护人，应当对未成年犯罪嫌疑人加强管教，配合人民检察院做好监督考察工作。

附条件不起诉的考验期为六个月以上一年以下，从人民检察院作出附条件不起诉的决定之日起计算。

被附条件不起诉的未成年犯罪嫌疑人，应当遵守下列规定：

（一）遵守法律法规，服从监督；

（二）按照考察机关的规定报告自己的活动情况；

（三）离开所居住的市、县或者迁居，应当报经考察机关批准；

（四）按照考察机关的要求接受矫治和教育。

第二百七十三条 被附条件不起诉的未成年犯罪嫌疑人，在考验期内有下列情形之一的，人民检察院应当撤销附条件不起诉的决定，提起公诉：

（一）实施新的犯罪或者发现决定附条件不起诉以前还有其他犯罪需要追诉的；

（二）违反治安管理规定或者考察机关有关附条件不起诉的监督管理规定，情节严重的。

被附条件不起诉的未成年犯罪嫌疑人，在考验期内没有上述情形，考验期满的，人民检察院应当作出不起诉的决定。

第二百七十四条 审判的时候被告人不满十八周岁的案件，不公开审理。但是，经未成年被告人及其法定代理人同意，未成年被告人所在学校和未成年人保护组织可以派代表到场。

第二百七十五条 犯罪的时候不满十八周岁，被判处五年有期徒刑以下刑罚的，应当对相关犯罪记录予以封存。

犯罪记录被封存的，不得向任何单位和个人提供，但司法机关为办案需要或者有关单位根据国家规定进行查询的除外。依法进行查询的单位，应当对被封存的犯罪记录的情况予以保密。

第二百七十六条 办理未成年人刑事案件，除本章已有规定的以外，按照本法的其他规定进行。

三、最高人民法院关于审理未成年人刑事案件具体应用法律若干问题的解释

（法释〔2006〕1号）

最高人民法院公告

《最高人民法院关于审理未成年人刑事案件具体应用法律若干问题的解释》已于2005年12月12日由最高人民法院审判委员会第1373次会议通过，现予公布，自2006年1月23日起施行。

二〇〇六年一月十一日

为正确审理未成年人刑事案件，贯彻“教育为主，惩罚为辅”的原则，根据刑法等有关法律的规定，现就审理未成年人刑事案件具体应用法律的若干问题解释如下：

第一条 本解释所称未成年人刑事案件，是指被告人实施被指控的犯罪时已满十四周岁不满十八周岁的案件。

第二条 刑法第十七条规定的“周岁”，按照公历的年、月、日计算，从周岁生日的第二天起算。

第三条 审理未成年人刑事案件，应当查明被告人实施被指控的犯罪时的年龄。裁判文书中应当写明被告人出生的年、月、日。

第四条 对于没有充分证据证明被告人实施被指控的犯罪时已经达到法定刑事责任年龄且确实无法查明的，应当推定其没有达到相应法定刑事责任年龄。

相关证据足以证明被告人实施被指控的犯罪时已经达到法定刑事责任年龄，但是无法准确查明被告人具体出生日期的，应当认定其达到相应法定刑事责任年龄。

第五条 已满十四周岁不满十六周岁的人实施刑法第十七条第二款规定以外的行为，如果同时触犯了刑法第十七条第二款规定的，应当依照刑法第十七条第二款的规定确定罪名，定罪处罚。

第六条 已满十四周岁不满十六周岁的人偶尔与幼女发生性行为，情节轻

微、未造成严重后果的，不认为是犯罪。

第七条 已满十四周岁不满十六周岁的人使用轻微暴力或者威胁，强行索要其他未成年人随身携带的生活、学习用品或者钱财数量不大，且未造成被害人轻微伤以上或者不敢正常到校学习、生活等危害后果的，不认为是犯罪。

已满十六周岁不满十八周岁的人具有前款规定情形的，一般也不认为是犯罪。

第八条 已满十六周岁不满十八周岁的人出于以大欺小、以强凌弱或者寻求精神刺激，随意殴打其他未成年人、多次对其他未成年人强拿硬要或者任意损毁公私财物，扰乱学校及其他公共场所秩序，情节严重的，以寻衅滋事罪定罪处罚。

第九条 已满十六周岁不满十八周岁的人实施盗窃行为未超过三次，盗窃数额虽已达到“数额较大”标准，但案发后能如实供述全部盗窃事实并积极退赃，且具有下列情形之一的，可以认定为“情节显著轻微危害不大”，不认为是犯罪：

（一）系又聋又哑的人或者盲人；

（二）在共同盗窃中起次要或者辅助作用，或者被胁迫；

（三）具有其他轻微情节的。

已满十六周岁不满十八周岁的人盗窃未遂或者中止的，可不认为是犯罪。

已满十六周岁不满十八周岁的人盗窃自己家庭或者近亲属财物，或者盗窃其他亲属财物但其他亲属要求不予追究的，可不按犯罪处理。

第十条 已满十四周岁不满十六周岁的人盗窃、诈骗、抢夺他人财物，为窝藏赃物、抗拒抓捕或者毁灭罪证，当场使用暴力，故意伤害致人重伤或者死亡，或者故意杀人的，应当分别以故意伤害罪或者故意杀人罪定罪处罚。

已满十六周岁不满十八周岁的人犯盗窃、诈骗、抢夺罪，为窝藏赃物、抗拒抓捕或者毁灭罪证而当场使用暴力或者以暴力相威胁的，应当依照刑法第二百六十九条的规定定罪处罚；情节轻微的，可不以抢劫罪定罪处罚。

第十一条 对未成年罪犯适用刑罚，应当充分考虑是否有利于未成年罪犯的教育和矫正。

对未成年罪犯量刑应当依照刑法第六十一条的规定，并充分考虑未成年人实施犯罪行为的动机和目的、犯罪时的年龄、是否初次犯罪、犯罪后的悔罪表现、个人成长经历和一贯表现等因素。对符合管制、缓刑、单处罚金或者免予刑事处罚适用条件的未成年罪犯，应当依法适用管制、缓刑、单处罚金或者免予刑事处罚。

第十二条 行为人在达到法定刑事责任年龄前后均实施了犯罪行为，只能依法追究其达到法定刑事责任年龄后实施的犯罪行为的刑事责任。

行为人在年满十八周岁前后实施了不同种犯罪行为，对其年满十八周岁以前实施的犯罪应当依法从轻或者减轻处罚。行为人在年满十八周岁前后实施了同种犯罪行为，在量刑时应当考虑对年满十八周岁以前实施的犯罪，适当给予从轻或者减轻处罚。

第十三条 未成年人犯罪只有罪行极其严重的，才可以适用无期徒刑。对已满十四周岁不满十六周岁的人犯罪一般不判处无期徒刑。

第十四条 除刑法规定“应当”附加剥夺政治权利外，对未成年罪犯一般不判处附加剥夺政治权利。

如果对未成年罪犯判处附加剥夺政治权利的，应当依法从轻判处。

对实施被指控犯罪时未成年、审判时已成年的罪犯判处附加剥夺政治权利，适用前款的规定。

第十五条 对未成年罪犯实施刑法规定的“并处”没收财产或者罚金的犯罪，应当依法判处相应的财产刑；对未成年罪犯实施刑法规定的“可以并处”没收财产或者罚金的犯罪，一般不判处财产刑。

对未成年罪犯判处罚金刑时，应当依法从轻或者减轻判处，并根据犯罪情节，综合考虑其缴纳罚金的能力，确定罚金数额。但罚金的最低数额不得少于五百元人民币。

对被判处罚金刑的未成年罪犯，其监护人或者其他人自愿代为垫付罚金的，人民法院应当允许。

第十六条 对未成年罪犯符合刑法第七十二条第一款规定的，可以宣告缓刑。如果同时具有下列情形之一，对其适用缓刑确实不致再危害社会的，应当宣告缓刑：

（一）初次犯罪；

（二）积极退赃或赔偿被害人经济损失；

（三）具备监护、帮教条件。

第十七条 未成年罪犯根据其所犯罪行，可能被判处拘役、三年以下有期徒刑，如果悔罪表现好，并具有下列情形之一的，应当依照刑法第三十七条的规定免予刑事处罚：

（一）系又聋又哑的人或者盲人；

（二）防卫过当或者避险过当；

（三）犯罪预备、中止或者未遂；

（四）共同犯罪中从犯、胁从犯；

（五）犯罪后自首或者有立功表现；

（六）其他犯罪情节轻微不需要判处刑罚的。

第十八条 对未成年罪犯的减刑、假释，在掌握标准上可以比照成年罪犯依法适度放宽。

未成年罪犯能认罪服法，遵守监规，积极参加学习、劳动的，即可视为

"确有悔改表现"予以减刑，其减刑的幅度可以适当放宽，间隔的时间可以相应缩短。符合刑法第八十一条第一款规定的，可以假释。

未成年罪犯在服刑期间已经成年的，对其减刑、假释可以适用上述规定。

第十九条 刑事附带民事案件的未成年被告人有个人财产的，应当由本人承担民事赔偿责任，不足部分由监护人予以赔偿，但单位担任监护人的除外。

被告人对被害人物质损失的赔偿情况，可以作为量刑情节予以考虑。

第二十条 本解释自公布之日起施行。

《最高人民法院关于办理未成年人刑事案件适用法律的若干问题的解释》（法发〔1995〕9号）自本解释公布之日起不再执行。

四、最高人民检察院办理未成年人刑事案件的规定

（2006年12月28日最高人民检察院第十届检察委员会第六十八次会议通过）

第一章　总　　则

第一条 为切实保障未成年犯罪嫌疑人、被告人和未成年罪犯的合法权益，正确履行检察职责，根据刑法、刑事诉讼法、未成年人保护法、预防未成年人犯罪法等有关法律的规定，结合人民检察院办理未成年人刑事案件工作实际，制定本规定。

第二条 人民检察院办理未成年人刑事案件，实行教育、感化、挽救的方针，坚持教育为主、惩罚为辅的原则。

第三条 人民检察院要加强同政府有关部门、共青团、妇联、工会等人民团体以及学校和未成年人保护组织的联系和配合，加强对违法犯罪的未成年人的教育和挽救，共同做好未成年人犯罪预防工作。

人民检察院办理未成年人刑事案件，可以应犯罪嫌疑人家属、被害人及其家属的要求，告知其审查逮捕、审查起诉的进展情况，并对有关情况予以说明和解释。

第四条 人民检察院办理未成年人刑事案件，应当依法保护涉案未成年人的名誉，尊重其人格尊严，不得公开或者传播涉案未成年人的姓名、住所、照片、图像及可能推断出该未成年人的资料。

人民检察院办理刑事案件，应当依法保护未成年被害人、证人以及其他与案件有关的未成年人的合法权益。

第五条 人民检察院一般应当设立专门工作机构或者专门工作小组办理未成年人刑事案件，不具备条件的应当指定专人办理。

未成年人刑事案件一般应当由熟悉未成年人身心发展特点，善于做未成年人

思想教育工作的检察人员承办。

第六条 人民检察院办理未成年人刑事案件，应当考虑未成年人的生理和心理特点，根据其平时表现、家庭情况、犯罪原因、悔罪态度等，实施针对性教育。

第七条 未成年人刑事案件的法律文书和工作文书，应当注明未成年人的出生年月日。

对未成年犯罪嫌疑人、被告人、未成年罪犯的有关情况和办案人员开展教育感化工作的情况，应当记录在卷，随案移送。

第二章 未成年人刑事案件的审查批准逮捕

第八条 审查批准逮捕未成年犯罪嫌疑人，应当把是否已满十四、十六、十八周岁的临界年龄，作为重要事实予以查清。对难以判断犯罪嫌疑人实际年龄，影响案件认定的，应当作出不批准逮捕的决定，需要补充侦查的，同时通知公安机关。

第九条 审查批准逮捕未成年犯罪嫌疑人，应当注意是否有被胁迫情节，是否存在成年人教唆犯罪、传授犯罪方法或者利用未成年人实施犯罪的情况。

第十条 人民检察院审查批准逮捕未成年人犯罪案件，应当讯问未成年犯罪嫌疑人。

讯问未成年犯罪嫌疑人，应当根据该未成年人的特点和案件情况，制定详细的讯问提纲，采取适宜该未成年人的方式进行，讯问用语应当准确易懂。

讯问未成年犯罪嫌疑人，应当告知其依法享有的诉讼权利，告知其如实供述案件事实的法律规定和意义，核实其是否有自首、立功、检举揭发等表现，听取其有罪的供述或者无罪、罪轻的辩解。

讯问未成年犯罪嫌疑人，应当通知法定代理人到场，告知法定代理人依法享有的诉讼权利和应当履行的义务。

讯问女性未成年犯罪嫌疑人，应当有女检察人员参加。

第十一条 讯问未成年犯罪嫌疑人一般不得使用戒具。对于确有人身危险性，必须使用戒具的，在现实危险消除后，应当立即停止使用。

第十二条 人民检察院审查批准逮捕未成年犯罪嫌疑人，应当根据未成年犯罪嫌疑人涉嫌犯罪的事实、主观恶性、有无监护与社会帮教条件等，综合衡量其社会危险性，确定是否有逮捕必要，慎用逮捕措施，可捕可不捕的不捕。

第十三条 对于罪行较轻，具备有效监护条件或者社会帮教措施，没有社会危险性或者社会危险性较小，不会妨害诉讼正常进行的未成年犯罪嫌疑人，一般不予批准逮捕。

对于罪行比较严重，但主观恶性不大，有悔罪表现，具备有效监护条件或者社会帮教措施，不具有社会危险性，不会妨害诉讼正常进行，并具有下列情形之一的未成年犯罪嫌疑人，也可以依法不予批准逮捕：

（一）初次犯罪、过失犯罪的；

（二）犯罪预备、中止、未遂的；

（三）有自首或者立功表现的；

（四）犯罪后能够如实交待罪行，认识自己行为的危害性、违法性，积极退赃，尽力减少和赔偿损失，得到被害人谅解的；

（五）不是共同犯罪的主犯或者集团犯罪中的首要分子的；

（六）属于已满十四周岁不满十六周岁的未成年人或者系在校学生的；

（七）其他没有逮捕必要的情形。

第十四条 适用本规定第十三条的规定，在作出不批准逮捕决定前，应当审查其监护情况，参考其法定代理人、学校、居住地公安派出所及居民委员会、村民委员会的意见，并在《审查逮捕意见书》中对未成年犯罪嫌疑人是否具备有效监护条件或者社会帮教措施进行具体说明。

第十五条 未成年犯罪嫌疑人及其法定代理人因经济困难等原因没有聘请律师的，人民检察院应当告知其可以申请法律援助。

第三章 未成年人刑事案件的审查起诉与出庭支持公诉

第十六条 人民检察院审查起诉未成年人刑事案件，自收到移送审查起诉的案件材料之日起三日以内，应当告知该未成年犯罪嫌疑人及其法定代理人有权委托辩护人，告知被害人及其法定代理人有权委托诉讼代理人，告知附带民事诉讼的当事人及其法定代理人有权委托诉讼代理人。

对未成年犯罪嫌疑人、未成年被害人或者其法定代理人提出聘请律师意向，但因经济困难或者其他原因没有委托辩护人、诉讼代理人的，应当帮助其申请法律援助。

未成年犯罪嫌疑人被羁押的，人民检察院应当审查是否有必要继续羁押。

审查起诉未成年犯罪嫌疑人，应当听取其父母或者其他法定代理人、辩护人、未成年被害人及其法定代理人的意见。可以结合社会调查，通过学校、社区、家庭等有关组织和人员，了解未成年犯罪嫌疑人的成长经历、家庭环境、个性特点、社会活动等情况，为办案提供参考。

第十七条 人民检察院审查起诉未成年人刑事案件，应当讯问未成年犯罪嫌疑人。讯问未成年犯罪嫌疑人适用本规定第十条、第十一条的规定。

第十八条 移送审查起诉的案件具备以下条件的，检察人员可以安排在押的未成年犯罪嫌疑人与其法定代理人、近亲属等进行会见、通话：

（一）案件事实已基本查清，主要证据确实、充分，安排会见、通话不会影响诉讼活动正常进行；

（二）未成年犯罪嫌疑人有认罪、悔罪表现，或者虽尚未认罪、悔罪，但通过会见、通话有可能促使其转化，或者通过会见、通话有利于社会、家庭稳定；

（三）未成年犯罪嫌疑人的法定代理人、近亲属对其犯罪原因、社会危害性以及后果有一定的认识，并能配合公安司法机关进行教育。

第十九条 在押的未成年犯罪嫌疑人同其法定代理人、近亲属等进行会见、通话时，检察人员应当告知其会见、通话不得有串供或者其他妨碍诉讼的内容。会见、通话时检察人员可以在场。会见、通话结束后，检察人员应当将有关内容及时整理并记录在案。

第二十条 对于犯罪情节轻微，并具有下列情形之一，依照刑法规定不需要判处刑罚或者免除刑罚的未成年犯罪嫌疑人，一般应当依法作出不起诉决定：

（一）被胁迫参与犯罪的；

（二）犯罪预备、中止的；

（三）在共同犯罪中起次要或者辅助作用的；

（四）是又聋又哑的人或者盲人的；

（五）因防卫过当或者紧急避险过当构成犯罪的；

（六）有自首或者重大立功表现的；

（七）其他依照刑法规定不需要判处刑罚或者免除刑罚的情形。

第二十一条 对于未成年人实施的轻伤害案件、初次犯罪、过失犯罪、犯罪未遂的案件以及被诱骗或者被教唆实施的犯罪案件等，情节轻微，犯罪嫌疑人确有悔罪表现，当事人双方自愿就民事赔偿达成协议并切实履行，符合刑法第三十七条规定的，人民检察院可以依照刑事诉讼法第一百四十二条第二款的规定作出不起诉的决定，并可以根据案件的不同情况，予以训诫或者责令具结悔过、赔礼道歉。

第二十二条 不起诉决定书应当向被不起诉的未成年人及其法定代理人公开宣布，并阐明不起诉的理由和法律依据。

不起诉决定书应当送达被不起诉的未成年人及其法定代理人，并告知其依法享有的权利。

第二十三条 人民检察院审查未成年人与成年人共同犯罪案件，一般应当将未成年人与成年人分案起诉。但是具有下列情形之一的，可以不分案起诉：

（一）未成年人系犯罪集团的组织者或者其他共同犯罪中的主犯的；

（二）案件重大、疑难、复杂，分案起诉可能妨碍案件审理的；

（三）涉及刑事附带民事诉讼，分案起诉妨碍附带民事诉讼部分审理的；

（四）具有其他不宜分案起诉情形的。

第二十四条 对于分案起诉的未成年人与成年人共同犯罪案件，一般应当同时移送人民法院。对于需要补充侦查的，如果补充侦查事项不涉及未成年犯罪嫌疑人所参与的犯罪事实，不影响对未成年犯罪嫌疑人提起公诉的，应当对未成年犯罪嫌疑人先予提起公诉。

第二十五条　对于分案起诉的未成年人与成年人共同犯罪案件，在审查起诉过程中可以根据全案情况制作一个审结报告，起诉书以及出庭预案等应当分别制作。

第二十六条　人民检察院对未成年人与成年人共同犯罪案件分别提起公诉后，在诉讼过程中出现不宜分案起诉情形的，可以及时建议人民法院并案审理。

第二十七条　对未成年被告人提起公诉，应当将有效证明该未成年人年龄的材料作为主要证据复印件之一移送人民法院。

第二十八条　对提起公诉的未成年人刑事案件，应当认真做好下列出席法庭的准备工作：

（一）掌握未成年被告人的心理状态，并对其进行接受审判的教育，必要时，可以再次讯问被告人；

（二）与未成年被告人的辩护人交换意见，共同做好教育、感化工作；

（三）进一步熟悉案情，深入研究本案的有关法律政策问题，根据案件和未成年被告人的特点，拟定讯问提纲、询问被害人、证人、鉴定人提纲、答辩提纲、公诉意见书和针对未成年被告人进行法制教育的书面材料。

第二十九条　公诉人出席未成年人刑事审判法庭，应当遵守公诉人出庭行为规范要求，发言时应当语调温和，并注意用语文明、准确，通俗易懂。

公诉人一般不提请未成年证人、被害人出庭作证。

第三十条　在法庭审理过程中，公诉人的讯问、询问、辩论等活动，应当注意未成年人的身心特点。对于未成年被告人情绪严重不稳定，不宜继续接受审判的，公诉人可以建议法庭休庭。

第三十一条　对于具有下列情形之一，依法可能判处拘役、三年以下有期徒刑，悔罪态度较好，具备有效监护条件或者社会帮教措施、适用缓刑确实不致再危害社会的未成年被告人，人民检察院可以建议人民法院适用缓刑：

（一）犯罪情节较轻，未造成严重后果的；

（二）主观恶性不大的初犯或者胁从犯、从犯；

（三）被害人同意和解或者被害人有明显过错的；

（四）其他可以适用缓刑的情节。

人民检察院提出对未成年被告人适用缓刑建议的，应当将未成年被告人能够获得有效监护、帮教的书面材料一并于判决前移送人民法院。

第三十二条　公诉人在依法指控犯罪的同时，要剖析未成年被告人犯罪的原因、社会危害性，适时进行法制教育及人生观教育，促使其深刻反省，吸取教训。

第三十三条　对于符合适用简易程序审理条件的未成年人刑事案件，人民检察院应当向人民法院提出适用简易程序的建议。

第三十四条　适用简易程序审理的未成年人刑事案件，人民检察院可以派员出席法庭或者在开庭前通过移送对未成年被告人的社会调查材料等方式，协助人民法院进行法庭教育工作。

第三十五条 人民检察院派员出席未成年人刑事案件二审法庭适用本章的相关规定。

第四章 未成年人刑事案件的法律监督

第三十六条 人民检察院审查批准逮捕、审查起诉未成年犯罪嫌疑人，应当同时审查公安机关的侦查活动是否合法，发现有下列违法行为的，应当提出纠正意见；构成犯罪的，依法追究刑事责任：

（一）违法对未成年犯罪嫌疑人采取强制措施或者采取强制措施不当的；

（二）未依法实行对未成年犯罪嫌疑人与成年犯罪嫌疑人分管、分押的；

（三）对未成年犯罪嫌疑人采取刑事拘留、逮捕措施后，在法定时限内未进行讯问，或者未通知其法定代理人或者近亲属的；

（四）对未成年犯罪嫌疑人威胁、体罚、侮辱人格、游行示众，或者刑讯逼供、指供、诱供的；

（五）利用未成年人认知能力低而故意制造冤、假、错案的；

（六）对未成年被害人、证人以诱骗等非法手段收集证据或者侵害未成年被害人、证人的人格尊严及隐私权等合法权益的；

（七）违反羁押和办案期限规定的；

（八）已作出不批准逮捕、不起诉决定，公安机关不立即释放犯罪嫌疑人的；

（九）在侦查中有其他侵害未成年人合法权益行为的。

第三十七条 对依法不应当公开审理的未成年人刑事案件公开审理的，人民检察院应当在开庭前提出纠正意见。

公诉人出庭支持公诉时，发现法庭审判有下列违反法律规定的诉讼程序的情形之一的，应当在休庭后及时向本院检察长报告，由人民检察院向人民法院提出纠正意见：

（一）开庭或者宣告判决时未通知未成年被告人的法定代理人到庭的；

（二）人民法院没有给聋哑或者不通晓当地通用的语言文字的未成年被告人聘请或者指定翻译人员的；

（三）未成年被告人在审判时没有辩护人的；对未成年被告人及其法定代理人依照法律规定拒绝辩护人为其辩护，合议庭未另行指定辩护律师的；

（四）法庭未告知未成年被告人及其法定代理人依法享有的申请回避、辩护、提出新的证据、申请重新鉴定或者勘验、最后陈述、提出上诉等诉讼权利的；

（五）其他违反法律规定的诉讼程序的情形。

第三十八条 人民检察院依法对未成年犯管教所实行驻所检察。在刑罚执行监督中，发现关押成年罪犯的监狱收押未成年罪犯的，或者对年满十八周岁后余刑在二年以上的罪犯没有转送监狱的，应当依法提出纠正意见。

第三十九条 人民检察院在看守所检察中，发现没有对未成年犯罪嫌疑人、被告人与成年犯罪嫌疑人、被告人分管、分押或者对未成年罪犯留所服刑的，应当依法提出纠正意见。

第四十条 人民检察院应当加强对未成年犯管教所、看守所监管未成年罪犯活动的监督，保障未成年罪犯的合法权益，维护监管改造秩序和教学、劳动、生活秩序。

人民检察院配合未成年犯管教所、看守所加强对未成年罪犯的政治、法律、文化教育，促进依法、科学、文明监管。

第四十一条 人民检察院依法对未成年犯的减刑、假释、暂予监外执行等活动实行监督。对符合减刑、假释、暂予监外执行法定条件的，应当建议执行机关向人民法院、监狱管理机关提请；发现提请或者裁定、决定不当的，应当依法提出纠正意见；对徇私舞弊减刑、假释、暂予监外执行等构成犯罪的，依法追究刑事责任。

人民检察院发现有关机关对判处管制、缓刑或者裁定、决定假释、暂予监外执行等在社会上执行的未成年罪犯脱管、漏管或者没有落实帮教措施的，应当依法提出纠正意见。

第五章　未成年人案件的刑事申诉检察

第四十二条 人民检察院依法受理未成年人及其法定代理人提出的刑事申诉案件和刑事赔偿案件。

人民检察院对未成年人刑事申诉案件和刑事赔偿案件，应当指定专人及时办理。

第四十三条 人民检察院复查未成年人刑事申诉案件，应当直接听取未成年人及其法定代理人的陈述或者辩解，认真审核、查证与案件有关的证据和线索，查清案件事实，依法作出处理。

案件复查终结作出处理决定后，应当向未成年人当面送达法律文书，做好法律宣传、说服教育工作。

第四十四条 对已复查纠正的未成年人刑事申诉案件，应当配合有关部门做好善后工作。

第四十五条 人民检察院办理未成年人刑事赔偿案件，应当充分听取未成年人及其法定代理人的意见，对于依法应当赔偿的案件，应当及时作出和执行赔偿决定。

第六章　附　　则

第四十六条　本规定所称未成年人刑事案件，是指犯罪嫌疑人、被告人实施涉嫌犯罪行为时已满十四周岁、未满十八周岁的刑事案件，但在有关未成年人诉讼权利和体现对未成年人程序上特殊保护的条文中所称的未成年人，是指在诉讼过程中已满十四周岁、未满十八周岁的人。

第四十七条　实施犯罪行为的年龄，一律按公历的年、月、日计算。从周岁生日的第二天起，为已满××周岁。

第四十八条　本规定由最高人民检察院负责解释。

第四十九条　本规定自发布之日起施行，最高人民检察院2002年4月22日发布的《人民检察院办理未成年人刑事案件的规定》同时废止。

五、公安机关办理未成年人违法犯罪案件的规定

（1995年10月23日，公安部）

第一章　总　　则

第一条　为了保护未成年人的合法权益，有利于教育、挽救违法犯罪的未成年人，严格依法办理未成年人违法犯罪案件，根据《中华人民共和国未成年人保护法》及其他有关法律规定，制定本规定。

第二条　办理未成年人违法犯罪案件，必须以事实为根据，以法律为准绳，贯彻教育、感化、挽救的方针，应当照顾未成年人的身心特点，尊重其人格尊严，保障其合法权益。

第三条　办理未成年人违法犯罪案件，应当对违法犯罪未成年人进行法制宣传教育，主动向其提供法律咨询和帮助，并明确告知其依法享有的权利和应当承担的义务。

第四条　办理未成年人违法犯罪案件，严禁使用威胁、恐吓、引诱、欺骗等手段获取证据。严禁刑讯逼供。

第五条　办理未成年人违法犯罪案件，应当保护未成年人的名誉，不得公开披露涉案未成年人的姓名、住所和影像。

第六条　公安机关应当设置专门机构或者专职人员承办未成年人违法犯罪案件。办理未成年人违法犯罪案件的人员应当具有心理学、犯罪学、教育学等专业基本知识和有关法律知识，并具有一定的办案经验。

第七条　本规定是办理未成年人违法犯罪案件的特别规定。规定中未涉及的事项，适用有关法律、法规的规定。

第二章　立案调查

第八条　未成年人违法犯罪案件是指：

（一）已满14岁不满18岁的人犯罪，需要追究刑事责任的案件；

（二）《中华人民共和国刑法》第14条第4款规定由政府收容教养的案件；

（三）已满16岁不满18岁的人予以劳动教养的案件；

（四）已满14岁不满18岁的人违反治安管理规定，予以治安处罚的案件；

（五）18岁以下未成年人的收容教育案件；

（六）18岁以下未成年人强制戒毒案件。

第九条　公安机关对被扭送、检举、控告或者投案自首的违法犯罪未成年人，必须立即审查，依法作出是否立案的决定。

第十条　对违法犯罪未成年人的讯问应当采取不同于成年人的方式。讯问前，除掌握案件情况和证据材料外，还应当了解其生活、学习环境、成长经历、性格特点、心理状态及社会交往等情况，有针对性地制作讯问提纲。

第十一条　讯问违法犯罪的未成年人时，根据调查案件的需要，除有碍侦查或者无法通知的情形外，应当通知其家长或者监护人或者教师到场。

第十二条　办理未成年人违法犯罪案件，不得少于二人。对违法犯罪未成年人的讯问可以在公安机关进行，也可以到未成年人的住所、单位或者学校进行。

第十三条　讯问违法犯罪的未成年人时，应当耐心细致地听取其陈述或者辩解，认真审核、查证与案件有关的证据和线索，并针对其思想顾虑、畏惧心理、抵触情绪进行疏导和教育。

第十四条　讯问应当如实记录。讯问笔录应当交被讯问人核对或者向其宣读。被讯问人对笔录内容有异议的，应当核实清楚，准予更正或者补充。必要时，可以在文字记录的同时使用录音、录像。

第三章　强制措施

第十五条　办理未成年人违法犯罪案件，应当严格限制和尽量减少使用强制措施。

严禁对违法犯罪的未成年人使用收容审查。

第十六条　对不符合拘留、逮捕条件，但其自身安全受到严重威胁的违法犯罪未成年人，经征得家长或者监护人同意，可以依法采取必要的人身保护措施。危险消除后，应当立即解除保护措施。

第十七条　对正在实施犯罪或者犯罪后有行凶、逃跑、自杀等紧急情况的未成年被告人，可以依法予以拘留。

第十八条　对惯犯、累犯，共同犯罪或者集团犯罪中的首犯、主犯、杀人、重伤、抢劫、放火等严重破坏社会秩序的未成年被告人，采取取保候审、监视居住等方法，尚不足以防止发生社会危险性，确有逮捕必要的，应当提请逮捕。

第十九条 拘留、逮捕后，应当在二十四小时内，将拘留、逮捕的原因和羁押的处所，通知其家长、监护人或者所在学校、单位。有碍侦查或者无法通知的情形除外。

第二十条 办理未成年人违法犯罪案件，对未成年在校学生的调查讯问不得影响其正常学习。

第二十一条 对于被羁押的未成年人应当与成年人犯分别关押、管理，并根据其生理和心理特点在生活和学习等方面给予照顾。

第二十二条 办理未成年人犯罪案件原则上不得使用戒具。对确有行凶、逃跑、自杀、自伤、自残等现实危险，必须使用戒具的，应当以避免和防止危害结果的发生为限度，现实危险消除后，应当立即停止使用。

办理未成年人违法案件严禁使用戒具。

第二十三条 看守所应当充分保障被关押的未成年人与其近亲属通信、会见的权利。对患病的应当及时给予治疗，并通知其家长或者监护人。

第二十四条 对未成年人违法犯罪案件，应当及时办理。对已采取刑事强制措施的未成年人，应尽量缩短羁押时间和办案时间。超过法定羁押期限不能结案的，对被羁押的被告人应当立即变更或者解除强制措施。

第四章 处 理

第二十五条 案件办理终结，应当对案情进行全面的分析，充分考虑未成年人的特点，从有利于教育、挽救未成年被告人出发，依法提出处理意见。

对违法犯罪未成年人的处理，应当比照成年人违法犯罪从轻、减轻或者免除处罚。

第二十六条 对移送人民检察院审查起诉的未成年人犯罪案件，应当同人民检察院的未成年人犯罪案件检察机构和人民法院的未成年人犯罪案件审判机构加强联系，介绍被告人在侦查阶段的思想变化、悔罪表现等情况，以保证准确适用法律。

第二十七条 对违反治安管理的未成年人，应当尽量避免使用治安拘留处罚。对在校学生，一般不得予以治安拘留。

第二十八条 未成年人违法犯罪需要送劳动教养、收容教养的，应当从严控制，凡是可以由其家长负责管教的，一律不送。

第五章 执 行

第二十九条 对在公安机关关押执行的违法犯罪未成年人，执行的公安机关应当进行法制教育和思想教育，做好挽救工作，坚持依法管理，文明管理，严禁打骂、虐待和侮辱人格。

执行的公安机关对表现突出或者有立功表现的被执行人，应当及时向原决定机关提出减轻处罚、提前予以释放的意见。

第三十条 对被管制、缓刑、假释、保外就医、劳动教养所外执行的违法犯罪未成年人员，执行的公安机关应当及时组成由派出所，被执行人所在学校、单位，街道居民委员会、村民委员会、监护人等参加的教育帮助小组，对其依法监督、帮教、考察，文明管理，并将其表现告诉原判决或者决定机关。对表现好的，应当及时提出减刑或者减少教养期限的意见。

第三十一条 执行的公安机关应当针对违法犯罪未成年人员的特点和违法犯罪性质制定监督管理措施，建立监督管理档案，并定期与原判决、决定机关及其所在学校或者单位联系，研究落实对其监督、帮教、考察的具体措施。

第三十二条 对于执行期满，具备就学或者就业条件的未成年人，执行的公安机关应当就其就学、就业等问题向有关部门介绍情况，提供资料，提出建议。

第六章 附 则

第三十三条 本规定自印发之日起施行。

六、未成年犯管教所管理规定

（中华人民共和国司法部令第56号 1999年5月6日实施）

第一章 总 则

第一条 为了正确执行刑罚，加强对未成年犯管教所的管理，根据《中华人民共和国监狱法》（以下简称《监狱法》）、《中华人民共和国未成年人保护法》和有关法律法规，结合未成年犯管教所工作实际，制定本规定。

第二条 未成年犯管教所是监狱的一种类型，是国家的刑罚执行机关。

由人民法院依法判处有期徒刑、无期徒刑未满十八周岁的罪犯应当在未成年犯管教所执行刑罚、接受教育改造。

第三条 未成年犯管教所贯彻“惩罚和改造相结合，以改造人为宗旨”和“教育、感化、挽救”的方针，将未成年犯改造成为具有一定文化知识和劳动技能的守法公民。

第四条 对未成年犯的改造，应当根据其生理、心理、行为特点，以教育为主，坚持因人施教、以理服人、形式多样的教育改造方式；实行依法、科学、文明、直接管理。未成年犯的劳动，应当以学习、掌握技能为主。

第五条 未成年犯管教所应当依法保障未成年犯的合法权益，尊重未成年犯的人格，创造有益于未成年犯身心健康、积极向上的改造环境。

在日常管理中，可以对未成年犯使用“学员”称谓。

第六条 未成年犯管教所应当加强同未成年人保护组织、教育、共青团、妇联、工会等有关部门的联系，共同做好对未成年犯的教育改造工作。

第七条 未成年犯管教所所需经费由国家保障。未成年犯的教育改造费、生活费应高于成年犯。

第二章 组织机构

第八条 各省、自治区、直辖市根据需要设置未成年犯管教所，由司法部批准。

第九条 未成年犯管教所设置管理、教育、劳动、生活卫生、政治工作等机构。

根据对未成年犯的管理需要，实行所、管区两级管理。管区押犯不超过一百五十名。

第十条 未成年犯管教所和管区的人民警察配备比例应当分别高于成年犯监狱和监区。

第十一条 未成年犯管教所的人民警察须具备大专以上文化程度。其中具有法学、教育学、心理学等相关专业学历的应达到百分之四十。

第十二条 未成年犯管教所的人民警察应当忠于职守，秉公执法，文明管理，为人师表。

第三章 管理制度

第十三条 未成年犯管教所除依据《监狱法》第十六条、第十七条的规定执行收监外，对年满十八周岁的罪犯不予收监。

第十四条 收监后，未成年犯管教所应当在五日内通知未成年犯的父母或者其他监护人。

第十五条 对未成年男犯、女犯，应当分别编队关押和管理。未成年女犯由女性人民警察管理。少数民族未成年犯较多的，可单独编队关押和管理。

第十六条 未成年犯管教所按照未成年犯的刑期、犯罪类型，实行分别关押和管理。根据未成年犯的改造表现，在活动范围、通信、会见、收受物品、离所探亲、考核奖惩等方面给予不同的处遇。

第十七条 未成年犯管教所建立警卫机构，负责警戒、看押工作。

第十八条 未成年犯管教所监管区的围墙，可以安装电网。在重要部位安装监控、报警装置。

第十九条 未成年犯管教所应当配备必要的通讯设施、交通工具和警用器材。

第二十条 对未成年犯原则上不使用戒具。如遇有监狱法第四十五条规定的情形之一时，可以使用手铐。

第二十一条 经批准，未成年犯可以与其亲属或者其他监护人通电话，必要时由人民警察监听。

第二十二条 未成年犯会见的时间和次数，可以比照成年犯适当放宽。对改造表现突出的，可准许其与亲属一同用餐或者延长会见时间，最长不超过二十四小时。

第二十三条 未成年犯遇有直系亲属病重、死亡以及家庭发生其他重大变故时，经所长批准，可以准许其回家探望及处理，在家期限最多不超过七天，必要时由人民警察护送。

第二十四条 对未成年犯的档案材料应当严格管理，不得公开和传播，不得向与管理教育或办案无关的人员泄漏。

对未成年犯的采访、报道，须经省、自治区、直辖市监狱管理局批准，且不得披露其姓名、住所、照片及可能推断出该未成年犯的资料。任何组织和个人不得披露未成年犯的隐私。

第二十五条 未成年犯管教所应当依法保障未成年犯的申诉、控告、检举权利。

第二十六条 未成年犯服刑期满，未成年犯管教所应当按期释放，发给释放证明书及路费，通知其亲属接回或者由人民警察送回。

第二十七条 刑满释放的未成年人具备复学、就业条件的，未成年犯管教所应当积极向有关部门介绍情况，提出建议。

第四章 教育改造

第二十八条 对未成年犯的教育采取集体教育与个别教育相结合，课堂教育与辅助教育相结合，所内教育与社会教育相结合的方法。

第二十九条 对未成年犯应当进行思想教育，其内容包括法律常识、所规纪律、形势政策、道德修养、人生观、爱国主义、劳动常识等，所用教材由司法部监狱管理局统编。

第三十条 未成年犯的文化教育列入当地教育发展的总体规划，未成年犯管教所应与当地教育行政部门联系，争取在教育经费、师资培训、业务指导、考试及颁发证书等方面得到支持。

第三十一条 未成年犯管教所应当配备符合国家规定学历的人民警察担任教师，按押犯数百分之四的比例配备。教师实行专业技术职务制度。

禁止罪犯担任教师。

第三十二条 未成年犯管教所应当设立教学楼、实验室、图书室、运动场馆等教学设施，配置教学仪器、图书资料和文艺、体育器材。各管区应当设立谈话室、阅览室、活动室。

第三十三条 对未成年犯进行思想、文化、技术教育的课堂化教学时间，每周不少于二十课时，每年不少于一千课时，文化、技术教育时间不低于总课时数的百分之七十。

第三十四条 对未成年犯的文化教育应当根据其文化程度，分别进行扫盲教育、小学教育、初中教育。采取分年级编班施教，按规定的课程开课，使用经国务院教育行政部门审定的教材。有条件的可以进行高中教育。鼓励完成义务教育的未成年犯自学，组织参加各类自学考试。

第三十五条 对未成年犯的技术教育应当根据其刑期、文化程度和刑满释放后的就业需要，重点进行职业技术教育和技能培训，其课程设置和教学要求可以参照社会同类学校。

第三十六条 对参加文化、技术学习的未成年犯，经考试合格的，由当地教育、劳动行政部门发给相应的毕业或者结业证书及技术证书。

第三十七条 对新入所的未成年犯，应当进行入所教育，其内容包括认罪服法、行为规范和所规纪律教育等；对即将刑满的罪犯在形势、政策、遵纪守法等方面进行出所教育，并在就业、复学等方面给予指导，提供必要的技能培训。入所、出所教育时间各不得少于两个月。

第三十八条 根据未成年犯的案情、刑期、心理特点和改造表现进行有针对性的个别教育，实行教育转化责任制。

第三十九条 未成年犯管教所应当建立心理矫治机构，对未成年犯进行生理、心理健康教育，进行心理测试、心理咨询和心理矫治。

未成年犯管教所应当对未成年犯进行生活常识教育，培养其生活自理能力。

第四十条 未成年犯管教所应当开展文化、娱乐、体育活动，办好报刊、黑板报、广播站、闭路电视等。

第四十一条 定期举行升国旗仪式，开展成人宣誓活动。

第四十二条 根据需要，设立适合未成年犯特点的习艺劳动场所及其设施。

第四十三条 组织未成年犯劳动，应当在工种、劳动强度和保护措施等方面严格执行国家有关规定，不得安排未成年犯从事过重的劳动或者危险作业，不得组织未成年犯从事外役劳动。未满十六周岁的未成年犯不参加生产劳动。

未成年犯的劳动时间，每天不超过四小时，每周不超过二十四小时。

第四十四条 未成年犯管教所应当加强与社会各界的联系，争取更多的社会力量参与对未成年犯的教育帮助。

第四十五条 对未成年犯的社会教育，采取到社会上参观或者参加公益活动，邀请社会各界人士及未成年犯的父母或者其他监护人来所帮教的方法。

未成年犯管教所可以聘请社会知名人士或者有影响的社会志愿者担任辅导员。

第四十六条 未成年犯的父母或者其他监护人应当依法履行监护职责和义

务，协助未成年犯管教所做好对未成年犯的教育改造，不得遗弃或者歧视。

第五章　生活卫生

第四十七条　未成年犯的生活水平，应当以保证其身体健康发育为最低标准。

第四十八条　未成年犯管教所应当合理配膳，保证未成年犯吃饱、吃得卫生。对有特殊饮食习惯的少数民族罪犯，应当单独设灶配膳；对生病者，在伙食上给予照顾。

第四十九条　未成年犯的被服，须依照规定按时发放。

第五十条　未成年犯以班组为单位住宿，不得睡通铺。人均居住面积不得少于三平方米。

第五十一条　未成年犯管教所应当合理安排作息时间，保证未成年犯每天的睡眠时间不少于八小时。

第五十二条　未成年犯管教所定期安排未成年犯洗澡、理发、洗晒被服。

禁止未成年犯吸烟、喝酒。

第五十三条　经检查批准，未成年犯可以收受学习、生活用品以及钱款，现金由未成年犯管教所登记保管。

第五十四条　对未成年犯的私人财物，未成年犯管教所应当登记、造册，并发给本人收据。

第五十五条　未成年犯管教所在当地卫生主管部门指导下开展医疗、防病工作，设立医疗机构，保证未成年犯有病得到及时治疗，按照“预防为主，防治结合”的要求，做好未成年犯的防疫保健工作，每年进行一次健康检查。

第五十六条　未成年犯管教所设立生活物资供应站，由人民警察负责管理，保证未成年犯日常生活用品的供应。供应站所得收入，用于改善未成年犯的生活。

第六章　考核奖惩

第五十七条　对未成年犯的减刑、假释，可以比照成年犯依法适度放宽。

对被判处无期徒刑确有悔改表现的未成年犯，一般在执行一年六个月以上即可提出减刑建议。

对被判处有期徒刑确有悔改表现的未成年犯，一般在执行一年以上即可提出减刑建议。

未成年犯两次减刑的间隔时间应在六个月以上。

对未成年犯有《监狱法》第二十九条规定的重大立功表现情形之一的，可以不受前三款所述时间的限制，及时提出减刑建议。

第五十八条　对未成年犯的日常考核，采用日记载、周评议、月小结的方法，由人民警察直接考核。考核的结果应当作为对未成年犯奖惩的依据。

第五十九条 未成年犯有《监狱法》第五十七条情形之一的，未成年犯管教所应当给予表扬、物质奖励或者记功。

第六十条 对被判处有期徒刑的未成年犯在执行原判刑期三分之一以上，服刑期间一贯表现良好，离所后不致再危害社会的，未成年犯管教所可以根据情况准其离所探亲。

第六十一条 未成年犯被批准离所探亲的时间为五至七天（不包括在途时间），两次探亲的间隔时间至少在六个月以上。离所探亲的未成年犯必须由其父母或者其他监护人接送。

第六十二条 未成年犯有《监狱法》第五十八条规定的破坏监管秩序情形之一的，未成年犯管教所可以给予警告、记过或者禁闭处分；构成犯罪的，依法追究刑事责任。

第六十三条 对未成年犯实行禁闭的期限为三至七天。未成年犯禁闭期间，每天放风两次，每次不少于一小时。

第七章　附　　则

第六十四条 对于年满十八周岁，余刑不满二年继续留在未成年犯管教所服刑的罪犯，仍适用本规定。

第六十五条 本规定自公布之日起实施，1986 年颁布的《少年管教所暂行管理办法（试行）》同时废止。

七、最高人民法院 最高人民检察院 公安部 司法部印发《关于对判处管制、宣告缓刑的犯罪分子适用禁止令有关问题的规定（试行）》的通知

法发〔2011〕9 号

各省、自治区、直辖市高级人民法院、人民检察院、公安厅（局）、司法厅（局），解放军军事法院、军事检察院、总政治部保卫部，新疆维吾尔自治区高级人民法院生产建设兵团分院、新疆生产建设兵团人民检察院、公安局、司法局：

现将《关于对判处管制、宣告缓刑的犯罪分子适用禁止令有关问题的规定（试行）》印发给你们，请认真遵照执行。执行情况及遇到的问题，请分别及时报告最高人民法院、最高人民检察院、公安部、司法部。

最高人民法院　最高人民检察院
公安部　　司法部
二〇一一年四月二十八日

最高人民法院 最高人民检察院 公安部 司法部 关于对判处管制、宣告缓刑的犯罪分子 适用禁止令有关问题的规定（试行）

为正确适用《中华人民共和国刑法修正案（八）》，确保管制和缓刑的执行效果，根据刑法和刑事诉讼法的有关规定，现就判处管制、宣告缓刑的犯罪分子适用禁止令的有关问题规定如下：

第一条　对判处管制、宣告缓刑的犯罪分子，人民法院根据犯罪情况，认为从促进犯罪分子教育矫正、有效维护社会秩序的需要出发，确有必要禁止其在管制执行期间、缓刑考验期限内从事特定活动，进入特定区域、场所，接触特定人的，可以根据刑法第三十八条第二款、第七十二条第二款的规定，同时宣告禁止令。

第二条　人民法院宣告禁止令，应当根据犯罪分子的犯罪原因、犯罪性质、犯罪手段、犯罪后的悔罪表现、个人一贯表现等情况，充分考虑与犯罪分子所犯罪行的关联程度，有针对性地决定禁止其在管制执行期间、缓刑考验期限内“从事特定活动，进入特定区域、场所，接触特定的人”的一项或者几项内容。

第三条　人民法院可以根据犯罪情况，禁止判处管制、宣告缓刑的犯罪分子在管制执行期间、缓刑考验期限内从事以下一项或者几项活动：

（一）个人为进行违法犯罪活动而设立公司、企业、事业单位或者在设立公司、企业、事业单位后以实施犯罪为主要活动的，禁止设立公司、企业、事业单位；

（二）实施证券犯罪、贷款犯罪、票据犯罪、信用卡犯罪等金融犯罪的，禁止从事证券交易、申领贷款、使用票据或者申领、使用信用卡等金融活动；

（三）利用从事特定生产经营活动实施犯罪的，禁止从事相关生产经营活动；

（四）附带民事赔偿义务未履行完毕，违法所得未追缴、退赔到位，或者罚金尚未足额缴纳的，禁止从事高消费活动；

（五）其他确有必要禁止从事的活动。

第四条　人民法院可以根据犯罪情况，禁止判处管制、宣告缓刑的犯罪分子在管制执行期间、缓刑考验期限内进入以下一类或者几类区域、场所：

（一）禁止进入夜总会、酒吧、迪厅、网吧等娱乐场所；

（二）未经执行机关批准，禁止进入举办大型群众性活动的场所；

（三）禁止进入中小学校区、幼儿园园区及周边地区，确因本人就学、居住等原因，经执行机关批准的除外；

（四）其他确有必要禁止进入的区域、场所。

第五条 人民法院可以根据犯罪情况，禁止判处管制、宣告缓刑的犯罪分子在管制执行期间、缓刑考验期限内接触以下一类或者几类人员：

（一）未经对方同意，禁止接触被害人及其法定代理人、近亲属；

（二）未经对方同意，禁止接触证人及其法定代理人、近亲属；

（三）未经对方同意，禁止接触控告人、批评人、举报人及其法定代理人、近亲属；

（四）禁止接触同案犯；

（五）禁止接触其他可能遭受其侵害、滋扰的人或者可能诱发其再次危害社会的人。

第六条 禁止令的期限，既可以与管制执行、缓刑考验的期限相同，也可以短于管制执行、缓刑考验的期限，但判处管制的，禁止令的期限不得少于三个月，宣告缓刑的，禁止令的期限不得少于二个月。

判处管制的犯罪分子在判决执行以前先行羁押以致管制执行的期限少于三个月的，禁止令的期限不受前款规定的最短期限的限制。

禁止令的执行期限，从管制、缓刑执行之日起计算。

第七条 人民检察院在提起公诉时，对可能判处管制、宣告缓刑的被告人可以提出宣告禁止令的建议。当事人、辩护人、诉讼代理人可以就应否对被告人宣告禁止令提出意见，并说明理由。

公安机关在移送审查起诉时，可以根据犯罪嫌疑人涉嫌犯罪的情况，就应否宣告禁止令及宣告何种禁止令，向人民检察院提出意见。

第八条 人民法院对判处管制、宣告缓刑的被告人宣告禁止令的，应当在裁判文书主文部分单独作为一项予以宣告。

第九条 禁止令由司法行政机关指导管理的社区矫正机构负责执行。

第十条 人民检察院对社区矫正机构执行禁止令的活动实行监督。发现有违反法律规定的情况，应当通知社区矫正机构纠正。

第十一条 判处管制的犯罪分子违反禁止令，或者被宣告缓刑的犯罪分子违反禁止令尚不属情节严重的，由负责执行禁止令的社区矫正机构所在地的公安机关依照《中华人民共和国治安管理处罚法》第六十条的规定处罚。

第十二条 被宣告缓刑的犯罪分子违反禁止令，情节严重的，应当撤销缓刑，执行原判刑罚。原作出缓刑裁判的人民法院应当自收到当地社区矫正机构提出的撤销缓刑建议书之日起一个月内依法作出裁定。人民法院撤销缓刑的裁定一经作出，立即生效。

违反禁止令，具有下列情形之一的，应当认定为“情节严重”：

（一）三次以上违反禁止令的；

（二）因违反禁止令被治安管理处罚后，再次违反禁止令的；

（三）违反禁止令，发生较为严重危害后果的；

（四）其他情节严重的情形。

第十三条 被宣告禁止令的犯罪分子被依法减刑时，禁止令的期限可以相应缩短，由人民法院在减刑裁定中确定新的禁止令期限。

八、社区矫正实施办法

最高人民法院 最高人民检察院 公安部 司法部

关于印发《社区矫正实施办法》的通知

各省、自治区、直辖市高级人民法院、人民检察院、公安厅（局）、司法厅（局），新疆维吾尔自治区高级人民法院生产建设兵团分院、新疆生产建设兵团人民检察院、公安局、司法局、监狱管理局：

为进一步规范社区矫正工作，加强和创新特殊人群管理，根据中央关于深化司法体制和工作机制改革的总体部署，在深入调研论证和广泛征求意见的基础上，最高人民法院、最高人民检察院、公安部、司法部联合制定了《社区矫正实施办法》。现予以印发，请认真贯彻执行。对于实施情况及遇到的问题，请分别及时报告最高人民法院、最高人民检察院、公安部、司法部。

最高人民法院　最高人民检察院

公安部　司法部

二〇一二年一月十日

社区矫正实施办法

第一条 为依法规范实施社区矫正，将社区矫正人员改造成为守法公民，根据《中华人民共和国刑法》、《中华人民共和国刑事诉讼法》等有关法律规定，结合社区矫正工作实际，制定本办法。

第二条 司法行政机关负责指导管理、组织实施社区矫正工作。

人民法院对符合社区矫正适用条件的被告人、罪犯依法作出判决、裁定或者决定。

人民检察院对社区矫正各执法环节依法实行法律监督。

公安机关对违反治安管理规定和重新犯罪的社区矫正人员及时依法处理。

第三条 县级司法行政机关社区矫正机构对社区矫正人员进行监督管理和教

育帮助。司法所承担社区矫正日常工作。

社会工作者和志愿者在社区矫正机构的组织指导下参与社区矫正工作。

有关部门、村（居）民委员会、社区矫正人员所在单位、就读学校、家庭成员或者监护人、保证人等协助社区矫正机构进行社区矫正。

第四条 人民法院、人民检察院、公安机关、监狱对拟适用社区矫正的被告人、罪犯，需要调查其对所居住社区影响的，可以委托县级司法行政机关进行调查评估。

受委托的司法行政机关应当根据委托机关的要求，对被告人或者罪犯的居所情况、家庭和社会关系、一贯表现、犯罪行为的后果和影响、居住地村（居）民委员会和被害人意见、拟禁止的事项等进行调查了解，形成评估意见，及时提交委托机关。

第五条 对于适用社区矫正的罪犯，人民法院、公安机关、监狱应当核实其居住地，在向其宣判时或者在其离开监所之前，书面告知其到居住地县级司法行政机关报到的时间期限以及逾期报到的后果，并通知居住地县级司法行政机关；在判决、裁定生效起三个工作日内，送达判决书、裁定书、决定书、执行通知书、假释证明书副本等法律文书，同时抄送其居住地县级人民检察院和公安机关。县级司法行政机关收到法律文书后，应当在三个工作日内送达回执。

第六条 社区矫正人员应当自人民法院判决、裁定生效之日或者离开监所之日起十日内到居住地县级司法行政机关报到。县级司法行政机关应当及时为其办理登记接收手续，并告知其三日内到指定的司法所接受社区矫正。发现社区矫正人员未按规定时间报到的，县级司法行政机关应当及时组织查找，并通报决定机关。

暂予监外执行的社区矫正人员，由交付执行的监狱、看守所将其押送至居住地，与县级司法行政机关办理交接手续。罪犯服刑地与居住地不在同一省、自治区、直辖市，需要回居住地暂予监外执行的，服刑地的省级监狱管理机关、公安机关监所管理部门应当书面通知罪犯居住地的同级监狱管理机关、公安机关监所管理部门，指定一所监狱、看守所接收罪犯档案，负责办理罪犯收监、释放等手续。人民法院决定暂予监外执行的，应当通知其居住地县级司法行政机关派员到庭办理交接手续。

第七条 司法所接收社区矫正人员后，应当及时向社区矫正人员宣告判决书、裁定书、决定书、执行通知书等有关法律文书的主要内容；社区矫正期限；社区矫正人员应当遵守的规定、被禁止的事项以及违反规定的法律后果；社区矫正人员依法享有的权利和被限制行使的权利；矫正小组人员组成及职责等有关事项。

宣告由司法所工作人员主持，矫正小组成员及其他相关人员到场，按照规定程序进行。

第八条 司法所应当为社区矫正人员确定专门的矫正小组。矫正小组由司法所工作人员担任组长，由本办法第三条第二、第三款所列相关人员组成。社区矫正人员为女性的，矫正小组应当有女性成员。

司法所应当与矫正小组签订矫正责任书，根据小组成员所在单位和身份，明确各自的责任和义务，确保各项矫正措施落实。

第九条 司法所应当为社区矫正人员制定矫正方案，在对社区矫正人员被判处的刑罚种类、犯罪情况、悔罪表现、个性特征和生活环境等情况进行综合评估的基础上，制定有针对性的监管、教育和帮助措施。根据矫正方案的实施效果，适时予以调整。

第十条 县级司法行政机关应当为社区矫正人员建立社区矫正执行档案，包括适用社区矫正的法律文书，以及接收、监管审批、处罚、收监执行、解除矫正等有关社区矫正执行活动的法律文书。

司法所应当建立社区矫正工作档案，包括司法所和矫正小组进行社区矫正的工作记录，社区矫正人员接受社区矫正的相关材料等。同时留存社区矫正执行档案副本。

第十一条 社区矫正人员应当定期向司法所报告遵纪守法、接受监督管理、参加教育学习、社区服务和社会活动的情况。发生居所变化、工作变动、家庭重大变故以及接触对其矫正产生不利影响人员的，社区矫正人员应当及时报告。

保外就医的社区矫正人员还应当每个月向司法所报告本人身体情况，每三个月向司法所提交病情复查情况。

第十二条 对于人民法院禁止令确定需经批准才能进入的特定区域或者场所，社区矫正人员确需进入的，应当经县级司法行政机关批准，并告知人民检察院。

第十三条 社区矫正人员未经批准不得离开所居住的市、县（旗）。

社区矫正人员因就医、家庭重大变故等原因，确需离开所居住的市、县（旗），在七日以内的，应当报经司法所批准；超过七日的，应当由司法所签署意见后报经县级司法行政机关批准。返回居住地时，应当立即向司法所报告。社区矫正人员离开所居住市、县（旗）不得超过一个月。

第十四条 社区矫正人员未经批准不得变更居住的县（市、区、旗）。

社区矫正人员因居所变化确需变更居住地的，应当提前一个月提出书面申请，由司法所签署意见后报经县级司法行政机关审批。县级司法行政机关在征求社区矫正人员新居住地县级司法行政机关的意见后作出决定。

经批准变更居住地的，县级司法行政机关应当自作出决定之日起三个工作日内，将有关法律文书和矫正档案移交新居住地县级司法行政机关。有关法律文书应当抄送现居住地及新居住地县级人民检察院和公安机关。社区矫正人员应当自收到决定之日起七日内到新居住地县级司法行政机关报到。

第十五条 社区矫正人员应当参加公共道德、法律常识、时事政策等教育学习活动，增强法制观念、道德素质和悔罪自新意识。社区矫正人员每月参加教育学习时间不少于八小时。

第十六条 有劳动能力的社区矫正人员应当参加社区服务，修复社会关系，培养社会责任感、集体观念和纪律意识。社区矫正人员每月参加社区服务时间不少于八小时。

第十七条 根据社区矫正人员的心理状态、行为特点等具体情况，应当采取有针对性的措施进行个别教育和心理辅导，矫正其违法犯罪心理，提高其适应社会能力。

第十八条 司法行政机关应当根据社区矫正人员的需要，协调有关部门和单位开展职业培训和就业指导，帮助落实社会保障措施。

第十九条 司法所应当根据社区矫正人员个人生活、工作及所处社区的实际情况，有针对性地采取实地检查、通讯联络、信息化核查等措施及时掌握社区矫正人员的活动情况。重点时段、重大活动期间或者遇有特殊情况，司法所应当及时了解掌握社区矫正人员的有关情况，可以根据需要要求社区矫正人员到办公场所报告、说明情况。

社区矫正人员脱离监管的，司法所应当及时报告县级司法行政机关组织追查。

第二十条 司法所应当定期到社区矫正人员的家庭、所在单位、就读学校和居住的社区了解、核实社区矫正人员的思想动态和现实表现等情况。

对保外就医的社区矫正人员，司法所应当定期与其治疗医院沟通联系，及时掌握其身体状况及疾病治疗、复查结果等情况，并根据需要向批准、决定机关或者有关监狱、看守所反馈情况。

第二十一条 司法所应当及时记录社区矫正人员接受监督管理、参加教育学习和社区服务等情况，定期对其接受矫正的表现进行考核，并根据考核结果，对社区矫正人员实施分类管理。

第二十二条 发现社区矫正人员有违反监督管理规定或者人民法院禁止令情形的，司法行政机关应当及时派员调查核实情况，收集有关证明材料，提出处理意见。

第二十三条 社区矫正人员有下列情形之一的，县级司法行政机关应当给予警告，并出具书面决定：

（一）未按规定时间报到的；

（二）违反关于报告、会客、外出、居住地变更规定的；

（三）不按规定参加教育学习、社区服务等活动，经教育仍不改正的；

（四）保外就医的社区矫正人员无正当理由不按时提交病情复查情况，或者未经批准进行就医以外的社会活动且经教育仍不改正的；

（五）违反人民法院禁止令，情节轻微的；

（六）其他违反监督管理规定的。

第二十四条 社区矫正人员违反监督管理规定或者人民法院禁止令，依法应予治安管理处罚的，县级司法行政机关应当及时提请同级公安机关依法给予处罚。公安机关应当将处理结果通知县级司法行政机关。

第二十五条 缓刑、假释的社区矫正人员有下列情形之一的，由居住地同级司法行政机关向原裁判人民法院提出撤销缓刑、假释建议书并附相关证明材料，人民法院应当自收到之日起一个月内依法作出裁定：

（一）违反人民法院禁止令，情节严重的；

（二）未按规定时间报到或者接受社区矫正期间脱离监管，超过一个月的；

（三）因违反监督管理规定受到治安管理处罚，仍不改正的；

（四）受到司法行政机关三次警告仍不改正的；

（五）其他违反有关法律、行政法规和监督管理规定，情节严重的。

司法行政机关撤销缓刑、假释的建议书和人民法院的裁定书同时抄送社区矫正人员居住地同级人民检察院和公安机关。

第二十六条 暂予监外执行的社区矫正人员有下列情形之一的，由居住地县级司法行政机关向批准、决定机关提出收监执行的建议书并附相关证明材料，批准、决定机关应当自收到之日起十五日内依法作出决定：

（一）发现不符合暂予监外执行条件的；

（二）未经司法行政机关批准擅自离开居住的市、县（旗），经警告拒不改正，或者拒不报告行踪，脱离监管的；

（三）因违反监督管理规定受到治安管理处罚，仍不改正的；

（四）受到司法行政机关两次警告，仍不改正的；

（五）保外就医期间不按规定提交病情复查情况，经警告拒不改正的；

（六）暂予监外执行的情形消失后，刑期未满的；

（七）保证人丧失保证条件或者因不履行义务被取消保证人资格，又不能在规定期限内提出新的保证人的；

（八）其他违反有关法律、行政法规和监督管理规定，情节严重的。

司法行政机关的收监执行建议书和决定机关的决定书，应当同时抄送社区矫正人员居住地同级人民检察院和公安机关。

第二十七条 人民法院裁定撤销缓刑、假释或者对暂予监外执行罪犯决定收监执行的，居住地县级司法行政机关应当及时将罪犯送交监狱或者看守所，公安机关予以协助。

监狱管理机关对暂予监外执行罪犯决定收监执行的，监狱应当立即赴羁押地将罪犯收监执行。

公安机关对暂予监外执行罪犯决定收监执行的，由罪犯居住地看守所将罪犯收监执行。

第二十八条 社区矫正人员符合法定减刑条件的，由居住地县级司法行政机关提出减刑建议书并附相关证明材料，经地（市）级司法行政机关审核同意后提请社区矫正人员居住地的中级人民法院裁定。人民法院应当自收到之日起一个月内依法裁定；暂予监外执行罪犯的减刑，案情复杂或者情况特殊的，可以延长一个月。司法行政机关减刑建议书和人民法院减刑裁定书副本，应当同时抄送社区矫正人员居住地同级人民检察院和公安机关。

第二十九条 社区矫正期满前，社区矫正人员应当作出个人总结，司法所应当根据其在接受社区矫正期间的表现、考核结果、社区意见等情况作出书面鉴定，并对其安置帮教提出建议。

第三十条 社区矫正人员矫正期满，司法所应当组织解除社区矫正宣告。宣告由司法所工作人员主持，按照规定程序公开进行。

司法所应当针对社区矫正人员不同情况，通知有关部门、村（居）民委员会、群众代表、社区矫正人员所在单位、社区矫正人员的家庭成员或者监护人、保证人参加宣告。

宣告事项应当包括：宣读对社区矫正人员的鉴定意见；宣布社区矫正期限届满，依法解除社区矫正；对判处管制的，宣布执行期满，解除管制；对宣告缓刑的，宣布缓刑考验期满，原判刑罚不再执行；对裁定假释的，宣布考验期满，原判刑罚执行完毕。

县级司法行政机关应当向社区矫正人员发放解除社区矫正证明书，并书面通知决定机关，同时抄送县级人民检察院和公安机关。

暂予监外执行的社区矫正人员刑期届满的，由监狱、看守所依法为其办理刑满释放手续。

第三十一条 社区矫正人员死亡、被决定收监执行或者被判处监禁刑罚的，社区矫正终止。

社区矫正人员在社区矫正期间死亡的，县级司法行政机关应当及时书面通知批准、决定机关，并通报县级人民检察院。

第三十二条 对于被判处剥夺政治权利在社会上服刑的罪犯，司法行政机关配合公安机关，监督其遵守刑法第五十四条的规定，并及时掌握有关信息。被剥夺政治权利的罪犯可以自愿参加司法行政机关组织的心理辅导、职业培训和就业指导活动。

第三十三条 对未成年人实施社区矫正，应当遵循教育、感化、挽救的方针，按照下列规定执行：

（一）对未成年人的社区矫正应当与成年人分开进行；

（二）对未成年社区矫正人员给予身份保护，其矫正宣告不公开进行，其矫正档案应当保密；

（三）未成年社区矫正人员的矫正小组应当有熟悉青少年成长特点的人员参加；

（四）针对未成年人的年龄、心理特点和身心发育需要等特殊情况，采取有益于其身心健康发展的监督管理措施；

（五）采用易为未成年人接受的方式，开展思想、法制、道德教育和心理辅导；

（六）协调有关部门为未成年社区矫正人员就学、就业等提供帮助；

（七）督促未成年社区矫正人员的监护人履行监护职责，承担抚养、管教等义务；

（八）采取其他有利于未成年社区矫正人员改过自新、融入正常社会生活的必要措施。

犯罪的时候不满十八周岁被判处五年有期徒刑以下刑罚的社区矫正人员，适用前款规定。

第三十四条 社区矫正人员社区矫正期满的，司法所应当告知其安置帮教有关规定，与安置帮教工作部门妥善做好交接，并转交有关材料。

第三十五条 司法行政机关应当建立例会、通报、业务培训、信息报送、统计、档案管理以及执法考评、执法公开、监督检查等制度，保障社区矫正工作规范运行。

司法行政机关应当建立突发事件处置机制，发现社区矫正人员非正常死亡、实施犯罪、参与群体性事件的，应当立即与公安机关等有关部门协调联动、妥善处置，并将有关情况及时报告上级司法行政机关和有关部门。

司法行政机关和公安机关、人民检察院、人民法院建立社区矫正人员的信息交换平台，实现社区矫正工作动态数据共享。

第三十六条 社区矫正人员的人身安全、合法财产和辩护、申诉、控告、检举以及其他未被依法剥夺或者限制的权利不受侵犯。社区矫正人员在就学、就业和享受社会保障等方面，不受歧视。

司法工作人员应当认真听取和妥善处理社区矫正人员反映的问题，依法维护其合法权益。

第三十七条 人民检察院发现社区矫正执法活动违反法律和本办法规定的，可以区别情况提出口头纠正意见、制发纠正违法通知书或者检察建议书。交付执行机关和执行机关应当及时纠正、整改，并将有关情况告知人民检察院。

第三十八条 在实施社区矫正过程中，司法工作人员有玩忽职守、徇私舞弊、滥用职权等违法违纪行为的，依法给予相应处分；构成犯罪的，依法追究刑事责任。

第三十九条 各级人民法院、人民检察院、公安机关、司法行政机关应当切实加强对社区矫正工作的组织领导，健全工作机制，明确工作机构，配备工作人员，落实工作经费，保障社区矫正工作的顺利开展。

第四十条 本办法自2012年3月1日起施行。最高人民法院、最高人民检察院、公安部、司法部之前发布的有关社区矫正的规定与本办法不一致的，以本办法为准。

九、最高人民法院、最高人民检察院、公安部、国家安全部、司法部印发《关于建立犯罪人员犯罪记录制度的意见》的通知

法发〔2012〕10号

各省、自治区、直辖市高级人民法院、人民检察院、公安厅（局）、国家安全厅(局)、司法厅（局)，解放军军事法院、军事检察院，新疆维吾尔自治区高级人民法院生产建设兵团分院、新疆生产建设兵团人民检察院、公安局、国家安全局、司法局：

为加强和创新特殊人群社会管理举措，根据中央关于深化司法体制和工作机制改革的总体部署，在深入调研论证，广泛征求各方面意见的基础上，最高人民法院、最高人民检察院、公安部、国家安全部、司法部联合制定了《关于建立犯罪人员犯罪记录制度的意见》，现予以印发，请认真贯彻执行。对于实施情况及遇到的问题，请分别及时报告最高人民法院、最高人民检察院、公安部、国家安全部、司法部。

最高人民法院 最高人民检察院 公安部 国家安全部 司法部

二〇一二年五月十日

犯罪记录是国家专门机关对犯罪人员情况的客观记载。犯罪记录制度是现代社会管理制度中的一项重要内容。为适应新时期经济社会发展的需要，进一步推进社会管理创新，维护社会稳定，促进社会和谐，现就建立我国犯罪人员犯罪记录制度提出如下意见。

一、建立犯罪人员犯罪记录制度的重要意义和基本要求

建立犯罪人员犯罪记录制度，对犯罪人员信息进行合理登记和有效管理，既有助于国家有关部门充分掌握与运用犯罪人员信息，适时制定和调整刑事政策及其他公共政策，改进和完善相关法律法规，有效防控犯罪，维护社会秩序，也有助于保障有犯罪记录的人的合法权利，帮助其顺利回归社会。

近年来，我国犯罪人员犯罪记录工作取得较大进展，有关部门为建立犯罪人员犯罪记录制度进行了积极探索。认真总结并推广其中的有益做法，在全国范围内开展犯罪人员信息的登记和管理工作，逐步建立和完善犯罪记录制度，对司法工作服务大局，促进社会矛盾化解，推进社会管理机制创新，具有重要意义。

建立犯罪人员犯罪记录制度，开展有关犯罪记录的工作，要按照深入贯彻落实科学发展观和构建社会主义和谐社会的总体要求，在司法体制和工作机制改革的总体框架内，全面落实宽严相济刑事政策，促进社会和谐稳定，推动经济社会健康发展。要立足国情，充分考虑现阶段我国经济社会发展的状况和人民群众的思想观念，注意与现有法律法规和其他制度的衔接。要充分认识我国的犯罪记录制度以及有关工作尚处于起步阶段这一现状，抓住重点，逐步推进，确保此项工作能够稳妥、有序开展，为进一步完善我国犯罪记录制度，健全犯罪记录工作机制创造条件。

二、犯罪人员犯罪记录制度的主要内容

(一) 建立犯罪人员信息库

为加强对犯罪人员信息的有效管理，依托政法机关现有网络和资源，由公安机关、国家安全机关、人民检察院、司法行政机关分别建立有关记录信息库，并实现互联互通，待条件成熟后建立全国统一的犯罪信息库。

犯罪人员信息登记机关录入的信息应当包括以下内容：犯罪人员的基本情况、检察机关（自诉人）和审判机关的名称、判决书编号、判决确定日期、罪名、所判处刑罚以及刑罚执行情况等。

(二) 建立犯罪人员信息通报机制

人民法院应当及时将生效的刑事裁判文书以及其他有关信息通报犯罪人员信息登记机关。

监狱、看守所应当及时将《刑满释放人员通知书》寄送被释放人员户籍所在地犯罪人员信息登记机关。

县级司法行政机关应当及时将《社区服刑人员矫正期满通知书》寄送被解除矫正人员户籍所在地犯罪人员信息登记机关。

国家机关基于办案需要，向犯罪人员信息登记机关查询有关犯罪信息，有关机关应当予以配合。

(三) 规范犯罪人员信息查询机制

公安机关、国家安全机关、人民检察院和司法行政机关分别负责受理、审核和处理有关犯罪记录的查询申请。

上述机关在向社会提供犯罪信息查询服务时，应当严格依照法律法规关于升学、入伍、就业等资格、条件的规定进行。

辩护律师为依法履行辩护职责，要求查询本案犯罪嫌疑人、被告人的犯罪记

录的，应当允许，涉及未成年人的犯罪记录被执法机关依法封存的除外。

（四）建立未成年人犯罪记录封存制度

为深入贯彻落实党和国家对违法犯罪未成年人的“教育、感化、挽救”方针和“教育为主、惩罚为辅”原则，切实帮助失足青少年回归社会，根据刑事诉讼法的有关规定，结合我国未成年人保护工作的实际，建立未成年人轻罪犯罪记录封存制度，对于犯罪时不满十八周岁，被判处五年有期徒刑以下刑罚的未成年人的犯罪记录，应当予以封存。犯罪记录被封存后，不得向任何单位和个人提供，但司法机关为办案需要或者有关单位根据国家规定进行查询的除外。依法进行查询的单位，应当对被封存的犯罪记录的情况予以保密。

执法机关对未成年人的犯罪记录可以作为工作记录予以保存。

（五）明确违反规定处理犯罪人员信息的责任

负责提供犯罪人员信息的部门及其工作人员应当及时、准确地向犯罪人员信息登记机关提供有关信息。不按规定提供信息，或者故意提供虚假、伪造信息，情节严重或者造成严重后果的，应当依法追究相关人员的责任。

负责登记和管理犯罪人员信息的部门及其工作人员应当认真登记、妥善管理犯罪人员信息。不按规定登记犯罪人员信息、提供查询服务，或者违反规定泄露犯罪人员信息，情节严重或者造成严重后果的，应当依法追究相关人员的责任。

使用犯罪人员信息的单位和个人应当按照查询目的使用有关信息并对犯罪人员信息予以保密。不按规定使用犯罪人员信息，情节严重或者造成严重后果的，应当依法追究相关人员的责任。

三、扎实推进犯罪人员犯罪记录制度的建立与完善

犯罪记录制度是我国一项崭新的法律制度，在建立和实施过程中不可避免地会遇到各种各样的问题和困难，有关部门要高度重视，精心组织，认真实施，并结合自身工作的性质和特点，研究制定具体实施办法或实施细则，循序渐进，在实践中不断健全、完善，确保取得实效。

犯罪记录制度的建立是一个系统工程，各有关部门要加强协调，互相配合，处理好在工作起步以及推进中可能遇到的各种问题。要充分利用政法网以及各部门现有的网络基础设施，逐步实现犯罪人员信息的网上录入、查询和文件流转，实现犯罪人员信息的共享。要处理好犯罪人员信息与被劳动教养、治安管理处罚、不起诉人员信息以及其他信息库之间的关系。要及时总结，适时调整工作思路和方法，保障犯罪记录工作的顺利展开，推动我国犯罪记录制度的发展与完善。

（整理：郭开元）

后　记

在各级领导的亲切关怀和大力支持下，经过课题组全体成员的共同努力，中国青少年研究中心“红皮书”课题组2011—2012年度最新研究成果——《预防青少年重新犯罪研究报告》与读者见面了。

从2001—2011年，中央综治委预防未成年人违法犯罪工作领导小组办公室（以下简称“中央综治委预防办”）与中国青少年研究中心（以下简称“中国青研中心”）联合设立的“预防未成年人违法犯罪课题组”（简称“红皮书”课题组），已经先后开展了“闲散未成年人违法犯罪的现状、原因和预防”、“家庭抚养和监护责任履行的社会干预”、“城市社区预防未成年人违法犯罪工作模式”、“中国工读教育”、“中国流浪儿童研究”、“流动青少年权益保护与违法犯罪预防研究”、“未成年人网络伤害”、“未成年人网络沉迷状况及对策研究”、“新生代农民工权益保障与犯罪预防研究”等九项课题研究。近年来，青少年重新犯罪问题严重，刑满释放的青少年回归社会存在困难。随着我国预防青少年违法犯罪工作的深化，如何进一步加强预防青少年重新犯罪工作，更好地促进青少年再社会化成为社会治安综合治理的重要内容。基于此背景，“红皮书”课题组在2011—2012年期间开展了“预防青少年重新犯罪预防研究”年度课题项目。

经过一年多的调查和研究，我们完成了这份《预防青少年重新犯罪研究报告》。在本书即将付梓印刷之际，我们课题组的全体成员向支持和参与本项课题研究的有关领导、单位和个人致以诚挚的谢意！

此次调研覆盖全国5个省份，涉及公安、法院、司法行政、团委等有关部门和机构，调查对象比较分散，调研难度较大，但是在各地相关部门、领导的关心和支持下，课题研究工作顺利完成。在此，我们首先要对关心和支持课题研究的有关领导和专家顾问表示诚挚的谢意。他们是：

团中央书记处书记　中央综治委预防办主任　汪鸿雁

团中央权益部部长　中央综治委预防办副主任　刘　涛

中国青研中心主任、研究员　郗杰英

团中央权益部副部长　陈　琳

团中央农村青年部副部长　张传慧

团中央权益部协调督导处处长　梅　峰

团中央权益部协调督导处副处长　张涵智

团中央办公厅调研处副处长　刘　钊

团中央少年部副处长　何晓阳
中国政法大学教授　王　平
中国政法大学教授　皮艺军
中国人民公安大学教授　李玫瑾
北京工业大学教授　张　荆
北京市海淀区人民法院　尚秀云

在课题调研期间，所抽样的重点青少年群体试点工作城市的团委给予了课题组鼎力支持和帮助，在他们的协助下，赴各地开展实地调研的同志圆满完成了调查任务，收集到丰富翔实的研究数据和资料。在此，我们向这些机构的领导和同志们表达最衷心的感谢。它们是：

共青团广东省委权益部
共青团河南省委权益部
共青团湖北省委权益部
共青团江苏省委权益部
共青团四川省委权益部

我们要衷心感谢所调查的未成年犯管教所和监狱为课题研究资料的收集和问卷调查提供了大力协助。我们还要感谢一年来默默从事课题研究、深入各地调查研究、对大量资料进行整理和录入统计、执笔撰写课题报告的课题组成员及其他工作人员。

负责地方调研及相关工作的同志是：
江苏：郭开元（中国青少年研究中心青少年法律研究所所长，副研究员）
广东：陈卫东（中国青少年研究中心青少年法律研究所助理研究员）
湖北：聂阳阳（北京青年干部管理学院副教授）
四川：许永勤（北京政法职业学院讲师，法学博士）
河南：林乐鸣（中国政法大学刑法学博士研究生）
犯罪个案提供：贾文宇（广西壮族自治区人民检察院）
犯罪个案整理：王　立（清华大学—美国天普大学法学硕士研究生）
文献资料整理：张如朋（中国政法大学硕士研究生）
王　立（清华大学—美国天普大学法学硕士研究生）
数据统计：李广文（中国青少年研究中心助理研究员、中国青少年研究会办公室主任）
录音资料整理：张如朋、向准、朱亚楠等（中国政法大学硕士研究生）

负责本报告撰写的作者依次为：

总　论：郭开元　杨江澜
第一章：郭开元　王富百慧
第二章：陈　晨
第三章：陈卫东
第四章：周荣瑾　孔　一（浙江警官职业学院教授）
第五章：许永勤（北京政法职业学院讲师，法学博士）
第六章：张冬霞（中国人民公安大学副教授，法学博士）
第七章：汪　勇（浙江工商大学副教授，法学博士）
附件1：郭开元　杨江澜
附件2：郭开元
附件3：郭开元

本报告最后由汪鸿雁、郗杰英、刘涛、陈琳等同志审阅。

为深入研究问题，课题组在研究和写作中参考了部分专家学者的著作和文章，引用或摘录了一些作者的文章，在此，对他们表示敬意和感谢。

最后，我们感谢各位读者对我们的支持。我们衷心希望，这份研究成果能够成为开展青少年重新犯罪预防工作的有益参考资料，希望读者能从中获得一些启发，找到一些思路；同时也欢迎广大读者批评指正，如有意见和建议，请与我们联系。

我们的联系方式是：
地址：北京市西三环北路25号　中国青少年研究中心青少年法律研究所
邮编：100089　　联系人：郭开元
联系电话：010－88567558　　电子信箱：gky6971@126.com

“红皮书”课题组
2012年12月